W0250675

DIE LETZTEN ECHTEN KRETER

© 1994 Verlag Kalendis
Mavromichali 5
106 79 Athen/Griechenland
Tel. 36 01 551
Fax 36 23 553

© 1981 Dimitris Papadakis
Titel der griechischen Originalausgabe:
ΟΙ ΤΕΛΕΥΤΑΙΟΙ ΒΡΑΚΟΦΟΡΟΙ
(Verlag Knossos, Athen)

Fotografien auf dem Schutzumschlag aus:
RETHYMNO, Sammlung A. Nenedakis, Athen, ohne Jahr.

Übersetzung: Marianne Sterling
Illustrationen: Nikos Samarellis
Umschlaggestaltung: Panagiotis Ellenikakis
Herstellung: Alexandros Kalendis
Klischee: Panagiotis Ellenikakis
Fotosatz und Montage: Legato EPE
Bindung: Sakis Bastas

ISBN: 960-219-041-8

DIMITRIS PAPADAKIS

DIE LETZTEN ECHTEN KRETER

VOLKSERZÄHLUNGEN

KALENDIS

Inhalt

Vorwort

DAS NACHDENKEN ÜBER mein Verhältnis zu meinen Wurzeln, mit dem, was seit meinen ersten Berührungen mit meinem Ort und seinen Menschen in mir fließt, beschäftigt mich nicht das erste Mal. Auch andere Male bin ich zurückgekehrt zu meiner Geburtserde, dahin, wo ich aufwuchs und ein Mann wurde. Und das nicht nur, weil ich meiner Geburt und Erziehung nach ein Kreter bin, sondern auch, weil es mich bewegt, über meine besondere Heimat und deren Menschen zu schreiben.

Dieses mein Verhältnis ist kein äußerliches, sondern ein tief innerliches, würde ich sagen. Deshalb versuche ich, in meinem Werk Kreta und seine Bewohner zu zeichnen, aber auch den Inhalt des kretischen Lebens einer vergangenen Zeit zu erklären. Daher glaube ich auch, daß die Psychographien und die Darstellungen der kretischen Lebensart, die ich in meinem Werk vorlege, ein Dokument der Geschichte des Lebens sind.

Trotzdem sind dieses Mal meine Berichte über die Wurzeln des väterlichen Ortes unmittelbarer, weil meine Erregung – fast bei jedem von ihnen – von der Ergriffenheit herrührt, die die Erinnerung an etwas in den meisten Fällen Wirkliches hervorruft, an etwas Persönliches oder Sachliches.

Die Helden der Geschichten dieses Buches – die meisten Vrakaträger(1) – existierten in Fleisch und Blut vor etlichen Jahren und lebten in meinem Dorf oder in anderen kretischen Dörfern. Ich erlebte sie oder hörte von ihren Taten. Und hier erlebe ich – jedes Mal voller Erregung – manche ihrer schönen Augenblicke wieder (es können auch häßliche sein), die irgendwann meine kindliche Seele mit Bewunderung erfüllten; und während ich es in der Werkstatt meiner Fantasie unter-

nehme, sie umzuformen, versuche ich, ihnen Sinn und eine Dimension zu geben, die ich mir wünsche.

Ich glaube aber, daß ich nicht einfach wiederbelebe und das niederschreibe, was ich beobachte, sondern ihm nachforsche und es heraufhebe aus des Tiefe meines eigenen Bewußtseins.

Diese meine Erlebnisse und Erinnerungen sind ein Ausdruck des Ortes und der Menschen, die die Leventia(2) *atmen. Eine Leventia, die zusammengewebt ist mit dem Begriff der Freiheit, der Unabhängigkeit und der Befreiung aus der Sklaverei. Diese Menschen, diese Ahnen, die naiven und ungehobelten, aber spontanen und von den Zerreißproben und dem Streß unserer Zeit noch Freien, die voller Menschlichkeit und Vornehmheit waren, versuche ich hier auferstehen zu lassen und ihre geheimnisvollen Stimmen, die ich gehört habe und die sich in mir später in Schaffenskraft verwandelten, wieder ans Licht zu bringen.*

Endlich wollte ich mit diesem meinem Buch einen kleinen Gedenkstein errichten – einen Gedenkstein des Jahrhunderts und des unzerstörbaren Wortes – , um, so sehr ich nur kann, das Geschlecht der «Letzten Vrakaträger von Kreta»(3)*, von denen es heute auf der ganzen Insel keinen einzigen mehr gibt, wertzuschätzen und zu besingen.*

Mit Verehrung küsse ich ihre rechte Hand, erbitte ihren Segen, wenn sie ihn mir für das, was ich geschrieben habe und noch schreiben werde, geben wollen, und ich bitte sie zu verzeihen, wenn ich ihre Vornehmheit, ihre Leventia und ihre Palikaria(4) *nicht, wie es hätte sein müssen, wiedergegeben und auferweckt haben sollte.*

Alle Erzählungen sind, bevor sie in diesem Buch gesammelt wurden, in der Zeitschrift «Kriti»(5) *veröffentlicht worden und einige von ihnen auch in anderen Zeitschriften und Zeitungen.*

Larissa, 2. März 1981
Dimitris Papadakis

Widmung

Zur Erinnerung an meinen Vater
und alle anderen Vrakaträger seiner Generation,
die auch die letzten Vrakaträger Kretas waren.

Die Zypresse des Heiligen Georgios

WENN ICH MANCHMAL in Gedanken in meine Kinderjahre zurückkehre, ist es unmöglich, mich nicht an die Zypresse des Heiligen Georgios zu erinnern. Diese beiden gehören in meiner Erinnerung immer zusammen, und ich habe es nie fertiggebracht, sie zu trennen.

Wie sollte ich mich auch nicht an die Zypresse in meiner Nachbarschaft erinnern, wo wir so unsagbar viel zu ihren Wurzeln und in ihrem Schatten getrieben haben, als all wir Nachbarskinder klein waren.

Aber am besten wird es sein, wenn ich sie erst einmal beschreibe, was überhaupt nicht schwer ist, denn mir ist, als sähe ich sie heute noch vor mir.

Die Kirche des Heiligen Georgios befand sich irgendwo im Inneren und am höchsten Punkt meines Dorfes. Die Zypresse des Heiligen Georgios aber war nicht dicht bei der Kirche, wie man es erwarten würde, sondern in meiner Nachbarschaft, und das war am anderen Ende des Dorfes.

Niemals habe ich erfahren, wann und von wem sie gepflanzt worden war oder ob sie sich selber ausgesät hatte. Keiner von meinen Verwandten konnte mir das sagen. Nur eine meiner Tanten sagte mir, als ich sie fragte, daß sie der Großvater meines Großvaters gepflanzt hätte. Damals glaubte ich ihr, weil ich ein Kind war, aber als ich groß wurde, begriff ich, daß es so nicht gewesen sein konnte. Und zwar, weil die Zypresse an ihren Wurzeln so dick war und so hoch, daß sie tausendjährig sein mußte.

Sie befand sich oben in der Kurve einer engen Gasse, die zu meinem Vaterhaus führte. Und kaum zwanzig Meter von ihren Wurzeln entfernt rollte der größere der beiden Flüsse meines Dorfes.

Sie war riesig hoch, und ihre Zweige breiteten sich nach außen aus wie ein offener Schirm. Alle Nachbarskinder glaubten, daß sie nicht mehr viel brauchte, um den Himmel zu berühren. Wegen ihrer Höhe erschien sie aber auch wie ein Riese, wenn du sie mit den anderen Bäumen, die um sie herumstanden, verglichest. All die nahen Platanen und allerlei andere Bäume erschienen tatsächlich wie Zwerge neben ihr.

Später, als ich in die Schule ging, erfuhr ich den Grund, weshalb die Zypresse so hoch geworden war, und so verschwand meine Verwunderung wegen der Höhe des Riesen. Ich lernte nämlich, daß die Bäume alles tun, um die Sonne zu sehen. Und daß, wenn sich einer an einem tiefgelegenen Platz befindet, er zu wachsen und zu wachsen beginnt, bis er alle anderen Bäume und das, was sich sonst noch um ihn herum befindet, unter sich gelassen hat, damit auf ihn die Sonne fällt. Genau das hatte die Zypresse des Heiligen Georgios getan, die sich am Flußufer und an einem tiefgelegenen Ort befand.

Unter der gewaltigen Zypresse erlebten wir Kinder der Nachbarschaft tausenderlei Freuden, aber auch viele Leiden, und wir spielten alle Spiele der Zeit. Wir waren nicht einen einzigen Tag auseinanderzubringen. Im Winter und im Sommer fandest du uns dort. Im Sommer in ihrem Schatten und im Winter zwischen ihren Wurzeln, wo wir keinen Regen abbekamen. Ihre übereinanderliegenden Zweige ließen nie das Regenwasser durch.

Auf ihrem Platz versammelte sich jeden Tag die ganze 'Barfußbande' aus der Nachbarschaft. Stathis und Stelios von der Dimitrena, Pantolios und Giorgos vom Svigaropetros, Nikolis und Argiri von der Pavlina, Zacharenia vom Papadostelianos[(6)] und meine Herrlichkeit.

Einer meiner Tanten, deren Haus neben der Zypresse war, verging sofort aller Spaß, sobald sie sah, daß wir uns dort versammelten, und wir hörten sie dauernd murmeln:

«Da hat sich wieder die ganze Meute unter der Zypresse versammelt!»

Und wenn wir uns manchmal zankten und sie unsere Stimmen hörte, die ihr sicher auf die Nerven gingen und die sie nicht ertrug, hörten wir sie laut schreien:

«Ist der Bienenschwarm wieder aufgestört! Geht doch endlich nach Hause, sage ich euch! Dahin, wo sie euch abgewimmelt haben!»

Unsere Spiele waren die üblichen der Zeit und solche, die die Kinder auch in den anderen Dörfern spielten: Verstecken, Jagen, Bockspringen und Scheibenwerfen. Nur, daß wir am regelmäßigsten von allem Scheibenwerfen spielten. Und das, weil es uns am besten gefiel und wir soviele Scheiben, wie wir wollten, am Fluß neben uns fanden. Wir nannten das Spiel aber nicht Scheibenwerfen. Wir nannten es Scheißhaufen. Und zwar, weil wir mit der Scheibe, nämlich mit dem großen flachen Stein, aus einem bestimmten Abstand andere kleine Steinchen umzuwerfen versuchten, die auch flach waren, und die wir eines auf das andere gestapelt hatten und Scheißhaufen nannten. Ich erinnere mich sogar, daß ich so auch das Spiel in den Prüfungen für das Gymnasium beschrieben habe, als ich auf dieses kommen sollte, und wo wir das Thema bekommen hatten: «Welches Spiel gefällt euch?» Es scheint aber, daß ich das Thema gut entwickelt habe und der mißtönende Name des Spiels meinen Aufnahmeprüfer nicht gestört hat.

Ein anderes von uns geliebtes Spiel war, alle zusammen um die Zypresse herumzugehen, uns bei den Händen zu fassen und zu versuchen, sie zu umarmen. Ich erinnere mich, daß entsprechend dem Alter der teilnehmenden Kinder acht bis zehn Kinder gebraucht wurden, um den Zypressenstamm an der unteren Stelle, wo ihre Wurzeln anfingen, zu umarmen.

Wir spielten regelmäßig noch etwas, das mehr einem Wettkampf als einem Spiel ähnelte. Wir bestiegen die Zypresse, und ein jeder versuchte so gut er konnte, immer höher zu kommen und die anderen hinter sich zu lassen. Das Besteigen der Zypresse war sehr schwierig, weil ihr Stamm am unteren Ende nackt und ohne Zweige war, aber uns störte das überhaupt nicht. Wir stiegen hoch, als wären wir Wildkatzen. Und das Hochsteigen hielten wir für sehr bedeutsam. Je höher einer auf der Zypresse kam, desto höher stieg er auch in unserer Achtung. Einmal, als mich keines der anderen Kinder hatte erreichen können, war meine Freude so groß gewesen, daß ich die ganze Nacht nicht schlafen konnte.

Jeden Abend in der Dämmerung versammelten sich viele Spatzen in den Ästen und Zweigen der Zypresse und machten einen solchen Höllenlärm, daß er in der ganzen Nachbarschaft zu hören war. Und kaum hörten wir sie, bewaffneten wir uns mit unseren Schleudern, den Gummis, wie wir sie nannten, und fingen mit der Jagd auf sie an. Natürlich ermahnten uns die Erwachsenen oft und sagten, daß wir sie nicht ärgern sollten, aber wie sollten wir damals ihre richtigen Worte verstehen.

Eines Abends sagte uns einer aus der 'Barfußbande', der, wie es scheint, die größte Fantasie hatte, in überzeugendem Ton, daß wir Tausende von Spatzen fangen könnten, wenn wir in die Zweige der Zypresse Drahtschlingen aus ganz dünnem Draht, den die Spatzen nicht erkennen können, spannen würden. Keiner von uns erhob Widerspruch, und so war schon bald der Plan des Barfüßigen ausgeführt. Als wir aber nach einigen Tagen feststellten, daß er uns total mißlungen war, sank der Barfüßige so tief in unserer Achtung, daß wir ihn viele Tage nicht mal mehr grüßten.

Auf dem Platz der tausendjährigen Zypresse verlebten wir aber auch schwere Tage, obwohl wir noch Kinder waren. Es war die Zeit der deutschen Besatzung, und die Deutschen waren schon seit den ersten Tagen, als sie ihren Fuß auf kretischen Boden gesetzt hatten, in unser Dorf geschafft worden. Fünf, sechs wohnten im besten Haus der Nachbarschaft. Und so sahen wir sie zwei- bis dreimal am Tag herumschlendern und unter der Zypresse entlanggehen, wo wir spielten.

Wir alle, so klein wir auch waren, begriffen, daß diese Menschen die Feinde unseres Vaterlandes waren und uns Böses wollten. Wie hätten wir auch nicht so fühlen sollen, wo wir dauernd von den Unsrigen hörten, daß sie unschuldige Griechen getötet und Dörfer und Städte zerstört hatten? Daher sahen wir sie feindselig an, wenn wir sie trafen und versuchten sogar, es ihnen zu zeigen, soviel wir nur konnten, ohne dabei die geringste Furcht zu spüren.

Anders war es aber, wenn wir ein Flugzeug vorbeifliegen hörten. Wenn ein Flugzeug am Himmel vorbeiflog, wie hoch es auch fliegen mochte, ergriff uns alle Panik. Wir hörten sofort zu spielen auf und hockten uns übereinander in die Wurzeln der

Zypresse und glaubten, nur so könnten wir gerettet werden. Und das taten wir, weil wir so sehr mit ihr verbunden waren, daß wir glaubten, auch wenn neben ihr die Bomben fielen, würde sie uns mit ihrem riesigen Stamm beschützen und uns nicht umkommen lassen.

Wenn die Deutschen unter der Zypresse vorbeigingen, kochte uns das Blut, und wir machten Pläne, sie umzubringen und keinen übrigzulassen; aber leider fanden wir niemals einen Weg, unsere Pläne zu verwirklichen. Und als wir die Hoffnung schon aufgegeben hatten, beschränkten wir uns darauf, zu Gott zu beten und ihn zu bitten, sie zu strafen. Wenn das Gebet dann endete, beschimpften und verfluchten wir die Deutschen laut, ohne daß sie glücklicherweise verstanden, was wir sagten.

Eines Tages fanden wir einen Weg, von dem wir glaubten, daß wir sie damit vor Angst zum Platzen bringen würden. Und hier ist das, was wir uns mit unserem Kinderverstand ausgedacht hatten:

Die Zypresse hatte einen niedrighängenden Zweig, auf den sogar die Mädchen der Kindergesellschaft hochkamen. Wenn wir also merkten, daß die Deutschen vorbeikommen würden, kletterte einer von uns auf den niedrigen Zweig und versteckte sich in seinem Blattwerk. Dort wartete er versteckt, und kaum sah er die Deutschen sich nähern, sprang er plötzlich mit Getöse vor sie hin. Die ersten Tage brachten wir es wirklich fertig, sie auf diese Weise zu erschrecken. Allmählich aber gewöhnten sie sich daran, und anstatt sich zu erschrecken, amüsierte es sie, und daher hörten wir damit auf. Um aber aufrichtig zu sein, hatte sich dafür ein anderer Anlaß ergeben. Dieser nämlich:

Das letzte Mal, als auch ich an der Reihe war, auf den Zweig zu steigen, paßte ich anscheinend nicht gut auf, und daher verhedderte ich mich, als ich sprang, ich weiß nicht wie, und anstatt mich zu Füßen der Deutschen zu befinden, befand ich mich aufgehängt an einem trockenen Ast. Ich hing dort immerhin eine ganze Weile wie ein Schaf am Haken, weil die anderen lange brauchten, um eine Leiter zu finden und mich herunterzuholen. Und als sie mich irgendwann abhängten, erlitt meine Hose, die aus Tokos war, nämlich von einer ganz billigen und schlechten Stoffsorte, einen schrecklichen Schaden. Das Allerschlimmste aber erlitt ich selbst, denn es war leider ein Stückchen meines Körpers zu sehen, das nicht zu sehen sein sollte. Und natürlich amüsierten sich alle anderen über mein Mißgeschick. Ich fühlte mich sehr schlecht, und mir kamen die Tränen, weil zu sehen war, was nicht zu sehen sein sollte, aber auch, weil ich entlarvt worden war, der ich nichts anderes unter den Hosen trug. Man sah, daß ich keine Unterhose anhatte. Das war natürlich auch eine Folge der deutschen Besatzung, denn es hatte nicht nur ich dieses Vorrecht. Alle anderen aus der 'Barfußbande' trugen auch nur die Hosen, aber niemand wurde demaskiert, wie es mir geschehen war. Und als ob das beides nicht reichen würde, bestrafte mich noch meine große Schwester, als ich den Mut gefunden hatte, mich zu Hause mit zerrissener Hose zu zeigen.

Im Winter, aber auch manchmal im Sommer, wenn der heftige Nordwind wehte, brach auch gelegentlich mal ein Ast von der starken Zypresse ab. Und eines Tages, als ich einen solchen Ast neben ihren Wurzeln fand, nahm ich ihn und brachte ihn nach Hause, vor Freude fliegend, denn ich war sicher, ich bekäme von meiner Mutter eine Belohnung. Leider aber fiel ich aus allen Wolken, denn anstatt mich zu umarmen und zu küssen, als sie mich sah, wie sie es in anderen Fällen tat, sah ich sie sich ängstlich bekreuzigen, und dann fragte sie mich voller Furcht:

«Woher, mein Kind, hast du den Zweig?»

«Von der Zypresse», sagte ich ohne alle Bedenken. «An ihrer Wurzel habe ich ihn gefunden. Von der Zypresse habe ich ihn hergebracht.»

«Von der Zypresse!... Bring ihn sofort dorthin, wo du ihn gefunden hast!»

Das Verhalten meiner Mutter gefiel mir nicht, und ich verstand es auch nicht. Und ohne zu wissen, was ich tun sollte, brach ich in Tränen aus. Da kam sie zu mir, umarmte mich zärtlich, und mir die Haare streichelnd, erklärte sie:

«Die Zypresse, mein Kind, gehört dem Heiligen Georgios, und darum dürfen wir von dort nicht mal ein Streichholz wegnehmen. Den Heiligen müssen wir geben und dürfen ihnen nichts wegnehmen. Es ist eine große Sünde, wenn jemand auch nur das

Kleinste von einem Heiligen wegnimmt. Verstehst du jetzt, warum du den Zweig, den du dort gefunden hast, sofort zurückbringen mußt?»

Es scheint aber, daß ich mich nicht bereitwillig zeigte, und so fuhr meine Mutter fort, mir Erklärungen abzugeben:

«Irgendwann, mein Kind, hatten mit dieser Zypresse alle unsere Verwandten zu tun. Dein Großvater aber, an den du dich nicht erinnerst, weihte sie zur Ehre des Heiligen Georgios, und seitdem gehört sie ihm. Wir haben mit ihr nicht mit einem Hölzchen mehr zu tun.»

All das kam mir seltsam vor. Ich verstand es nicht. Und das 'er weihte sie zur Ehre des Heiligen' verstand ich überhaupt nicht, und darum fragte ich sie.

Sie hatte anfangs Schwierigkeiten, aber am Ende brachte sie es fertig, mir zu antworten:

«'Er weihte sie dem Heiligen' bedeutet, daß er die Zypresse für ihn bestimmte, daß er ein Gelübde ablegte, sie nämlich dem Heiligen schenkte, und so gehört jetzt die Zypresse dem Heiligen Georgios. Weil sie also seine ist, dürfen wir nichts von ihr wegnehmen. Und ich will dir auch noch etwas anderes sagen, was dein Großvater gesagt hat, damit du es weißt.»

«Was denn?»

«Wer die Zypresse stört, sagte er, dem wird großes Unglück geschehen.»

Meine Mutter war in ihrem ganzen Leben eine sehr gottesfürchtige Frau, und das, was sie mir über die Zypresse sagte, glaubte sie aus der Tiefe ihrer Seele.

Also fürchtete ich mich wegen ihrer Worte und brachte sofort den Zweig zurück, und ich hatte nie wieder den Mut, auch nur ein Hölzchen wegzunehmen.

Die Deutschen verließen Kreta nach einer vierjährigen Besatzungszeit besiegt und gedemütigt. Die arme, alte Zypresse aber war immer auf ihrem Platz, unbeugsam in den Unwettern und den starken Nordwinden. Und dort fand sie aufrecht nach mehreren Jahren der Tischler des Dorfes, der sie an den Wurzeln abschnitt und für seine Arbeit verwendete.

An dem Tag, als die Zypresse gefällt wurde, war ich nicht dort. Ich hörte aber später, daß es wie ein Erdbeben gewesen sei, als sie umfiel. Und als sie sie wegholten, sei es gewesen, als wäre jemand aus der Nachbarschaft weggegangen.

All die Tage, als sie sie fällten und kurz und klein schnitten, war es, als hätten sie in der ganzen Nachbarschaft eine Beerdigung. Alle Nachbarn betrauerten den Verlust des Riesen. Und keiner von ihnen nahm auch nur ein Hölzchen von der zerschnittenen Zypresse. Es glaubten auch sie das, was meine Mutter glaubte.

Und nach einigen Jahren, als der Tischler des Dorfes stürzte und starb, erinnerte ich mich ungewollt an meine Mutter und ihre Worte, die ich nicht vergessen werde, solange ich lebe.

«Wer die Zypresse stört, mein Kind, dem wird großes Unglück geschehen.»

Tatsächlich habe ich oft darüber nachgedacht, eine kleine Zypresse an die Stelle zu pflanzen, wo sich die tausendjährige Zypresse befunden hatte, um sie auferstehen zu lassen, aber niemals kam ich zu einem Entschluß. Aber auch, wenn ich das beschlossen hätte, hätte ich es nicht geschafft. Die technische Kultur wäre ein Hindernis gewesen. Die Autos und die landwirtschaftlichen Maschinen, die jetzt auf der Straße vorbeifahren, hätten sie nicht groß werden lassen.

Und so habe ich sie nicht auferstehen lassen. Aber vielleicht habe ich es schon mit dem getan, was ich über sie geschrieben habe.

Klein-Giorgos und die Schlacht von Trachili

'KLEIN-GIORGOS VON der Witwe' kannte man nur unter diesem Namen im Dorf. Sie nannten ihn alle so, sogar die fremden Olivensammlerinnen, die ihn regelmäßig herbeiriefen, damit er ihnen die Oliven auf ihren Rücken lade.

Klein-Giorgos von der Witwe war erwachsen geworden, bevor er richtig auf der Welt war. Er war noch nicht vierzehn und benahm sich schon wie ein Mann. Er war tüchtig und sehr stark, und in seinem Alter konnte er schon alle schweren Landarbeiten verrichten.

Dazu hatte ihn aber das Leben selbst gezwungen. Seine Mutter war vor Jahren mit einem Haus voller Töchter verwitwet. Und Klein-Giorgos war das erste männliche Kind des Hauses und daher gezwungen, so schnell es ging, die Rolle des Mannes und Beschützers des Witwenhauses zu spielen. Anders ging es nicht.

Er war von Geburt an klein, aber breit und stark wie kein anderes Kind des Dorfes. Und so raufiustig, daß er keinen Menschen ungeschoren ließ. Er legte sich mit Jung und Alt an und kriegte alle Kinder des Dorfes unter. Er fürchtete im Kampf kein Kind. Und sein Rücken fraß niemals Erde, mit welchem Kind er auch kämpfte.

Im Jahre 1943, im Alter von gerade dreizehn Jahren, beschloß er, Stiefel und Reithosen zu tragen. Und weil er so klein war, kam dir das Lachen, wenn du ihn sahst. Seine arme Mutter redete ihm gut zu und sagte ihm immer wieder, daß er für solche Kleidung noch zu jung sei, aber Klein-Giorgos hörte nicht auf ihre Worte. Wenn er sich etwas ausgedacht hatte, tat er es und legte niemandem Rechenschaft ab. Er war von klein auf halsstarrig. Er ließ sich nicht mal durch Kanonen umstimmen. Und das blieb auch so, als er groß wurde. In seinem ganzen Leben tat er, was er wollte, und sei es auch schief und krumm. So überlegte er auch jetzt, daß es Zeit sei, die kretische Männerkleidung zu tragen, und er trug sie, was auch seine Mutter und seine Schwestern sagen mochten.

An dem Treiben Klein-Giorgos' war aber auch etwas die Witwe schuld. Sie bewunderte ihn heimlich und offen als den Beschützer ihres Hauses, und das Kind, das das begriff, wurde von Tag zu Tag übermütiger und setzte seinen Kopf durch. Dauernd machte er seiner Mutter Kummer und brachte sie zum Jammern, daß sie Witwe sei und schutzlos in der Welt bliebe. Obwohl sie nicht nur diese Sorge hatte. Es war die Zeit der deutschen Besatzung, und nur Gott wußte, wie sie es schaffen sollte. Und sie hatte außerdem Klein-Giorgos auf dem Hals, der sie aufregte.

So hatte er sie auch heute wieder durcheinandergebracht, kaum daß er aufgewacht war und seine Augen aufgemacht hatte. Die ganze Nacht waren die Deutschen im Dorf herumgelaufen, und es war klar, daß etwas im Gange war, und zwar etwas sehr Ernstes. Bevor es noch dämmerte, war oben auf den Hängen des Psiloritis(7) zuerst gelegentliches Schießen zu hören gewesen, und als dann die Zeit verstrich, gab es bald ein großes Tohuwabohu. Bei Trachili, der Bergspitze, die sich oberhalb der Dörfer Voriza und Kamares(8) befindet, war eine wilde Schlacht zwischen den Deutschen und den Partisanen im Gange, wie man später erfuhr. Die Partisanen in der Gruppe des Petrakogiorgis erledigten die Deutschen in der Felsgegend von Trachili. Und die Deutschen, die gewußt hatten, daß es diese Schlacht geben würde, waren seit den Nachtstunden in allen Nachbardörfern aufgestört worden und eilten nach Trachili.

Als es dämmerte, fanden mehrere Dorfbewohner von Klein-Giorgos den Mut, die Nase aus ihren Häusern herauszustrecken, um zu erfahren, was geschah, aber sie versteckten sich eilends wieder in ihren Häusern. Die Deutschen fingen Alt und Jung ein. Sie zwangen sie und ihre Esel und Mulis zu Arbeitsdiensten, luden Munition auf die Tiere und befahlen den Leuten, sie nach Trachili zu bringen, zumal kein anderes Transportmittel dort hinaufkommen konnte.

Kaum erwachte Klein-Giorgos und hörte das Geschrei, das es im Dorf gab, zog er eilig seine Stiefel und seine Reithosen an und machte sich fertig, um hinauszugehen. Seine Schwestern aber hängten sich an ihn, und seine Mutter schrie ihn an. Dann versuchte sie es im Guten und erklärte ihm, daß es auf dem Berge eine Schlacht gäbe, und daß er nicht hinausgehen solle, denn die Deutschen würden ihn töten. Aber Klein-Giorgos wollte nicht hören.

«Still, Mama. Wo werde ich umgebracht werden? Ist denn die Schlacht in unserem Dorf? Nein, sie ist in den Bergen. Und ich gehe ja nicht nach Trachili. Ich gehe nur ins Dorf.»

«Ja, aber die werden dich fangen und dich in die Berge bringen. Hörst du nicht, was da draußen geschieht? Willst du, daß sie auch dich fangen, um ihnen Munition zu schleppen? Bist du denn steif und fest entschlossen, getötet zu werden?»

«Ich bin ein Kind, und mich brauchen sie nicht.»

Die Witwe wurde erneut böse.

«Ach, jetzt bist du ein Kind! Die ganze Zeit spielst du den Mann und willst Stiefel und Reithosen, und jetzt, wo es dir paßt, wirst du wieder ein Kind. Hör auf! Für die Arbeit, für die sie dich brauchen, bist du ihnen gut genug.»

Aber Klein-Giorgos behielt immer das letzte Wort, und immer fand er unmögliche Argumente und Ausreden.

«Mama, ich muß gehen und nachsehen, was passiert. Sie könnten ja unser Dorf anstecken. Soll ich etwa nichts herauskriegen, und sie verbrennen uns dann lebend wie die Mäuse? Ich trage Verantwortung, Mama! Ihr seid Frauen und versteht nichts davon.»

Dann öffnete er die Tür, schlug mit der Faust in die Luft und ging hinaus, ohne daß seine Schwestern und seine Mutter ihn aufhalten konnten. Es dauerte aber nicht lange, und er kam zurück. Nur kam er nicht allein. Er kam mit zwei wild aussehenden und bis an die Zähne bewaffneten Deutschen zurück. Die Deutschen benötigten außer Klein-Giorgos auch das einzige Tier der Witwe, den männlichen Esel, den sie für alle ihre Arbeiten hatte, und sie kamen, um auch den zu holen und ihn mit Kriegsmaterial zu beladen.

Die Witwe verlor anfangs die Fassung, als sie sie vor sich sah, aber dann faßte sie Mut und schimpfte mit ihrem Sohn.

«Hab' ich dir das nicht gesagt, du Hund! Ich hab' dir das gesagt, aber wo hast du deine Ohren! Jetzt geschieht es dir recht.

Geh, denn du hast keinen Verstand. – Und die hier, warum hast du mir die hierhergebracht?«

Aber Klein-Giorgos mußte beinahe lachen.

«I c h hab' sie hergebracht, Mama? S i e haben m i c h hergebracht.»

«Und was wollen sie? Die sollen zum Teufel gehen!»

Die beiden Deutschen hörten zu, aber glücklicherweise verstanden sie nichts. Und es war seltsam, aber es schien, als hätten sie es überhaupt nicht eilig, als ob auch sie zum Arbeitsdienst gezwungen worden wären. Die Witwe betrachtete sie erneut und fragte ihren Sohn:

«Was wollen sie? Hast du nicht gehört, daß ich dich gefragt habe?»

«Kapierst du nicht, was sie wollen? Mich wollen sie und unseren Esel.»

«Und wer hat ihnen gesagt, du Dummkopf, daß wir einen Esel haben? Hast du ihnen das gesagt? Du hast auch das getan, du Gottloser! Du wirst mich noch umbringen mit dem, was du machst. Ich halte es mit dir nicht mehr aus. Warum, du Dummkopf, hast du ihnen das verraten?»

«Ich hab' ihnen das nicht gesagt, Mama. Sie haben im Kaffeehaus eine Kommission aus unseren Dorfbewohnern, und die haben das verraten. Aber was willst du, was hätten die auch anderes tun können? Unsere Dorfbewohner, habe ich gehört, kaum erfuhren sie, was los war, banden ihre Esel und Mulis in den Ställen los und ließen sie laufen, und nun können sie für die Transporte keine Tiere mehr finden. Nur die, die nicht weglaufen konnten, müssen ran.»

«Siehst du? Das hättest auch du machen müssen. Aber du machst ja nie was richtig. Diese Menschen haben es geschafft. Und nur wir sind wieder die Dummen.»

Klein-Giorgos hatte aber keine Lust mehr auf eine weitere Unterhaltung. Er ließ seine Mutter und die Deutschen stehen und ging den Esel aus dem Stall holen. Die arme Witwe änderte plötzlich ihren Ton. Ihr Kind würde in die Gefahr und ins Feuer gehen, und so wurde sie weich, ob sie wollte oder nicht. Wie das wilde Meer beruhigte sie sich und betrachtete zärtlich ihren Sohn.

«Paß auf, mein Kind. Es hätte nicht sein sollen, aber nun, wo es passiert ist, paß höllisch auf. Du gehst in den Krieg, vergiß das nicht.»

Sie seufzte tief und fuhr fort:

«Wenn du gehen würdest, um sie zu bekämpfen, wäre das etwas anderes. Wenn du gehen würdest, um die Deutschen zu bekämpfen, würde mich das nicht stören. Aber nun gehst du mitten ins Feuer, um ihnen zu helfen. Du gehst, um für die Mörder der Griechen Kriegsmaterial zu schleppen.»

Sie ging zu ihrem Sohn, knöpfte die oberen beiden Knöpfe seines Hemdes auf und steckte ihm eine Münze mit dem Heiligen Konstantin an das Hemd. Sie streichelte ihm auch voller Zärtlichkeit und Liebe den Kopf und flüsterte ihm zu:

«Der Heilige Konstantin, mein Kind, wird nicht zulassen, daß dir etwas Böses geschieht. Hab nur keine Angst, er wird dich bewachen.»

Sie dachte nicht einmal daran, die Deutschen zu bitten, ihr das Kind zu lassen. Sie wußte freilich nicht, wie sie sich mit ihnen hätte verständigen sollen, aber sie wußte auch, falls sie sie verstanden hätten, hätten sie ihr nicht den Gefallen getan. Sie wußte genau, daß sie ihn ihr nehmen würden, was auch immer sie ihnen sagen und wie sehr sie sie auch bitten würde.

«Mit dem Segen der Jungfrau und mit meinem Segen, mein Kind!»

Klein-Giorgos schaffte es, bevor er sich entfernte, ihr zuzurufen:

«Hab keine Angst, Mama, mir passiert schon nichts. Es kümmert mich gar nicht, daß sie mich gefangen haben. Ich mache einen Spaziergang und komme dann zurück. Das einzige, was mich ärgert, ist, daß mich mittags die Sammlerinnen suchen werden, damit ich ihnen die Oliven auflade, und daß sie mich nicht finden werden. Sag ihnen, daß sie mich gefangen haben und sie nicht auf mich warten sollen.»

Aber seine Mutter antwortete ihm nicht. Sie war wie an ihren Platz gefesselt, und sie sah ihnen nach, bis sie sie aus den Augen verlor. Und wie sie so unbeweglich dastand, fing sie zu murmeln an, nicht wissend, was sie sonst tun sollte:

«Ja, sicher, da sind auch die Sammlerinnen. Die sind ja verwöhnt. Und die wollen nicht, sagt er, daß ihnen jemand anders die Oliven auflädt außer dem Klein-Giorgos der Witwe. Hab aber keine Angst, mein Sohn, bei dem Bösen, das uns heute geschehen ist, wird niemand Oliven sammeln gehen. Und so werden dich auch die Sammlerinnen von deinem Onkel Nikolis nicht brauchen und auch nicht all die anderen, die dich rufen, damit du ihnen die Oliven auflädst.»

Sie bekreuzigte sich ein letztes Mal und versteckte sich voller Angst und Trauer in ihrem Haus. Und Klein-Giorgos schlug schon bald auf seinen Esel ein, der bis zum Boden mit Waffen und anderem Kriegsmaterial beladen war, und gemeinsam mit den Deutschen und seinen Dörflern zog er nach Trachili.

Auf dem ganzen Weg schwelgte er in seiner Fantasie. Und dann und wann dachte er, sowohl laut als auch leise murmelnd:

«Wenn wir in den Bergen angekommen sind, kann ich ihnen entkommen. Und wenn ich es fertigbringe zu fliehen, werde ich zu den Partisanen gehen. Und dann werde auch ich sie bekämpfen. Vielleicht bringe ich auch mehrere um. Freilich habe ich keine Waffen, aber ich könnte welche finden. Ich könnte eine von einem getöteten Deutschen schnappen. Die Unsrigen werden jetzt reichlich welche getötet haben. Irgendetwas wird sich schon machen lassen.»

Mit diesen Gedanken und tausend anderen begriff Klein-Giorgos weder, wann sie hinter der Front angekommen waren, noch fühlte er die allergeringste Müdigkeit.

Als sie an ihrem Ziel angekommen waren, kochte der Krieg. Es dröhnten dir die Ohren vom Blitzen und Donnern der Waffen, die nicht eine Minute still waren. Es brannten sogar die Steine des Berges. Die Welt ging unter. Es war ein richtiges Volksfest. Nur, daß sich Klein-Giorgos und seine Dorfbewohner auf diesem Volksfest nicht freuen konnten. Man ließ sie nicht einen Augenblick ohne Arbeit. Kaum waren sie angekommen, entluden sie die Tiere sofort, dann luden sie auf jedes Tier je einen gefallenen Deutschen und machten sich wieder an den Abstieg. Sie transportierten die

Gefallenen, um sie auf dem deutschen Friedhof des Dorfes zu begraben und um danach wieder neue Kriegsgüter aufzuladen und sie an dieselbe Stelle zu bringen.

Den Gefallenen warfen sie bäuchlings auf den Sattel von Klein-Giorgos' Esel, wie sie es auch bei den anderen Tieren taten. Der Esel aber hatte einen winzigen Körper und war klein und der Deutsche groß, und so berührten dessen Hände und Füße den Boden. Sie verfingen sich dauernd im Dornengestrüpp und in den Steinen, und der arme Giorgos hatte Mühe, den Leichnam ins Dorf herunterzubringen.

Jedesmal hatte er Schwierigkeiten, die Hände und die Füße zu entwirren, und allmählich wurde er der letzte in der Transportkarawane. Hinter ihm gab es nur noch den deutschen Soldaten, der dem Gefallenentransport folgte.

Irgendwann aber erreichten sie doch das Dorf. Und als sie am Haus seiner Mutter vorbeikamen, blieb der arme Esel stehen, denn er wußte, daß er hier jedesmal entladen wurde. Als der Esel stehenblieb, fand auch Klein-Giorgos die Gelegenheit, seine Mutter zu rufen, die mit seinen Schwestern im Haus eingeschlossen war:

«Mama, he, Mama! Komm raus. Guck mal, was ich auf unseren Esel geladen habe! Guck mal, was ich von den Bergen heruntergebracht habe. So ein Lasttier hast du noch nicht gesehen.»

Kaum hörte die Witwe die Stimme ihres Sohnes, wagte sie sich eilig bis an die Türschwelle. Aber nur für einen Moment. Denn kaum sah sie sich der makabren Last gegenüber, versteckte sie sich erschreckt schnell wieder drinnen und fing erneut an, sich zu bekreuzigen. Und ihr Sohn setzte seinen Weg fort, als wäre nichts geschehen und als hätte er auf seinen Esel Eichenlaub geladen.

Sie machten an diesem Tag viele Wege. Und jedesmal transportierten sie natürlich dieselbe Last. Auf dem Hinweg Material für die Schlacht und Gefallene auf dem Rückweg. Bei jeder Tour versuchte Klein-Giorgos, wenn sie in den Bergen angekommen waren, eine Möglichkeit zum Fliehen zu finden. Um in die Felsgegend zu klettern, um sich mit den Partisanen zu vereinen, um eins zu werden mit ihnen und um mit ihnen die Deutschen zu bekämpfen. Aber wie sehr er es auch versuchte, er brachte es nicht fertig. Die Deutschen ließen ihn nicht aus den Augen.

Er schaffte es nicht, ihnen zu entkommen, aber er brachte es fertig, eine deutsche Waffe zu ergattern, die sich zu seinen Füßen fand, und die versteckte er in einer großen Zwergeiche.

Gegen Abend hörte der Kampf auf. Die deutsche Artillerie aus Timbaki(9) schaffte es am Abend dieses Tages, die Stellungen der Partisanen zu orten. Und kaum fand sie sie, hörte das wilde Trommelfeuer nicht eher auf, als bis es die Partisanen gezwungen hatte, sich auf die höheren Gipfel zurückzuziehen. Als die Schlacht aufhörte, hörten auch die Träger auf, und Klein-Giorgos kehrte spät in der Nacht erschöpft vor Müdigkeit in sein Haus zurück. Aber er war auch traurig, daß er es nicht fertiggebracht hatte, gegen die Eroberer zu kämpfen.

Kaum sah ihn seine Mutter, umarmte und küßte sie ihn, und gleichzeitig dankte sie Gott aus tiefster Seele, der ihn behütet hatte, so daß ihm nichts Böses in dem Feuer, in das er gegangen war, geschehen war. Und Klein-Giorgos wurde gleich doppelt so groß.

«Siehst du, Mama, daß mir nichts passiert ist. Siehst du, wie du dich gefürchtet hast...»

«Gott hat dir geholfen, mein Kind. Gott und die Münze des Heiligen Konstantin, die ich dir heute morgen an dein Unterhemd gesteckt habe. Das, mein Kind, hat dich vor dem Bösen beschützt.»

Seit diesem Tag waren Klein-Giorgos' Gedanken ununterbrochen bei der Waffe, die er versteckt hatte. Und im Jahr danach, als die Eroberer besiegt waren und von Kreta weggingen, war es seine erste Tat, wieder nach Trachili zu gehen, um die Waffe zu finden. Also ging er. Und kaum hatte er sie ins Dorf gebracht und gereinigt, fing er unaufhörlich zu ballern an. In der ersten Zeit tat er sogar nichts anderes. Er ballerte Tag und Nacht, wie es auch die anderen Jünglinge seines Dorfes taten.

Der blinde Hausierer

Obwohl es ein Marktflecken war, kamen in mein Dorf, als ich Kind war, verschiedene Hausierer. Am regelmäßigsten von allen aber kam Marakantonis, von dem ich nie erfuhr, woher er stammte.

Ein Vrakaträger(1) auch er, wie die meisten seiner Generation, war er mit dem prächtigsten Körper ausgestattet und sehr dick. Seine schwarze Vraka hing herab und reichte bis unter seine Waden, und seine bestickte Weste war immer aufgeknöpft, um seine Beleibtheit zu umfassen. Sein Bauch berührte seine Knie, wenn er aufrecht stand, und die Erde, wenn er sich bückte.

Ich wußte nicht, wo in den anderen Vierteln meines Dorfes er seinen Stammplatz hatte, und ich habe auch nie danach gefragt. In meinem Viertel jedoch kannte ich, seit ich ein kleines Kind war, seinen Stammplatz.

In der Nähe meines Geburtshauses gab es einen steinernen Bogen – riesengroß erschien er mir damals – und neben der Brücke eine Quelle und einen kleinen Platz, der buchstäblich von einer gewaltigen Platane bedeckt wurde. Später, im Jahre 1953, wenn ich mich recht erinnere, traten bei einer großen Überschwemmung die Wasser des Flusses über die Ufer, und innerhalb einer Nacht verschwanden der Bogen und die Platane mit ihrem breiten Schatten vom Gesicht der Erde. Jedoch schon im selben Jahr wurde an die Stelle des alten Bogens ein neuer und zeitgemäßer gebaut, der sich bis heute gerettet hat. Eine andere Platane pflanzte aber niemand mehr an, und es säte sich auch keine von selbst aus.

Hier, unter dieser Platane, lud Marakantonis von seinen beiden Eselchen, die er immer mit sich zog, seine verschiedenen Waren ab. Er entlud mit großer Geduld und Vorsicht seine Handelsgüter. Und wenn er sie an der Stelle, die er dafür vorgesehen hatte, ausgebreitet hatte, fing er an, seine Waren auszurufen. Uns aber, der Kinderschar der Nachbarschaft, war sein Kommen schon vom ersten Augenblick an bekannt. Daher füllte sich nach wenigen Minuten der kleine Platz mit nackten Füßen in jeder Größe.

Das anstrengende Abladen der Handelswaren benötigte viel Zeit, denn der arme Hausierer war ganz blind. Aber außerdem brauchten seine Waren, von denen die meisten tönern waren, auch besondere Vorsicht, um abgeladen zu werden, ohne zu zerbrechen.

Der blinde Händler verkaufte nichts anderes als Tonwaren, einige Küchengeräte und auf jeden Fall gesalzene Sardellen, Zwiebeln zum Pflanzen, und wenn es ihre Zeit war, auch geröstete Kichererbsen. Als ich groß wurde, erfuhr ich, daß er die Sardellen für die Saufbrüder bestimmt hatte und die Kichererbsen für die Kinder. Die Kichererbsen spielten auch aus einem bestimmten Grund eine Rolle in der Werbung des Händlers. Und zwar so: Kaum erfuhr die 'Barfußbande'(10) von der Ankunft des Marakantonis, zerstreute sie sich in der Nachbarschaft, jeder Barfüßige ging nach Hause und fing zu schreien und zu jammern an, um seine Mutter oder irgend einen anderen der Seinen dazu zu bewegen, ihm den notwendigen Fünfziger(11) zu geben, der ihm erlauben würde, von dem blinden Hausierer geröstete Kichererbsen zu kaufen. Und so erfuhr durch das Schreien und Jammern der Kinder die Nachbarschaft von der Ankunft des Marakantonis, bevor er noch richtig seine Waren abgeladen hatte.

Der Blinde schleppte immer ein Kind unseres Alters mit sich. Es war sein Enkel, wie ich hörte und wie es die Älteren sagten, und er nahm es mit sich, damit es ihm helfe. Jedenfalls hatte er jedesmal ein anderes bei sich, und das machte auf mich einen großen Eindruck. Daher fragte ich eines Tages meine Mutter, aber die antwortete mir gleichgültig:

«Was weiß ich...»

Und später fuhr sie fort:

«Man sagt, mein Kind, daß er einen ganzen Backofen voller Enkel hat.»

Ich wußte, was 'ein ganzer Backofen voll' bedeutete, denn oft schickten mich meine Mutter und meine Tanten zum Bäcker in der Nachbarschaft die Zwiebacke abholen, und überrascht rief ich aus:

«Einen ganzen Backofen voll! So viele, Mutter!»

Meine Mutter nahm mich aber nicht ernst und setzte die Arbeit fort, die sie in diesem Moment tat.

Wenn der Blinde mit der Hilfe seines Enkels seine Waren abgeladen hatte, zog er die beiden Eselchen beiseite, gab ihnen etwas zum Schmatzen, und während er die Sachen dort, wo er es für richtig hielt, anordnete, fing er zu schreien an:

«Große Gefäße, kleine Gefäße, Töpfe aus Thrapsanos(12), Krüge und Henkelkrüge für die jungen Mädchen. Um sie zu nehmen und mit ihnen an die Quelle zu gehen, um sie zu füllen, um die Jünglinge zu sehen... Gesalzene Sardellen, für die Säufer, die Schwangeren, die Unverheirateten und die Verheirateten, die kleinen und die großen Mädchen, und für die Männer, die keine Milchsuppe essen... Und geröstete Kichererbsen für die Zahnlosen und die Kinder...»

Die Frauen der Nachbarschaft liefen, um das Beste zu ergattern, bevor die anderen wählten. Auf den Platz kam viel Bewegung, und die Tauscherei begann. Oder besser, die Tauschgeschäfte, denn um Tauschgeschäfte handelte es sich wirklich, weil der Hausierer die Handelswaren gegen Waren verkaufte. Außer natürlich die gerösteten Kichererbsen, für die er einen Fünfziger von der Kinderschar nahm.

Marakantonis tauschte die Sachen ausschließlich gegen die vier Produkte: Öl, getrocknete Oliven, Eier und Tierfutter. All das verkaufte er nachher weiter an die Lebensmittelhändler des Dorfes, natürlich ohne Verlust, und so verdiente er an dem Wiederverkauf. Nur das Futter verkaufte er nicht weiter, außer, wenn es sich ergab, daß er große Mengen einsammelte, dann verkaufte er einen Teil weiter. Er behielt es und gab es seinen Eselchen, die er mit seinen Handelswaren belud, und mit denen er von Dorf zu Dorf zog.

Die Preise der meisten Waren waren viele Jahre stabil. Die Zwiebeln zum Pflanzen gab er gegen Öl. Nämlich, wenn du eine Oka(13) Zwiebeln kauftest, mußtest du eine Oka Öl abgeben. Die Sardellen gab er zwei zu eins ab. Nämlich eine Oka Sardellen gegen zwei Oka Öl. Natürlich kaufte niemand eine ganze Oka Sardellen, aber immer regelte er auf der Basis dieses Preises, wieviele Drami(14) Öl du für die Sardellen, die du haben wolltest, zu geben hattest. Der Preis der großen Gefäße und der verschiedenen anderen Tonbehälter regelte sich entsprechend dem Inhalt, den das Gefäß hatte. Meistens mußtest du soviel Öl, wie das Gefäß faßte, abgeben, damit es deines wurde.

Alle Kundinnen behandelten den Blinden ehrenvoll, und niemals wollten sie ihn betrügen. Aber auch wie viele – glücklicherweise wenige – es zu tun versuchten, sie brachten es nicht fertig.

Der Blinde hatte seine eigenen Wege gefunden, um alles zu kontrollieren. Am Öl roch er, und so erfuhr er seine Qualität. Und sein Gewicht schätzte er nach dem Wiegen mit seiner Hand. Mit den getrockneten Oliven hatte er keine Schwierigkeiten, weil er eine auf gut Glück nahm und sie aß. So war es auch für die Eier keine Notwendigkeit, daß er sah, denn er bewegte sie nahe an seinem Ohr, wie es auch sonst die Händler tun, die nicht blind sind.

Marakantonis saß immer am Boden und stützte seinen Rücken an die Wand des Hauses, das sich auf der Bergseite des Platzes befand. Dort, auf diesem Platz, näherten sich ihm die Frauen, seine Kundinnen, und sie brachten ihm das Öl und andere Güter, wie sie es vereinbart hatten.

Bis aber der Markthandel in diesem Stadium angekommen war, gab es ein großes und endloses Handeln. Seine Kundinnen waren alle im Handeln schwierig. Um dem blinden Hausierer etwas abzukaufen, quälten sie ihn ganze Stunden. Aber auch er wich natürlich nicht zurück. Wenn ein Geschäft ihn zufriedenstellte, das ihm zwei Oka Öl brachte, sagte er anfangs der Kundin drei Oka, und dann machte er ihr schnell die Freude, eine, die er regelmäßig machte, und ließ es ihr für nur zwei Oka.

Seine Kundinnen erkannte er an der Stimme, und er wußte von allen ihren Vornamen oder wie sie in der Nachbarschaft gerufen wurden. So hörtest du regelmäßig über dem Handeln diesen Dialog:

«Wieviel willst du für dieses Gefäß, Marakantonis?»

«Du mußt es mir einmal mit Öl füllen, Fanourjena», antwortete der Hausierer, der die Kundin an der Stimme erkannt hatte.

Aber Fanourjena war niemals einverstanden und hielt die ständige Antwort bereit:

«Komm bloß! Du mußt es mir für weniger geben...»

Der Hausierer widersprach, und in der Folge ergab sich eine richtige Diskussion um wenige Drami Öl. Und wenn sie sich schließlich einigten, falls es eine Einigung gab, nahm Fanourjena die Ware und brachte aus ihrem Haus das Öl zu Marakantonis.

Und so ging es mit allen anderen Kundinnen des blinden Hausierers.

Nach den ersten Stunden flaute die Arbeit ein wenig ab, und der Blinde fand immer etwas zu reden. Manchmal neckte er, aber höflich, die Witwen und die Damen. Manchmal philosophierte er, und manchmal sang er leise hübsche kleine Mantinaden(15).

«E, liebe Kinder, wenn man die Leventia verkaufen könnte! Ich würde einen ganzen Sack voll kaufen, um euch das weiterzuverkaufen, was euch fehlt... Ha, ha, ha!»

Ein anderes Mal wieder sang er nachdenklich leise, als ob er allein sei:

«Der Mensch in dieser Schöpfung,
was sucht er und wo geht er hin?
Und wenn er auch zum Monde ginge,
diese Erde wird ihn fressen!»

Und er setzte in anderem Ton hinzu:

«Hört ihr das, ihr Kinder? Amüsiert euch, ich will euer Bestes, was anderes versteht ihr ja nicht.»

Er ruhte sich etwas aus, und wenn er erneut in Stimmung kam, nahm er wieder Anlauf:

«Große Gefäße, kleine Gefäße, schöne töpferne Weihrauchgefäße..., und geröstete Kichererbsen für die Kinder...»

Die 'Barfußbande' fand trotz des Schreiens und Heulens nur sehr schwer Fünfziger. Einen Fünfziger zu finden, war absolut keine einfache Sache. Und so hatten wir jedesmal, wenn der blinde Hausierer kam, ernste Probleme. Wir suchten nach Fünfzigern,

und Fünfziger fanden wir nicht. Wer aus unserer Gesellschaft es endlich fertigbrachte – ich war gewöhnlich nicht unter ihnen – , der hüpfte vor Freude. Der Glückliche, der es fertiggebracht hatte, das heißersehnte Geldstück zu finden, brachte es mit zwei Sprüngen zum Blinden und rieb seine Hände voller Ungeduld. Jener prüfte es vorsichtig mit seinen Fingern, und wenn er sich versichert hatte, daß es echt war, steckte er es in seine Tasche. Dann füllte er eine Kaffeetasse mit gerösteten Kichererbsen und gab sie lächelnd dem Glücklichen. Wir aber achteten damals nicht darauf, daß der Blinde, bevor er den Fünfziger in seine Tasche steckte, diesen vorsichtig mit seinen Fingern geprüft hatte.

Der Glückliche entfernte sich von dem Händler, aber die anderen lauerten ihm auf und ließen ihn nicht eine Minute aus den Augen. Bald umzingelten sie ihn, und im Nu bekamen die gerösteten Kichererbsen des Glücklichen Flügel.

Einmal, als Marakantonis wieder in unsere Nachbarschaft gekommen war und wir es nicht fertiggebracht hatten, auch nur einen Fünfziger zu finden, war unsere Enttäuschung unbeschreiblich. Als daher der Anführer der Barfußbande auf die glänzende Idee kam, daß wir unechte, oder besser tönerne, Fünfziger machen sollten, ging fast die Welt unter unseren Hochrufen unter. Mit den tönernen Fünfzigern glaubten wir, daß wir den blinden Hausierer täuschen könnten und so viele geröstete Kichererbsen von ihm bekämen, wie wir wollten.

Nach der ersten Begeisterung ging ich zu den anderen und sagte, daß nicht richtig sei, was wir zu tun vorhatten, aber niemand nahm mich ernst, und so sagte ich nichts mehr.

Schon vom nächsten Tag an nahmen wir die Herstellung der falschen Geldstücke in Angriff. Wir fanden einen geeigneten Ort und Erde, kneteten Ton, und aus dem Ton machten wir tönerne Fünfziger. Wir nahmen kleine Stückchen Ton, gaben ihm mit unseren Händen die Größe und die Form, die die echten Fünfziger hatten, und danach drückten wir sowohl in die eine als auch in die andere Seite des Tons einen richtigen Fünfziger. So formten sich auf dem Ton die Buchstaben und die anderen Zeichen ab, die das Geldstück hatte.

Mit unserem kindlichen Verstand waren wir sicher, daß sich der tönerne Fünfziger überhaupt nicht von dem echten unterschied und daß wir so den Blinden täuschen könnten. Das, was wir taten, war natürlich ein richtiger Betrug, aber wie sollten wir das damals wissen. Die tönernen Fünfziger ließen wir mehrere Tage in der Sonne, damit sie trockneten und hart wurden, nämlich genau wie es die berufsmäßigen Töpfer taten, und danach brannten wir sie in einem kleinen Ofen, den wir inzwischen gebaut hatten.

Von den Fünfzigern, die wir in den Ofen getan hatten, holten wir natürlich nicht alle unbeschädigt heraus. Viele zerbrachen oder verdarben, aber wir verloren nicht den Mut. Wir machten neue Ofenfüllungen und hatten so, als Marakantonis wiederkam, reichlich Fünfziger. Jeder hatte etwa dreißig als seinen Anteil bekommen.

Und wie immer fanden wir uns vom ersten Augenblick an am Stammplatz des blinden Hausierers ein. Unser Anführer näherte sich ihm als erster und gab dem Blinden einen tönernen Fünfziger. Alle warteten wir voller Spannung, um zu sehen, ob der ihm die Tasse mit gerösteten Kichererbsen füllen würde. Leider warteten wir aber vergeblich. Der Blinde machte, während er den Fünfziger mit seinen Fingern prüfte – diesmal achteten wir darauf – , anstelle seiner gewohnten Bewegung eine andere. Er ließ den tönernen Fünfziger herunterfallen, und mit den Fingern, mit denen er ihn gerade geprüft hatte, ergriff er das rechte Ohr unseres Anführers und zog es kräftig. Der Anführer hüpfte und tanzte vor Schmerz, obwohl er Anführer war.

Da begriffen alle, was geschehen war, und innerhalb weniger Sekunden waren wir vom Platz verschwunden. Und unsere Enttäuschung war dieses Mal größer als das vorige Mal, als wir keinen einzigen Fünfziger aufgetrieben hatten.

Nach kurzer Zeit, als ich erneut über den kleinen Platz ging, um für meine Mutter eine Besorgung zu machen, hörte ich Marakantonis wieder leise singen:

«Was ich auch in meinem Leben tu',
bereu' ich niemals;

schön wäre es, wenn ich mehr getan hätte,
aber ich bezahle nichts.
Die Finsternis und das Paradies sind auf dieser Erde,
und das, was du lernst, und das, was du frißt,
nur das zählt.
Ich bestelle euch jetzt für meine letzte Minute,
daß sich mir kein Priester nähere,
um mich loszusprechen.
Er soll gehen
und die Gräber der Priester und der Könige öffnen,
um zu sehen,
ob sie sich unterscheiden von den Armen.»

Marakantonis lud, wenn er fertig war, vorsichtig seine Waren auf seine Eselchen und brach zu einem anderen Stammplatz auf. Vorne ging sein Enkel als Führer des Blinden, und hinten folgte der Großvater, seine rechte Hand leicht auf den Rücken seines Führers gelegt.

Der blinde Hausierer kam Jahre und Jahre in mein Dorf. Vom Kind wurde ich zum Manne, und Marakantonis kam immer noch. Erst, als ich zum Studium nach Athen ging, vergaß ich ihn und sah ihn nicht mehr. Nur in den Sommern sah ich ihn manches Mal, wenn ich in mein Dorf herunterkam. Aber im letzten Sommer fand ich ihn nicht, wie sehr ich ihn auch suchte. Ich fragte dann und erfuhr, daß er gestorben war, während er durch die Dörfer gezogen war und seine Waren verkauft hatte.

Ich war wirklich traurig und hatte nicht den Mut, nach Einzelheiten zu fragen. Auch fragte ich nicht noch einmal nach dem blinden Hausierer.

Matthios und das Gymnasium meines Dorfes

In jenem Jahr sprach man davon, daß auch in unserem Dorf ein Gymnasium errichtet werden sollte, und so diskutierten darüber Jung und Alt. Als dann der Juni kam, in dem die Kinder geprüft werden, ob sie in das Gymnasium aufgenommen werden können, hörte man kein anderes Gespräch mehr im ganzen Dorf.

So sehr sie aber auch diskutierten, im Grunde glaubte niemand recht daran. Erst, als sie zwei, drei Professoren und einen Gymnasialdirektor sahen, die aus Iraklion(16) gekommen waren, um die Prüfungen abzunehmen, verging ihnen jeder Zweifel.

An dem Nachmittag, als sie ankamen, war der zentrale Dorfplatz, die Petriani Vrissi(17), voller Leute. Kaum, daß die Besucher aus dem Omnibus gestiegen waren und sich in eines der Kaffeehäuser am Platz gesetzt hatten, wurden sie von denen, die sich dort eingefunden hatten, umringt, damit diese hören konnten, was jene sagen würden. Sie warteten, um mit offenem Mund die Nachricht zu hören, die jene über das Gymnasium brachten.

Bald kam es auch zu ersten Bewirtungen, und die Diskussion brauchte nicht lange, um sich endgültig auszubreiten. Leider aber verging nicht viel Zeit, und die Dörfler bekamen es wieder mit der Angst. Denn der Gymnasialdirektor erklärte ihnen, daß sich eine große Anzahl von Schülern einfinden müßte, damit das Gymnasium in ihrem Dorf arbeiten könnte. Andernfalls würde das Gymnasium in ein anderes Dorf gelegt werden. Das gefiel natürlich niemandem. Und kaum hörten sie das, fingen sie an, sich zu beunruhigen und wieder die Zweifel zu haben, die sie anfangs gehabt hatten.

Der einzige, der sich nicht aufregte und verzweifelte, war der Bürgermeister des Dorfes. Er blieb gelassen, und vom ersten

Augenblick an zeigte er, daß er über etwas nachdachte. Und als der Gymnasialdirektor seine Rede beendet hatte, fragte er ihn, sich seinen Kopf kratzend:

«Werden ins Gymnasium alle Kinder hineinkommen, die die Prüfung machen? Denn wenn sie reinkommen, glaube ich nicht, daß wir Probleme haben werden.»

Der Gymnasialdirektor lächelte:

«E, natürlich nicht! Wenn alle durchkämen, dann würden wir überhaupt keine Prüfungen brauchen.»

Und einer der Professoren ergänzte:

«Übereinstimmend mit dem Gesetz müssen dreißig Prozent der Kinder, die die Aufnahmeprüfung machen, durchfallen. Also, wenn hundert Kinder die Aufnahmeprüfung machen, werden siebzig bestehen.»

Dem Bürgermeister brach der kalte Schweiß aus. Er zeigte das aber nicht und scherzte:

«Und die anderen dreißig werden nur am Prüfungstag ins Gymnasium gehen, und später werden sie sagen, daß sie draußen vorbeigegangen sind.»

«Genau!» antwortete der Gymnasialdirektor und fing mit den anderen zu lachen an.

Diesen Abend verpflegten meine Dörfler die Besucher, wie sie es nicht besser konnten, und als jene schlafengingen, kehrten sie in das Kaffeehaus zurück und setzten die Diskussion fort. Jeder sagte seine Meinung, aber alle sorgten sich um dasselbe Problem. Es quälten sie die 'dreißig Prozent'. So versuchten sie, eine Möglichkeit zu finden, es zu lösen. Alle überlegten, ob sie irgendeinen Kniff fänden, damit in das Gymnasium alle Kinder des Dorfes aufgenommen würden. Und plötzlich, als sie keine Ideen mehr hatten, kam der Meister Manolis herbeigeeilt, der einer der Ältesten der Gesellschaft war, schlug mit seiner Faust vor sich auf den Tisch des Kaffeehauses und rief:

«Ich hab' es, Leute!»

Sein Nebenmann erschrak bei seinem Schlag und seiner lauten Stimme. Er kam aber wieder zu sich und fragte Meister Manolis mit ironischem Lächeln:

«Was? – Was hast du? – Das Ochsengeschirr, das du gestern verloren hast?»

Der andere nagelte ihn mit seinem Blick fest:

«Welches Ochsengeschirr! Ist jetzt die Zeit für Ochsengeschirre? Ich habe die Lösung des Problems. Ich weiß, was wir mit den 'dreißig Prozent' machen werden.»

Aber sein Nebenmann spottete wieder:

«Sei doch still!»

Der Bürgermeister nahm ihn jedoch ernst. Er brachte die anderen zur Ruhe, indem er sie anschrie, und dann sagte er, daß sie alle anhören sollten, was ihnen Meister Manolis zu sagen hatte.

«Ja, sag uns, was hast du dir ausgedacht? Irgendwas könnte dabei rauskommen.»

Der lächelte. Dann holte er tief Atem und begann:

«Bürgermeister, sagte uns nicht der Gymnasialdirektor, daß von den Kindern, die die Aufnahmeprüfung machen, dreißig Prozent durchfallen würden? Das hat er uns gesagt. Damit also alle Kinder ins Gymnasium aufgenommen werden, müssen auch wir die Prüfungen machen! Damit wir durchfallen und die Kinder bestehen. Wir werden nämlich die 'dreißig Prozent' sein!»

Die Stammgäste des Kaffeehauses fingen zu schreien und zu lachen an, und sie hörten nicht mehr auf. Als ihnen aber Meister Manolis erklärte, was er meinte, daß er nämlich sagen wollte, daß außer den Kindern auch die geprüft werden sollten, die noch kein hohes Alter hatten, fingen sie an, ernsthaft nachzudenken. Und es verging wenig Zeit, bis sie darüber zu diskutieren begannen.

Der einzige, der ernsthafte Einwände hatte, war der Neffe des Bürgermeisters, Matthios, der Sohn von der Sambia.

«Mir scheint, ihr seid allesamt verrückt geworden! Als ob das ginge!»

Er konnte aber nicht weiterreden, denn alle erhoben ihre Stimmen. Und einer seiner Cousins ersten Grades gab ihm einen Stoß und schrie ihn wild an:

«Das geht! Kümmere dich um deine Sachen!»

Der Bürgermeister versuchte ihn zu beschwichtigen. Er lächelte ihm zu und gab ihm einen Klaps auf den Rücken. Danach trat er ihm leicht auf seinen rechten Stiefel, zog an seiner Reithose und legte ihm ein Bein über das andere. Und dann sprach er in einer Pose, die keinen Einwand duldete:

«Außer den Kindern werden die Prüfungen auch die Jünglinge des Dorfes ablegen. Die, die noch keine zwanzig Jahre alt sind. Ich glaube, daß wir genug zusammenbringen, und dann laß von denen durchfallen, so viele wollen.»

Matthios wurde wild. Er war noch nicht zwanzig und sollte wie die anderen die Prüfung ablegen.

«Das heißt, ich muß auch?»

Der Bürgermeister sah ihn schief an:

«Ja, sicher mußt du. Und wenn du es wissen willst, dich schicke ich als einen der ersten.»

«Das darf doch nicht wahr sein! Willst du denn, daß ich zum Gespött werde? Daß meine Geschichte bis zu den Nachbarinseln läuft? Ich nehme nicht teil! Mit den Stiefeln und mit den Reithosen, die ich trage, soll ich im Gymnasium auftreten? Einen verfluchten Spaß werden die anderen haben! Ich glaube, ich komme noch in die Zeitungen. Onkel, ich bin Schäfer und weiß nichts. Ich kann nur die Schafe meines Herrn im Rouvas[18] hüten. Laß mich also in Ruhe, wenn es geht.»

Nun war der Bürgermeister an der Reihe, auch wild zu werden:

«Das verstehe ich nicht! Auch du mußt die Prüfung machen. Bist du ein Dörfler oder nicht?»

«Ja, mein Lieber, ich bin einer, und zwar einer von den guten.»

«E, dann sag nichts mehr.»

«Und wenn ich Schwein habe und bestehe? Was werde ich dann machen? Werde ich die Schafe bewachen oder das Gymnasium? Mir scheint, daß ihr alle verrückt geworden seid!»

«Keine Angst, Neffe, es ist niemand verrückt geworden. Der Kniff von Meister Manolis ist, wie er sein muß. Und du hab keine Angst, es wird schon nicht passieren, daß du durchkommst.»

«Ich sage, wenn...»

Jemand aus der Gesellschaft konnte sich nicht mehr beherrschen:

«Und das bedrückt dich? Das ist einfach. Wenn du am Gymnasium Erfolg hast, was ich auch nicht glaube, unterbrichst du am nächsten Tag die Prüfung wegen der Schäferei, und anstatt das Gymnasium fortzusetzen, bleibt es dabei, daß du zum Rouvas gehst.»

Und der Bürgermeister ergänzte, während er seinen großen schwarzen Schnurrbart drehte:

«So wirst du es machen, du Verrückter!»

Doch Matthios fuhr im selben Ton fort:

«Gut, Onkel, und das andere?»

«Welches andere?»

«Außer der Schäferei habe ich noch die Lyra(19). Weißt du nicht, daß ich Lyra spielen lerne? Worauf soll ich also zuerst achten, auf die Schafe, die Lyra oder die Prüfungen?»

«Neffe, du sprichst nicht nett mit uns. Mir scheint, du suchst Streit.»

«Klar suche ich Streit!»

Und dann schien es, als ob er sich an etwas erinnerte, weil er sich mit der Hand an die Stirn schlug und tief seufzte. Die anderen erwarteten, daß er herausrief, an was er sich plötzlich erinnert hatte, aber er enttäuschte sie. Er rief nicht, sondern beugte sich vor und sagte dem Bürgermeister, so leise er konnte, etwas ins Ohr, so daß ihn die anderen nicht hörten:

«Gut, weißt du nicht, daß ich vorhabe, mich zu verheiraten? Wenn ich die Prüfungen am Gymnasium mache und man hört, daß ich nicht bestanden habe, wer wird mich dann nachher nehmen?»

Der Bürgermeister lachte sich krank. Und als er zu lachen aufgehört hatte, drehte er sich jäh um und rief zu Matthios, so laut er konnte:

«Mein Lieber, ich habe von Anfang an gemerkt, daß dich etwas gezwickt hat! A, darum willst du nicht die Prüfung machen!»

Und er fuhr fort:

«Liebe Leute, er will sich verheiraten, sagt er, und darum hat er Angst, die Prüfung am Gymnasium zu machen!»

Die anderen warteten natürlich nicht, bis sie mehr hörten. Es fing ein Lachen und Scherzen an, und es gab einen großen Freudentaumel.

Der arme Matthios lief mehrmals rot an, und am Ende sprang er auf und rief ihnen zu:

«Weil ihr so seid, werdet ihr schon sehen! Und ich werde die Prüfung machen, und ich werde aufs Gymnasium gehen! Ich wollte nicht dickköpfig sein, aber nun bin ich's!»

Die Diskussion über dieses Theme setzte sich noch lange fort. Und als sie aufhörte, waren alle einig, ihren Plan geheimzuhalten. Der Gymnasialdirektor und die Professoren sollten auf keinen Fall von ihrem Kniff erfahren.

⋆ ⋆ ⋆

Es wurde beschlossen, die Prüfungen in den Sälen der Volksschule des Dorfes abzuhalten, weil das Gymnasium noch kein eigenes Gebäude hatte.

Am Prüfungstag, und selbstverständlich ab frühmorgens, füllte sich der Hof der Schule mit Kindern, aber auch mit Jünglingen, die noch nicht die Zwanzig überschritten hatten. Die Professoren waren im ersten Moment überrascht und wußten nicht, was sie über das, was sie hier das erste Mal sahen, denken sollten. Ein Glück nur, daß ihr Verstand nicht so raffiniert war und hinter den Plan kam, den die Bewohner des Dorfes entworfen hatten. So lief es am Ende auf diese logische Schlußfolgerung hinaus: Es scheint, weil das Dorf kein Gymnasium hatte, konnten die Kinder nicht studieren, und nun, wo ihnen die Gelegenheit gegeben wird, haben sie beschlossen, nicht nur die Kinder zu schicken, sondern auch die Jünglinge.

Mit diesen Gedanken also begannen sie, die Kandidaten zu prüfen, ein jeder in seinem Fach.

Die Jünglinge mit den hochgezwirbelten Schnurrbärten und den faltigen Stiefeln hatten die Volksschule vor vielen Jahren verlassen, und so erinnerten sie sich nicht an viele Dinge. Die Prüfer betrachteten zwar ihren Fall mit Sympathie und Geduld, aber sie konnten sie nicht bestehen lassen, ohne daß sie etwas wußten. Und so fiel einer nach dem anderen durch.

Irgendwann kam auch Matthios von der Sambia, der sich seit dem frühen Morgen als großer Optimist gezeigt hatte, an die

Reihe. Der Arme hatte geglaubt, daß er mit dem, was er wußte und mit dem Eigensinn, der ihn erfaßt hatte, als einer der ersten in das Gymnasium aufgenommen werden würde.

Zuerst holte ihn sich der Professor für Mathematik. Kaum begriff Matthios das, fühlte er sich noch optimistischer, weil er das Rechnen überhaupt nicht fürchtete. Das konnte er mit dem kleinen Finger. Jeden Tag hatte er gerechnet, und nun sollte er das fürchten, was ihn der Professor fragen würde?

Der Mathematiker prüfte ihn voller Sympathie, und dann schrieb er ihm an die Tafel zwei gleichnamige Brüche. Dann schaute er ihn wieder an und sagte ihm höflich:

«Ich bitte dich, addiere diese beiden gleichnamigen Brüche.»

Matthios hatte das vergessen. Und in einem einzigen Augenblick fiel er unerwartet aus den Wolken des Optimismus, in denen er bisher geflogen war. Niemals hatte er erwartet, daß ihm so ein Problem gestellt werden würde. In seinem Beruf rechnete er mit ganzen Zahlen. Die Brüche hatte er seit damals, als er die Volksschule abgeschlossen hatte, nicht mehr gebraucht, und er erinnerte sich an sie überhaupt nicht. Er probierte, aber nichts. Er wurde rot, gelb, dann wieder rot, dann wieder gelb, aber leider konnte er sich an nichts erinnern. Man merkte aber, daß er seinen Verstand sehr anstrengte, und am Ende war es, als ob er sich an etwas erinnerte, denn plötzlich leuchtete sein Gesicht auf, und er rief:

«Ich muß sie ungleichnamig machen! Um diese beiden gleichnamigen Brüche zu addieren, muß ich sie ungleichnamig machen!»

Der Prüfer überlegte, ob er ihm sagen sollte, daß er einen Fehler gemacht hatte. Er könnte ihm erklären, daß wir die ungleichnamigen Brüch in gleichnamige umwandeln, wenn wir sie addieren wollen, aber er sagte ihm nichts. Er zog es vor, ihn aufzuziehen:

«Ja, anstatt zu dividieren müssen wir multiplizieren.»

«Jawohl, Herr Professor!»

«Überragend! Bravo, mein junger Freund! Das hast du sehr gut gemacht. Und nun geh in den anderen Saal, daß du in Griechisch geprüft wirst. Wenn du auch dort antwortest, wie du hier geantwortet hast, kommst du unter den ersten ins Gymnasium, das es in eurem Dorf geben wird.»

Der arme Matthios begriff nicht, daß der Professor ihn aufzog. Er glaubte, daß er wirklich ausgezeichnet geantwortet hatte, und so flog er fast vor Freude. Im Weggehen hielt er nicht mehr an sich und murmelte:

«Mein Lieber, hab' ich mich angestrengt, aber ich hab' es fertiggebracht! Glücklicherweise war es nur das, denn wenn er mir gesagt hätte, daß ich das durchführen sollte, weh mir. Ein Jahr könnte er mich an der Tafel stehen haben, die Durchführung würde er nicht sehen. Mein Lieber, bin ich billig davongekommen!»

Überglücklich also und mit zwei Sprüngen fand er sich im anderen Saal ein, bereit, sich auch hier auszuzeichnen.

Der Prüfer im Griechischen sah ihn sehr aufmerksam an, und während er seine Stiefel und seine Reithosen musterte, fragte er ihn:

«Kannst du lesen?»

«Ja, ich kann.»

Der Professor sah ihn erneut vorsichtig an, und dann gab er ihm ein Buch und sagte ihm, daß er das Stück lesen solle, das er ihm zeigte.

Matthios las den Text, und es ist wahr, daß er das gut fertigbrachte. Er las langsam, aber aufmerksam und machte fast keinen Fehler. Der Prüfer war zufrieden, und als er endete, sagte er ernsthaft:

«Du liest richtig gut.»

Dann fügte er hinzu:

«Mal ehrlich, welche Arbeit machst du?»

«Im Rouvas bewache ich die Schafe. Ich bin Schäfer.»

«Und dein Beruf läßt dich lesen?»

Matthios lächelte:

«Ich lese nicht viele Sachen. Manchmal am Sonntag die Zeitung. Und wenn mir im Rouvas Zeit bleibt, auch den 'Erotokritos'(20). Den halben kann ich auswendig!»

«Gut, gut. Und nun sag mir, welche Wortart ist das Wort 'arm'. Dieses Wort, wie du siehst, gibt es in dem Text, den du gelesen hast. Also?»

«'Arm'! Und wer weiß nicht, was 'arm' bedeutet! 'Arm' ist der, der arm ist! Wir hier in unserem Dorf haben nicht viele Arme, aber ich weiß, was 'arm' bedeutet. Jeder Arme und sein Schicksal. Die Armut ist schlimmer als die Krankheit. So sagte mein Großvater...»

«Bravo, mein Kind!»

Matthios verstand auch dieses Mal nicht die Ironie des Prüfers, und daher schrie er beinahe laut vor Freude. Jetzt erst war er fast sicher, daß er aufs Gymnasium käme, weil er in den beiden Grundfächern gut geantwortet hatte. So hielt er wieder nicht an sich und murmelte:

«Jetzt seht ihr Dörfler, wie ihr mit mir scherzt! Wo steckst du, Onkel, damit du mich siehst!»

Allmählich beendete er auch die anderen Fächer. Kaum war Schluß, ging er weg und nach Hause, voller Freude und Stolz, sicher über seinen hundertprozentigen Erfolg.

Wie es aber so ist, sicher über seinen Erfolg hatte er dennoch Angst und schlief die ganze Nacht nicht. Am nächsten Tag würden die Ergebnisse herauskommen, und er wollte auch formell seinen Namen auf der Liste der Erfolgreichen sehen.

Ganz früh befand er sich schon auf dem Schulhof und wartete zusammen mit den anderen. Gegen acht Uhr aber, als die Ergebnisse herauskamen und die Liste der Bestandenen an die Wand geklebt wurde, fand er seinen Namen nicht darauf, so sehr er auch suchte. Und natürlich war auch keiner der Jünglinge, die die 'dreißig Prozent' gebildet hatten, darauf. Alle waren auf der Liste der Durchgefallenen. Matthios fiel es wie ein Ziegelstein auf den Kopf. Er wollte fast vor Übelkeit platzen und konnte es auch nicht glauben.

Irgendwann aber verdaute er es, ob er wollte oder nicht, und dann richtete sich seine Wut gegen den Bürgermeister. Er verließ also, sobald er es glaubte, die Schule, und nach zwei Schritten befand er sich bei der Petriani Vrissi. Hier fand er seinen Onkel im Kaffeehaus sitzend, und kaum hatte er sich ihm genähert, schrie er ihn mit soviel Kraft an, wie er hatte:

«Siehst du nun, was bei meinen Mühen herauskommt – und bei deinen Heldentaten! Ich kann jetzt sehen, wo sie mich an die Wand geklebt haben, wo ich eine Frau herkriege! Aber ab morgen schon werde ich dich an die Türen der Menschen anklopfen schicken, und ich will sehen, ob du für mich eine Frau finden wirst!»

Glücklicherweise war um diese Zeit keine Seele im Kaffeehaus, und so kam Matthios billig davon. Die Episode aber wurde im Dorf bekannt, und für viele Tage hatten die Leute ihren Gesprächsstoff, und natürlich neckten ihn auch einige.

Der Bürgermeister sah ihn ruhig an, und dann sagte er ihm lächelnd:

«Halt den Mund, mein kleiner Verdrehter, denn ich bin hier! Frauen gibt es im Dorf, daß sie die Hunde fressen könnten! Ich werde eine Frau für dich finden, und eine, wie du sie willst.»

«Ja, jetzt, wo sie mich an die Wand geklebt haben!»

«Was für ein Blödsinn ist das wieder? Wieso sagst du, daß sie dich an die Wand geklebt haben? Was willst du damit sagen?»

«Weißt du nicht, was ich dir sagen will?»

«Nein.»

«Hast du nicht gehört, daß sie die Ergebnisse rausgebracht haben?»

«Das habe ich gehört.»

«E, weil du das gehört hast, höre jetzt, daß in diesem Augenblick mein Name auf der Liste der Durchgefallenen ist. Mein Name ist auf einem Blatt Papier, zusammen mit anderen Namen, und das Blatt ist an die Wand der Schule geklebt. Haben sie mich also nicht an die Wand geklebt?»

Der Onkel lächelte ihm wieder zu:

«A, das willst du sagen...»

«Das natürlich. Verstehst du jetzt?»

«Ich verstehe, daß du ein ganz Verdrehter bist! Ach, Neffe! Mir scheint, da hast kein Körnchen Verstand. Und wenn du am Ende keine Frau findest, wie du sagst, wird daran nicht schuld sein, daß sie dich an die Wand geklebt haben, sondern daß du keinen Verstand hast.»

«Jetzt kommt es noch so, daß du mich verrückt nennst!»

Der Bürgermeister hatte es aber schon satt, und er stoppte ihn:

«Los jetzt, geh schon. Geh nach Hause, nimm deinen Rucksack, geh zum Rouvas zu den Schafen, die du ganz allein gelassen hast, und das übrige überlaß mir.»

Das Schäferlein schnaufte noch mehrere Male, und dann

machte es sich murmelnd und lästernd auf den Weg. In dieser Stunde hätte es niemand vom Grübeln darüber abgebracht, wie es mit dem, was passiert war, eine Frau finden sollte.

Im Gegensatz zu den Jünglingen hatten die Kinder großen Erfolg. Es waren fast alle durchgekommen. Die große Anzahl der Kinder, von der der Gymnasialdirektor gesprochen hatte, konnte nur von den Dorfkindern zusammengebracht werden. Und das Gymnasium arbeitete von diesem Jahr an in meinem Dorf.

Anfangs war das Gymnasium hier und da in den großen Häusern des Dorfes untergebracht, und niemand störte sich daran. Alle waren zufrieden, und alles war gut und schön.

Nach einigen Jahren aber wurde verlangt, daß ein Gebäude für das Gymnasium gebaut würde. Und kaum, daß das verlangt wurde, kamen vom ersten Moment an meine Dörfler deswegen ins Schwitzen.

Jeder wollte das Gymnasium draußen vor seinem Haus haben oder wenigstens in seiner Nachbarschaft. Keiner konnte zulassen, daß es weit von seinem Haus entfernt gebaut würde. Als ob es nur ihn allein gäbe. Der eine wollte es im Westen, der andere im Osten. Der Bürgermeister wollte es an der alten Mühle, und die Räte nahe dem Fluß Skatoulati. Einige bestanden darauf, daß es in Tripiti gebaut würde, hin zur Seite der Ebene, und andere in Vliki, hin zur Bergseite. Es gab auch einige, die es auf dem Gipfel des Koule bevorzugten, sie sagten, damit die Kinder saubere Luft bekämen. Der Priester sagte, es sollte in Votomo gebaut werden, wo er etwas Baugrund hatte, dessen Wert er steigern wollte, und der Schreiber wollte es kurzerhand in Tsigaridiana, dem Nachbardorf.

Die Diskussionen waren endlos. Jeder sagte seine Meinung, einer kurz und einer lang. Und während der eine redete und der andere redete, kam eine Zwietracht in das Dorf, daß es nicht zu sagen war.

Alle glaubten recht zu haben. Keiner wich zurück. Und täglich wurde das Böse größer.

Die armen Greisinnen des Dorfes bekreuzigten sich jeden Tag und baten Gott, daß es nicht schlimmer werde. Und wenn es vorkam, daß sie jemand über das Thema befragte, schüttelten sie ihren Kopf und antworteten skeptisch:

«In unser Dorf, mein Kind, kam ein großes Feuer. Gott möge seine Hand über uns breiten, weil wir nicht wissen, wann unser Ende kommt!»

Der einzig Vernünftige blieb Meister Manolis vom Anfang bis zum Ende, aber wer hörte auf ihn.

Und so hielt sich der Streit um das Gymnasium Jahre über Jahre, auch wenn man sagt, jeder Streit hält sich nur drei Tage. Und das, weil keiner Wasser in seinen Wein schütten wollte.

Dasselbe gilt natürlich auch für die Zwietracht.

Der sfakiotische Bräutigam[21]

ROMBOKOSTAS[22] WAR ALLEM gewachsen. Gott hatte ihm alles ohne Geiz gegeben: Hände, Füße, Rücken, Statur und einen Kopf, der zu allem übrigen paßte. Dazu reichlich Behendigkeit und Mut. Ein beherzter und tüchtiger Mann, dem es auch in der größten Gefahr nicht bange wurde. Und wenn ihm eine Gelegenheit gegeben wurde, zeigte er das auch deutlich.

Die Gelegenheit wurde ihm im Krieg in Kleinasien gegeben. Hier zeigte sich seine Männlichkeit schon von der ersten Schlacht an. Und jeden Tag danach fügte er seinem Guthaben je eine Heldentat hinzu. So wie das griechische Heer siegreich in das Innere Kleinasiens vordrang, so wuchs auch Kostantis'[22] Ruf, und als sie schließlich in Eski Sehir und in Afyon Karachisar[23] angekommen waren, hatte sich sein Ruf als mutiger Krieger in der ganzen Armee herumgesprochen.

Seine Kameraden bewunderten ihn, und alle hatten etwas über ihn zu erzählen, über das Wie und mit welcher Schnelligkeit er den Türken jagte, über die genaue und saubere Arbeit, die sein Gewehr vollbrachte und darüber, in wieviele Türkengenicke er jeden Tag biß.

Aber in diesem Abschnitt seines Lebens gab es mitten in den Helden- und Ruhmestaten auch einen schwarzen Fleck, den er nachher bis zum letzten Augenblick seines Lebens nicht vergessen konnte.

Eines Tages, als sie wieder acht Kriegsgefangene gemacht hatten, fiel auf ihn das Los, diese von der Kompanie zum Bataillon zu bringen. Sein Hauptmann sah ihm in die Augen und befahl:

«Paß auf, Kostantis! Paß unterwegs auf, daß dir niemand entflieht, denn wehe dir! Du wirst sie zum Bataillon bringen, du wirst sie dem Major persönlich übergeben, und du wirst sofort zurückkommen. Hast du verstanden?»

«Ich habe verstanden. Seien Sie unbesorgt, Herr Hauptmann.»

Und tatsächlich paßte Rombis[22] auf, aber auf seine Weise, und es entfloh ihm unterwegs kein Gefangener. Bis er das Bataillon erreicht hatte, hatte er nicht einen verloren. Denn als er sie vor sich hertrieb wie die Schafe, tötete er einen nach dem anderen, jedes Mal den letzten in der Reihe, und so war ihm am Ende niemand entflohen.

Als der Krieg beendet war, kehrte er wie so viele andere seiner Kameraden mit tausend Sorgen in sein Dorf zurück, und es fing auch er ein neues Leben an. Die erste Zeit trug er sogar die Soldatenkleidung an Arbeits– und Festtagen, wie auch seine anderen Dorfbewohner, die aus dem Krieg zurückgekommen waren. Später behalf er sich mit irgendwelchen anderen billigen Kleidern und warf die Soldatenkleider fort. Die Fußlappen aber, die er als Soldat getragen hatte, legte er nicht ab. Er fuhr fort, sie sein ganzes Leben lang um seine Füße zu wickeln.

Der bedauernswerte Rombis war einer der Ärmsten seines Dorfes. Er hatte, wie es sich seine Dorfbewohner zu sagen angewöhnt hatten, nichts außer dem puren Wasser im Krug. Auch waren seine Eltern gestorben, und so hielt ihn nichts in seinem Vaterhaus. Er lief dorthin, wo er Arbeit fand, sowohl in seinem Dorf als auch in der ganzen Umgebung. Niemals hatte er eine dauernde Bleibe. Heute konntest du ihn in seinem Haus finden und morgen in Pombia[24] oder in Ajia Varvara[25]. Sein Dorf war eines der Bergdörfer der Messara, aber er trieb sich auch in allen Dörfern der Ebene herum.

In der Menschenmenge, in der er in Kleinasien gekämpft hatte, hatte er regelmaßig von den Offizieren, aber auch von den Soldaten gehört, daß manche über Venizelos sprachen und andere über den König[26]. Und jetzt hörte er wieder, in welches Dorf er auch gehen mochte, immer nur dasselbe. Kostantis sperrte seine großen Ohren sperrangelweit auf und hörte zu, ohne zu reden. Es gefiel ihm nicht, zu schreien und sich wegen Parteien zu streiten.

So tat er auch eines Tages, als er sich wieder in Ajia Varvara einfand und ihn jemand in einem Kaffeehaus fragte, was er sei, als ob er nicht verstünde.

«Was heißt das? Was willst du sagen? Ich verstehe dich nicht. Der Kostantis bin ich.»

Dem anderen aber zitterte wild der Schnurrbart, und er schrie ihn an, während er die anderen im Kaffeehaus sitzenden Dorfbewohner beobachtete.

«Du scherzt mit uns, mein Freund! Was glaubst du, wem du das sagst! Was bist du, für Venizelos oder für den König? Das frage ich dich.»

Rombis maß ihm aber nicht die richtige Bedeutung zu. Er glaubte, daß sie spielen und miteinander Spaß haben wollten. Er sah also dem Schnauzbärtigen, der ihn gefragt hatte, direkt in die Augen und antwortete ihm lächelnd:

«Für den König.»

Der Schnauzbärtige sprang wie eine Sprungfeder hoch und mit ihm alle anderen. Er ergriff Kostantis am Kragen und schrie ihn an, so wild er nur konnte:

«Und das sagst du Hahnrei vor uns! Jetzt werden wir dir was sagen! Monarchist, eh? Wir machen dich zu Majoran!!!»[(27)]

Er und die anderen stürzten sich auf ihn, um ihn fertigzumachen. Aber das schafften sie nicht. Rombis fürchtete sie nicht, und wenn es nochmal so viele gewesen wären. Kaum sah er, daß es kein Scherz war und daß er Gefahr lief, die Portion Prügel eines ganzen Jahres zu bekommen, wurde er wütend und brachte sie im Handumdrehen mit seinen Fäusten zur Strecke. Dann erhob er sich und ging, als ob nicht das Mindeste geschehen wäre.

Ein andermal, als er sich wieder im selben Dorf befand und in ein anderes Kaffeehaus hineinging und sie ihn auch hier fragten, was er sei, lehnte er zu antworten ab. Er erinnerte sich, was ihm in der anderen Gruppe geschehen war und wehrte sich. Aber die Dorfbewohner blieben hartnäckig, und nach kurzer Zeit fingen sie zu schreien an. Der arme Kostantis, der aus dem letzten Mal gefolgert hatte, daß die Ajia-Varvarianer für Venizelos seien, wurde auch wütend und schrie sie an:

«Was wollt ihr, das ich sei? Muß danach gefragt werden? Für Venizelos bin ich, wie ihr auch!»

Leider tippte er aber daneben. In diesem Kaffeehaus verkehrten nur die Königstreuen. Und so dauerte es wieder nicht lange, bis ein ungeheurer Streit ausbrach. Zwar würden sie Kostantis auch dieses Mal nicht geschafft haben, aber irgendeiner, der sich hinter ihm befand, versetzte ihm einen Hieb mit einem Stuhl und warf ihn nieder. Und danach war ihr Werk natürlich ein leichtes. Sie prügelten ihn also halbtot, und dann schleiften sie ihn weg und warfen ihn in einen Graben, der voller Wasser war.

Hier fand ihn hingeworfen nach vielen Stunden irgendein guter Christ, der nicht auf Parteien sah, und rettete ihn im letzten Augenblick vor dem sicheren Ertrinken. Seitdem ging Kostantis nicht mehr nach Ajia Varvara, weil er dort, was immer er auch sagte, für wen er sei, seinen Ärger bekam.

Auf einem seiner vielen Ausgänge befand er sich auch einmal in der Dörfern des Bezirkes Sfakia. Und als er irgendwann in sein Dorf zurückkam, wurde er gleich im ersten Moment darüber belehrt, daß er nun der sfakiotische Bräutigam geworden war.

In der Sfakia, so schien es, gab es kein Dorf, in das er nicht ging. Wo er aber stolperte, das war im letzten Dorf, in das er gegangen war. Hier verstrickte er sich innerhalb eines Abends, ohne es recht zu begreifen.

Es war Wochenende, und an jenem Abend wurde in diesem Dorf Hochzeit gefeiert. Also mischte sich Kostantis unter die Feiernden, und nach kurzer Zeit konnte er seine Augen nicht mehr von einem schönen jungen Mädchen losreißen. Zu seinem Unglück wurde das schnell von deren Familienmitgliedern bemerkt, die die Gelegenheit nicht ungenutzt verstreichen lassen wollten. Es näherte sich ihm der Vater des Mädchens und fragte ihn ohne Umschweife, ob ihm jene, die er betrachtete, gefiele. Und Kostantis antwortete ohne Verschlagenheit und ohne zu wissen, daß mit ihm der Vater sprach, ehrlich und geradeaus:

«Sie gefällt mir, mein Freund.»

«Und kommst du mit guter Absicht?»

«Ja, wenn es so sein soll.»

«Aber sie ist bettelarm.»

Rombis wiegte seinen Kopf:

«Das macht nichts.»

Dann murmelte er, ohne daß ihn jemand hören konnte:

«Bin denn ich vielleicht reich? Unsere Armut werden wir teilen.»

Sein Gesprächspartner klopfte ihm leicht auf die Schulter, verriet ihm, daß er der Vater des jungen Mädchens sei, und dann fügte er so delikat er konnte hinzu:

«Das Mädchen ist ab jetzt die Deine. Mit meinem Segen, mein Kind! Wir kennen dich natürlich nicht, und wir wissen auch nicht, aus welcher Familie du kommst, aber du siehst wie ein guter Mensch aus, und das genügt uns.»

Dann nahm er ihn mit in sein Haus, das sich allmählich mit der Verwandtschaft der Braut füllte, und es begann ihr eigenes Festmahl.

Das Fest dauerte lange bis nach Mitternacht. Rombis trank in seiner Begeisterung über die Verlobung ein paar Becher zuviel, und am Ende fühlte er sich richtig betrunken. So hatte er, als das Fest beendet war und er sich allein in einem besonderen Zimmer befand, das sie ihm zurechtgemacht hatten, damit er darin mit dem jungen Mädchen schlafe, Schwierigkeiten, sich die Fußlappen von seinen Füßen abzuwickeln. Aber daran war nicht nur der Wein schuld. Es war auch der Bammel und die Sehnsucht, die er nach der Frau fühlte, die er gewählt hatte, und die er jeden Augenblick umarmen würde.

Als Rombokostas endlich seine Fußlappen abgewickelt hatte, fiel er auf das Bett und erwartete den großen Augenblick. Die Braut war bis zu diesem Zeitpunkt noch nicht in das Zimmer gekommen. Nun aber war draußen vor der Tür ihr feines Stimmchen zu hören, das Kostantis sagte, er solle die Öllampe löschen, wenn er wolle, daß sie zu ihm komme.

Rombis, der glaubte, daß die Braut sich schäme, in das Zimmer hereinzukommen, richtete sich halb auf und löschte eilends mit einem Pusten die Öllampe, die in der Nähe an einem Leuchter hing. Und sofort, als das Zimmer ohne Licht war, kam die Braut hereingelaufen und schlich sich in die Arme des Bräutigams.

Aber der arme Kostantis fiel ganz böse herein. Der Grund, aus dem sie verlangt hatte, daß er das Licht lösche, war nicht der gewesen, den er vermutet hatte. Aber erst am Morgen, als er seine Augen öffnete, sah er der Wahrheit in die Augen und den Grund, weshalb die Braut kein Licht gewollt hatte, und es war ihm, als würde er verrückt werden. Anfangs konnte er es nicht glauben. Er sah sie an und glaubte seinen Augen nicht. In seinen Armen schlief nicht das schöne junge Mädchen, das am vergangenen Abend die Braut dargestellt hatte, sondern ein anderes, schwarz wie ein Rußtopf, das anzuschauen du fürchten würdest. Kostantis sah sie das erste Mal. Er verstand aber sehr rasch, was geschehen war und murmelte mit einem Lächeln, aus dem das Gift troff:

«Eine andere zeigten sie mir, und eine andere haben sie mir angedreht! Eine andere werde ich heiraten!»

Dann fing er an, seinen Verstand zu zermartern, was er tun oder nicht tun sollte. Sollte er alles zurücknehmen und heimlich verschwinden, so, wie sie sich benommen hatten? Oder sollte er hinnehmen, was sich das Schicksal für ihn ausgedacht hatte, zumal er mit ihr geschlafen hatte? Es kam so weit, daß er ihnen ihre Machenschaften vergelten wollte, aber ohne heimlich zu verschwinden. Er würde bleiben und mit denselben Mitteln kämpfen.

Wegen ihrer Gespräche auf den beiden Festen war er absolut überzeugt, daß alle Dorfbewohner Anhänger des Venizelos waren. Er sah, daß es hier anders war als in Ajia Varvara.

Wenn er ihnen also sagte, daß er selbst Monarchist sei, würden sie ihn hinauswerfen. Darüber war er sich natürlich nicht hundertprozentig sicher. Er sagte sich aber, daß er alles versuchen sollte, was auch geschehen würde.

Endlich wachte auch der Rußtopf auf. Vergenia, so war der Name der Frau, mit der er geschlafen hatte, war die ältere Schwester des schönen Mädchens, wie er später erfuhr. Kaum öffnete sie ihre Augen, lächelte sie ihm honigtriefend zu, und Rombis fühlte sich zum Teufel werden. Es überkam ihn, sie zu erwürgen, aber im letzten Moment brachte er es glücklicherweise fertig, daß seine schon ausgestreckten Arme erschlafften. Dann spielte er den Gleichgültigen, stand auf, und sie gingen zusammen zu den anderen, die alle so still waren wie krepierte Wanzen.

Rombis hatte nicht alle Hoffnung aufgegeben. Wie nun die Mittagszeit nahte und er sah, daß sie ihn in die Kirche geleiten würden, um ihm den Rußtopf amtlich zu übergeben, überfiel ihn der kalte Schweiß. Daher warf er sanft und hintenherum in die Unterhaltung, sobald sich die Gelegenheit ergab:

«Alles haben wir besprochen und uns über alles unterhalten, nur das eine haben wir vergessen. Und ich halte es für das Ernsteste.»

Vergenias ältester Bruder, der dachte, daß Kostantis eine zusätzliche Mitgift verlangen würde, drehte seinen Schnurrbart und sah ihn dann wild an:

«Laß es uns hören.»

Rombis atmete tief durch.

«Kurze Zeit bin ich in eurem Dorf, aber es war nicht schwer zu begreifen, daß ihr alle für Venizelos seid. Ist es nicht so?»

Jetzt schimpfte der zweite Bruder der Rußtopfes los:

«E, und ist das schlecht? Unser Stolz und unsere Ehre! Aber hat unser Kamerad Venizelos mit deiner Verheiratung was zu tun?»

«Das hat er. Wie sollte er nicht?»

Vergenias Brüder griffen sicherheitshalber an ihre schwarzen Messergriffe, die sie an der Seite trugen und bereiteten sich auf jede Eventualität vor. Und der größere ergriff das Wort:

«Was heißt das?»

«Na, wie soll ich euch das sagen..., ich bin Monarchist. Ihr seid Anhänger des Venizelos, wie ihr sagt. Und da wir Gegensätze sind, wie werden wir uns vereinigen? Wie werden wir uns verschwägern? Geht das? Es geht nicht...»

Die beiden Brüder warteten nicht ab, noch mehr zu hören. Ihre Augen blitzten und schienen den Vater zu erschießen. Sie sprangen auf, und der größere schrie laut:

«Das geht nicht! Die Hochzeit kann niemals stattfinden! Ehrloser, verschwinde aus unserem Haus!»

Und der kleinere murmelte, ohne daß ihn Rombis hörte:

«Du kommst aber nicht lebend davon. Ich werde dich umbringen, du Hahnrei!»

Kostantis atmete beinahe befreit auf. Leider hielt sein Glück aber nicht länger als eine Minute. Der Schwiegervater, der vernünftiger war als seine Söhne, näherte sich denen und sagte ihnen flüsternd, aber eindringlich:

«Vergeßt ihr, ihr Ärmsten, daß der Schönling, den ihr rauswerfen oder umbringen wollt, gestern abend mit eurer Schwester geschlafen hat? Welcher Fluß wird ihr diese Schande abwaschen?»

Der kleinere hielt sich nicht mehr:

«Der Mord!»

Sein Vater sah ihn noch wilder an:

«Das ist keine Lösung! Und wer wird danach kommen und eure Schwester noch ansehen? Wollt ihr jetzt alle beide die Gelegenheit wegwerfen und mir mein Werk verderben?»

Die beiden Brüder brauchten nicht lange, um die Sache leichter zu nehmen und ihre Messer wegzustecken. Die Geister beruhigten sich völlig, und Vergenias Vater erklärte mit großer Pose, die keinen Widerstand aufkommen ließ:

«Genug! Genug, sagten wir!»

Dann sah er Kostantis in die Augen:

«Wenn du nicht gestern nacht mit meiner Tochter geschlafen hättest, sei sicher, daß wir dich rausgeworfen hätten. Siehst du, wir wußten nicht, daß du Monarchist bist. Wenn wir das gewußt hätten, hättest du unser Haus nicht betreten. Wie sollten wir uns aber vorstellen, daß es auch solche Kreter gibt! Und nun, wie du wohl selbst verstehen wirst, ist es viel zu spät, daß wir umkehren. Los also, laß es gut sein, und nicht mehr viele Worte über dieses Thema.»

Am Mittag desselben Tages segneten sie sie in der Dorfkirche als Mann und Frau, und so wurde Rombis, ob er wollte oder nicht, ein sfakiotischer Bräutigam.

Seine Schwiegereltern hielten ihn natürlich für reich, und in einem Moment, als das Gespräch darauf kam, fragte ihn seine Schwiegermutter nach seinen Olivenhainen und seinen Reichtümern. Kostantis wiegte seinen Kopf und antwortete lustlos:

«Ja, es ist wahr, daß ich reich bin. Sehr reich. Alle Olivenbäume, die sich in der Koutsounara und darüber befinden, sind meine!»

«Ja, mein Kind?»

«Ja, Mutter.»

Aber Rombis machte sich natürlich lustig. Die Koutsounara war eine Gegend bei seinem Dorf, die sich am Berghang befand und die Olivenbäume von der Gebirgsregion trennte. Von der Koutsounara an aufwärts gab es nichts als Stecheichen und Kieferngestrüpp.

Am Montagmorgen verabschiedete sich Kostantis mit säuerlicher Miene von seinen Schwiegereltern, nahm Vergenia, die jetzt die Rombina(28) geworden war, und zog in Richtung seines Dorfes. Kaum war er in seinem Vaterhaus angekommen, war es seine erste Tat, als ob es nichts Wichtigeres gäbe, seiner Frau seine Olivenhaine zu zeigen. Vom Hof des Hauses aus deutete er auf den Berg, und dann deutete er mit dem Finger auf Rombina und fragte sie:

«Siehst du da oben?»

Seine Frau legte ihre flache Hand gegen die Stirn über die Augenbrauen und versuchte herauszufinden, was er ihr zeigte. Und Rombis fragte sie wieder:

«Siehst du?»

«Ich sehe. Bäume, scheint es mir, sind es...»

«E, das sind meine Olivenbäume, über die ich zu den Deinen gesprochen habe!»

Rombina biß sich auf die Lippen. Sie begriff sofort, warum ihr Mann ihr die Stecheichen auf dem Berg gezeigt hatte, und sie senkte den Kopf. Sie sagte ihm aber nichts, weil sie sah, daß er recht hatte. Wie er verhöhnt worden war, so verhöhnte er jetzt sie.

Mit der Zeit vergaß Rombis allmählich sein Pech und liebte seine Frau wegen ihrer Gaben. Nur in ihr Dorf setzte er keinen Fuß mehr. Er warf den Stein hinter sich. Und auch Rombina ließ er nicht mehr hingehen. Das, was sie ihm angetan hatten, entschuldigte er nie.

In seinem Dorf sagte er natürlich zu keinem, was ihm in der Sfakia geschehen war. Aber wie sollte seine Frau das geheimhalten! Sie wäre geplatzt. Sie vertraute es schon im ersten Jahr einer Nachbarin an. Und von der guten Nachbarin zirkulierte das Geheimnis von Mund zu Mund, und innerhalb eines Tages hatte es das ganze Dorf erfahren. So hatte seit damals der Name Kostantis keine Bedeutung mehr, denn außer Rombokostas nannten ihn seine Dorfbewohner nun den sfakiotischen Bräutigam.

Rombis war sehr wütend über das, was seine Frau getan hatte, aber mit der Zeit verging auch das. Und wenn es sich, nachdem einige Jahre vergangen waren, ergab, daß ihn jemand wegen seines Pechs neckte, lachte auch er von ganzem Herzen und antwortete ihm:

«Mir scheint, du verstehst die Dinge nicht. Es ist doch egal, welche ich genommen hätte oder welche sie mir gegeben hätten. Weil, mein Freund, wenn du die Lampe löschst, alle Frauen gleich sind! Weißt du das nicht?»

Dann fuhr er zu lachen fort. Und sobald er zu lachen aufhörte, erzählte er dem, der ihn geneckt hatte, wie alles genau geschehen war.

In ihrem Leben erging es Rombis mit seiner Frau und ihren Kindern nicht schlecht. Arm, sicherlich, aber mit gut geführtem Haushalt, und liebevoll schafften sie es nach und nach. Kostantis arbeitete hart, wo auch immer er Arbeit fand, und schleppte ins Haus, was er nur konnte. Aber auch Rombina saß nicht mit gefalteten Händen da. Etwas brachte auch sie fertig. Sie kannte mehrere Zaubereien, und gegen die Krankheiten wandte sie tausenderlei 'Praktiken' an.

Die 'Praktiken', die sie kannte, kannten nur wenige Frauen im Dorf. Gegen Verkühlungen und die schwere Erkältung war das Rezept gestrichen volle Becher heißer Leinsamen auf den Rücken des Kranken. Für die Nerven gekochte Kräuter und die Brühe von den weichen Blättern. Das Einfallen des Bauchnabels stellte sie auf den ersten Blick fest, den sie auf den Kranken warf, und sie sagte in feierlichem Ton: 'Siehst du nicht, wie dein Bauchnabel eingefallen ist?' Und dann heilte sie ihn mit tausenderlei Gewürzen, die sie mit Öl vermischte und mit denen sie Einreibungen auf dem Bauchnabel machte. Sie öffnete auch Furunkel und Blasen an den Fußsohlen. Und das Fieber behandelte sie immer mit Essig. Sie befeuchtete ein Tüchlein mit Essig und legte das dann auf die Stirn des Kranken, und das wechselte sie so oft, bis das Fieber fiel – natürlich, wenn es fiel.

Die Zaubersprüche gegen Verhexungen und gegen Krankheiten sagte sie zu den Menschen und zu den Tieren. Und es eilte die Ärmste, wohin auch immer man sie zu kommen bat, und dann ließ man sie natürlich nicht mit leeren Händen gehen, und so ersparte auch sie etwas für ihre Familie.

Im Alter aber hatten sie Unglück. Kostantis erblindete in den letzten acht Jahren seines Lebens und sah gar nichts mehr. Seine Kinder brachten ihn gleich vom ersten Jahr an, in dem er sein Augenlicht verloren hatte, in die Hauptstadt, und er wurde zweimal operiert, aber leider bekam er sein Augenlicht nicht wieder.

Rombina gab aber die Hoffnung nicht auf. Und an dem Tag, als sie von der zweiten Operation heimkehrten, näherte sie sich ihm und fing an, ihm wieder Mut zuzusprechen, wie sie es von Anfang an getan hatte, seit er erblindet war.

«Fürchte dich nicht, mein Mann. Sie werden dich nochmal operieren, und du wirst sehen, daß es dir wieder gutgehen wird. Ich vertraue auf Gott, der uns nicht so lassen wird.»

Rombis lächelte bitter:

«Falsch, Frau.»

«Warum?»

«Weil – wenn du es wissen willst, Gott blendet mich, auch wenn du ihm vertraust. Und es kann nicht sein, daß er mich nicht blendet, nur, damit du es weißt.»

Und dann erklärte er seiner Frau, daß er glaube, Gott habe ihn geblendet, um ihn zu strafen, weil er im Krieg die acht Gefangenen umgebracht hatte. Und er fuhr fort:

«Das ist der Grund, Rombina. Und er wird nicht aufhören, mich zu blenden, wenn ich nicht zuerst meine Sünden bezahle. Bevor nicht volle acht Jahre herum sind, wird nichts geschehen. Und weißt du, warum?»

«Warum?»

«Weil..., hier ist das Paradies, und hier ist die Hölle. Hier sind die Reichen und die Armen, die Menschen und die Leute. Und das, was du im Leben tust, wird alles hier bezahlt.»

Und tatsächlich wurden Kostantis' Worte wahr. Acht Jahre blieb er blind, zu wie vielen Ärzten ihn seine Kinder auch brachten. Aber eines Morgens erwachte er und sah wie früher ohne irgendeine ärztliche Hilfe. Weshalb nun genau das geschehen war, was Rombis vorhergesehen hatte, erfuhr nie jemand. Wie auch der Mensch so viele Mysterien der Welt niemals erfährt.

Seines Augenlichtes erfreute sich der sfakiotische Bräutigam nicht lange. Seit dem Tag, an dem er wieder sehen konnte, lebte er nur noch ein Jahr. Und dann ging er für immer verloren.

Das Westchen des Arztes

DER ERSTE ARZT, den ich ich meinem Leben kennenlernte, war mein Onkel Kostis, einer der beiden Ärzte meines Dorfes. Später lernte ich selbstverständlich andere kennen, ganze Hundertschaften, aber wie ihn fand ich keinen zweiten. Als meines Vaters Cousin ersten Grades besuchte er uns sehr regelmäßig, denn die Krankheiten fehlten auch in unserem Hause nicht.

Seit damals sind viele Jahre vergangen, ein ganzes Leben, aber mir ist, als ob ich ihn jetzt noch vor mir sehe. Groß, stattlich, mit breitem weißem Gesicht und kleinem, aber dichtem Schnurrbart. Ein Herr, mit gewienerten schwarzen Stiefeln, absolut sauberen khakifarbenen Reithosen, mit dem dicken bernsteinfarbenen Komboloi(29) und seiner goldenen Uhrkette, die werktags und feiertags aus dem Täschchen seiner Weste herabhing.

Zur Zeit meines Onkels Kostis hinkte die Medizin so fürchterlich, daß sie knapp auf ihren Füßen stehen konnte. Es gab damals natürlich auch keine Fachärzte und Fachkongresse über die neuesten Errungenschaften der Wissenschaft. Fast alle Ärzte kochten im selben Kessel, und ein jeder tat, was er nur irgend konnte.

Kostis war praktischer Arzt, aber einer von den besten. Nur wenige stellten wie er die Diagnose. Er machte nie einen Fehler, obgleich er nur die geringsten Hilfsmittel zur Verfügung hatte. Dennoch, die Krankheit, die er herausfand, die war es auch. Nach Athen oder nach Paris konntest du danach gehen, und das, was er dir gesagt hatte, dasselbe fanden sie auch dort heraus.

Ernst und wortkarg, als ob er seine Worte zählte, sagte er dem Kranken wenige Worte, aber gute. Immer fand er ein gutes Wort, und wenn er dieses seinen Patienten sagte, war es, als ob er ihnen die beste Medizin gäbe.

Den Onkel beschäftigte aber nicht nur die Medizin. Außer Arzt war er zugleich auch Großgrundbesitzer. Er hatte unzählige

Weingärten und Felder und eine Menge Esel und Maulesel. Aber auch Knechte und Mägde, die die Felder bearbeiteten und die Tiere pflegten. Zur Zeit der Olivenernte und der Weinlese füllte sich sein Haus mit Sammlerinnen und Arbeitern. Und der Arzt übertraf sie alle. Er machte den Arzt, aber er führte auch die Aufsicht über seinen Grundbesitz.

Bekannt in allen oberen Dörfern, aber auch in der gesamten Messara(30), verging keine Woche, ohne daß er zu zwei oder drei Dörfern und Gütern gerufen wurde. Und es war immer sein erstes Ziel, an der Seite des Kranken zu stehen, wer dieser auch immer sei.

Abends verkehrte er im besten Kaffeehaus des Dorfes, im Kaffeehaus des Koukoulolambis(31), das auch das zentralste war. Er trank seinen starken süßen Kaffee, hörte im Radio die Nachrichten, las seine Zeitung und unterhielt sich mit seinen Bekannten und Freunden. Und manchmal, als ob er seinen Spaß haben wollte, neckte er Koukoulolambis – er war ganz milchbärtig – wegen seiner Bartlosigkeit. Er stand so gut mit ihm, daß ihm dann und wann eine Anspielung entschlüpfte. Aber wenn er ihn neckte, paßte er stets auf, daß es kein anderer hörte.

So fand auch an diesem Abend, als sich ihm der Kaffeehauswirt näherte, um ihm den Kaffee zu servieren, der Arzt eine Gelegenheit und murmelte ihm direkt ins Ohr:

«Ich habe schon viele Bartlose gesehen, mein lieber Lambis, aber einen wie dich habe ich noch nicht gesehen! Du hast nicht ein einziges Haar. Du hast nirgendwo ein einziges Haar, auf meinen Eid, wie man sagt.»

Koukoulolambis wurde puterrot, tat aber so, als störte ihn das nicht. Er ließ den Arzt auch nicht ohne Antwort.

«E, wenn du etwas bist, mußt du es entweder ganz sein oder gar nicht. Und ich bin eben ein richtiger Bartloser, wie du sagst. Kannst denn du, von dem man sagt, daß du ein guter Arzt seist, machen, daß mir auch nur ein Haar wächst? Wenn du kannst, dann mach es doch. Sag schon, kannst du das?»

Aber der Arzt hatte keine Zeit zu antworten. Jemand raste wie ein Wirbelwind in das Kaffeehaus und verlangte, er solle in das

Dorf Kamares(8) kommen, weil dort sein Bruder in einem üblen Zustand sei und es keinen Aufschub dulde.

«Los, Doktor, es ist fraglich, ob wir ihn noch lebend erreichen! Der Ärmste stirbt.»

Kostis trank einen Schluck Kaffee, schaute dem Hereingekommenen in die Augen, und dann fragte er ihn:

«Und was hat er, mein Freund, dein Bruder? Setz dich und iß etwas. Setz dich, daß wir dich einladen, und danach gehen wir.»

Aber wie sollte der Kamarianer sich setzen. Er drehte hastig seinen Schnurrbart und gestikulierte, bevor er seinen Mund aufmachte.

«Ich kann mich nicht setzen. Ich möchte gar nichts, Doktor. Mein Bruder stirbt, komm bitte nur. Und frag mich nicht, was er hat. Wenn ich begriffen hätte, was er hat, hätte ich nicht meine Beine auf die Schultern genommen, um herzukommen und dich zu holen. Das einzige, was ich verstehe, ist, daß er brüllt wie ein Stier. Als ob er geschlachtet würde, aber was er hat, weiß ich nicht.»

Der Arzt wartete nicht, um noch mehr zu hören. Er erhob sich, verließ seinen Kaffee halb ausgetrunken und bat den Fremden, mit ihm zu seinem Hause zu gehen, damit er sich fertigmache und sie aufbrechen.

Um diese Zeit schüttete Gott das Wasser in Krügen herunter. Koukoulolambis freute sich aus ganzer Seele, daß der Arzt bei solchem Wetter raus mußte. Er erreichte ihn noch auf der Schwelle des Kaffeehauses und warf ihm hin:

«Das geschieht dir recht. So lernst du das nächste Mal, nicht herumzufrozzeln. Du bist schon einer, aber das merkt ja keiner! Du piekst und summst nicht, wie man sagt. Aber hör mal. Damit du nicht an den Regen denkst, singe den ganzen Weg das 'Westchen'. Du weißt schon, was ich meine.»

Aber der Arzt hatte jetzt keine Lust auf Scherze und schaffte es nicht mehr zu antworten, weil er so schnell wie möglich an die Arbeit gehen mußte. Er flog also in sein Haus, sattelte seine weiße schwarzgefleckte Stute, packte ein, was er brauchte, und dann bestieg er die Stute und brach zusammen mit dem Kamarianer auf.

Nach einer Stunde befand er sich schon bei dem Kranken, der

wirklich vor Schmerz schrie, als wolle man ihn schlachten. Kostis brauchte nicht lange, um zu begreifen, daß er eine Nierenkolik hatte, und eine Spritze, die er ihm gab, stoppte sofort seinen Schmerz. Der arme Kranke sah den Arzt voller Bewunderung an, als er nach dem Schmerz wieder zu sich kam, und fragte ihn:

«Aber was für ein Schmerz war das nur, Doktor? Ich glaubte, ich sei eine Frau und hätte Wehen.»

Kostis lächelte und wiegte seinen Kopf.

«E, mein Ärmster, da hast du recht. Es ist wahr, daß die Kolik, die dich erfaßt hatte, nicht zum Scherzen ist. Aber bei einer Geburt sind die Schmerzen noch größer.»

«Ich Gottverlassener! Ich fürchtete, daß es mich umbringen würde, aber glücklicherweise kamst du rechtzeitig, Doktor.»

Und später, nach einem kurzen Nachdenken:

«Nierenkolik also.»

«Ja.»

«Aber das hatte ich noch nie, Doktor! Noch nie war ich an den Nieren krank, und auch sonst nicht. Ich war gesund wie ein Mandelkern.»

«Du warst. Du warst, wie du sagst. E, irgendwann kommt auch die Krankheit. Irgendwann, und wann sie will.»

«Aber so plötzlich, Doktor. Und ohne Ursache. Ich bin noch nie krank geworden!»

«E, jetzt bist du eben doch krank geworden.»

Der Arzt gab ihm die Medikamente, die er brauchte, sagte ihm, wie er sie einzunehmen habe und welches Essen er essen solle und machte sich fertig für den Rückweg. Im letzten Augenblick aber hielt ihn die Frau des Kranken auf, die bisher kein Wort gesagt hatte. Sie zeigte ihm das kränkliche Kind, das sie an der Hand hielt, und sie bat ihn, auch das zu untersuchen.

«Wo du einmal hier bist, Doktor, schaust du ein wenig das Kind an, das kein Fleisch ansetzt, was auch immer ich ihm gebe?»

Kostis untersuchte auch das Kind, das dünn und bleich war. Er untersuchte es vorsichtig und mit großer Gelehrsamkeit, aber soviel er auch untersuchte, er fand absolut nichts. Und als er fertig war, fragte er abschließend dessen Mutter:

«Übergibt sich das Kind vielleicht?»

«Nein, Doktor, so eine Krankheit hat mein Kind nicht! Nur, was es auch essen mag, es kotzt die ganze Nacht! Es kann nichts verdauen, Doktor.»

Der Arzt verbiß sich das Lachen, so gut er konnte und fragte weiter:

«Hat das Kind vielleicht Diarrhöe, das heißt Durchfall?»

«Nein, Doktor, so eine Krankheit hat mein Kind nicht! Die Scheißerei aber überfällt das arme Ding regelmäßig! Oft kommt reines Wasser aus seinem Bauch.»

Kostis verbiß sich noch einmal das Lachen.

«A..., so. Und du möchtest, du Ärmste, daß es Fleisch ansetzt. Kann es das bei solchem Elend?»

«Es setzt nichts an, Doktor, was auch immer ich ihm antue.»

«Was tust du ihm denn an? Ich will sagen, was gibst du dem Kind zu essen?»

Die Mutter des Kindes war eine gottesfürchtige Frau und fastete die gesamte Fastenzeit. Und nun, da gerade die große Fastenzeit war, fastete sie wieder. Mittwochs und freitags ließ sie auch das Öl weg. Und nicht nur das, sondern sie ließ leider auch ihre kleinen Kinder fasten. Nun also, als der Arzt sie fragte, antwortete sie ihm sogleich, und zwar ohne den winzigsten Hintergedanken:

«E, was sonst, Doktor, als Wildgemüse(32)! Wir haben Fastenzeit! Die erste Fastenwoche haben wir, was sonst sollte ich ihm geben!»

Der Arzt verzog sein Gesicht bei ihrer Antwort. Und sie, die das richtig deutete, versuchte sich herauszureden, so gut es ging.

«Ja, und jedes Mal suche ich ihm die Herzchen aus dem Wildgemüse heraus! Und ich stippe ihm auch das Brot ins Öl.»

«Und du willst, daß das Kind dabei Fleisch ansetzt!»

«E, was soll ich ihm sonst antun?»

«Was sonst? Und du fragst noch! Schlachte eine Henne, koche sie, damit das Kind und dein Mann essen, und du, da ich sehe, daß du gottesfürchtig bist, du ißt das Wildgemüse. Und damit fängst du schon heute an. Weil, wenn du deinen Sinn nicht änderst, sehe ich dich Ostern ohne Kind.»

«Aber...»

«Es gibt kein 'wenn' und kein 'aber'. Die Kinder, der Kranke und der Wandersmann kennen keine Sünden. Das sagen auch die Heiligen Schriften. Außerdem, tut dir dein Kind nicht leid, daß du es fasten läßt, wo es doch nur Haut und Knochen ist?»

Wegen der Worte des Arztes wurde nun auch der Kranke mutig.

«Sag es ihr, Doktor, weil, so, wie es aussieht, werden wir Ostern nicht erleben. Sag ihr noch mehr!»

Er konnte ihr aber nichts anderes mehr sagen. Denn in diesem Augenblick kam eine andere Kamarianerin und verlangte von ihm, daß er wegen einer Geburt in ihr Haus käme.

«Ich hörte, Doktor, daß du in unser Dorf gekommen bist und rannte, dich zu finden. Komm schnell, sie hat bis jetzt zwei gemacht und kann die anderen nicht machen.»

Kostis geriet bei der Erzählung der neuen Patientin aus der Fassung.

«So, wieviele wird sie denn machen?»

«Ich weiß nicht. Ich weiß, daß sie zwei gemacht hat und die anderen nicht machen kann. Schließlich macht sie jedesmal viele. Und diesmal wird sie dasselbe machen.»

«Nämlich Vierlinge?»

«Und mehr.»

Der Arzt schaute sie nochmal an und versuchte herauszufinden, ob sie richtig im Kopf oder verrückt sei. Und dann fragte er wieder:

«Und die, die sie bisher gemacht hat, was sind die?»

«Wie bitte?»

«Was sind die, männlich oder weiblich?»

«Weiblich.»

«O weh! Und du sagst, daß sie jedesmal viele macht!»

Kostis hatte eine große Abneigung gegen weibliche Kinder, vom Weiblichen wollte er nicht mal hören. Und wenn er gerufen wurde, weil eine Frau wieder niederkam und sie hatte das Pech, erneut weiblichen Nachwuchs zu bekommen, war er niedergeschlagener als der Vater des Kindes. Wenn eine Frau wiederholt mit einem weiblichen Kind niederkam, war es ihm, als ob er etwas an den Kopf geschlagen bekäme. Und nun, da er hörte, daß die Gebärende schon zwei weibliche bekommen hatte und noch andere erwartete, war ihm, als ob er von einem Gebirge zugedeckt worden wäre. Nach kurzem Nachdenken fragte er erneut:

«Also, Vierlinge und mehr. E, wieviele wird sie schließlich machen?»

«E, Doktor, wird sie nicht mindestens acht machen?»

«Acht! Was sagst du, Christin, ist sie eine Sau?»

«Und was willst du, was sie wäre, Doktor? Sicher ist sie eine Sau! Eine Sau, aber von guter Rasse.»

Kostis bekreuzigte sich mehrmals und bat im Stillen den lieben Gott, er möge ihm Geduld geben.

«Wegen der Sau redest du mit mir die ganze Zeit... Und ich saß hier und hörte dir zu. Und ich glaubte, deine Tochter wäre niedergekommen.»

«Ich habe gar keine Tochter, Doktor.»

«Eine Sau hast du aber.»

«Das habe ich, und sie ist von guter Rasse.»

«Freu dich, daß du sie hast. Aber ich komme sie nicht entbinden. Ruf einen Tierarzt. Das ist nicht meine Sache.»

Dann verabschiedete er sich, bestieg seine Stute und machte sich auf den Weg in sein Dorf.

Der Arzt kannte keine Melodien, Lieder und Mantinaden(15). Das einzige Lied, das er kannte und das er sang, als ob es ihm nicht aus dem Kopf ginge, war das 'Westchen'. Dieses Lied sang der Arzt auf jeder Hochzeit, bei Feiern und zu jedem Fest. Nur, damit er es sänge, mußte er in Stimmung und in guter Gesellschaft sein. Sonst sang er es nicht, wie man ihn auch bitten mochte, und wenn die Welt unterginge. Jetzt aber eilte er auf der Straße dahin, erinnerte sich, was ihm Koukoulolambis gesagt hatte, als er aufgebrochen war, und lächelte. Und dann begann er leise das Lied vom 'Westchen' zu singen.

Als er in seinem Dorf angekommen war, sagte er sich, daß er einen Kaffee trinken könnte, bevor er in sein Haus ginge. Er band also seine Stute draußen vor dem Kaffeehaus an und ging hinein, den Kaffee zu trinken. Im Kaffeehaus war um diese Zeit keine Seele mehr. Mitternacht war nahe, und Koukoulolambis machte sich bereit zu schließen.

Der Arzt ging vergnügt hinein und war bereit, mit Wortspielen anzufangen, aber Koukoulolambis' Blick kühlte ihn ab.

«Ich verstehe dich nicht. Warum siehst du mich so an?»

«Ich verstehe dich nicht.» Und dann, als ob er zu sich selber spräche: «Seltsame Dinge.»

«Wirst du mir erklären, was vorgeht?»

«Ach, du weißt nichts?»

«Was soll ich wissen? Ich komme gerade aus Kamares zurück und bin noch nicht zu Hause gewesen. Was willst du, das ich wissen soll?»

«A, das erklärt jetzt, weshalb du nichts erfahren hast.»

«Was?»

«Die traurige Nachricht.»

Der Arzt fing an, unruhig zu werden:

«Nämlich? Sprich, sonst platze ich.»

«Hab keine Angst, es ist nicht schlecht. Allerdings, wie man es nimmt.»

«Wirst du endlich einmal reden?»

«Also, dein Erster Knecht, Mitsos, der Sohn von Jermanos, ist mit deiner Magd durchgebrannt.»

«Wann?»

«Zu der Zeit, als du in Kamares warst. Und nun läuten es schon die Glocken im ganzen Dorf.»

Der Arzt sank auf dem Stuhl zusammen, der vor ihm stand. Und er blieb lange Zeit nachdenklich. Er wußte nicht, ob er lachen oder wütend werden sollte.

«Also, sie sind durchgebrannt.»

Koukoulolambis zwinkerte ihm zu:

«Ja, nun fehlt nur noch ein guter Brautkranz und gute Sprößlinge! Hast du denn nicht richtig begriffen, daß sich die Kinder liebten?»

«Etwas hatte ich begriffen, aber ich erwartete nicht, daß sie durchbrennen würden. Und sie haben sich die richtige Zeit zum Durchbrennen ausgesucht, wo ich tausend Arbeiten habe und die

Weinstöcke beschneiden will und die Weingärten umgraben.»

«E, du hättest aufpassen sollen. Du hast es ja gewußt, wie es auch das ganze Dorf begriffen hatte.»

«E, doch nicht das ganze Dorf?»

«Mir scheint, daß du gar nichts begreifst. Die haben es doch nicht verheimlicht. Dein Knecht, wenn er auf einem Fest war und ein Gläschen zuviel getrunken hatte, sang immer sofort die Mantinade:

'In aller Welt hab' ich gesucht
ein richt'ges schönes Weibsbild,
und fand doch nie ein besseres
als des Arztes Magd.'

Und wie du verstehst, weiter brauchten die Leute nichts, um zu verstehen.»

«Du hast recht. Und weil es das ganze Dorf weiß, haben sie es gut gemacht. Nur, daß ich viel Arbeit habe.»

«E, die wird nach der Hochzeit gemacht. Verheirate sie, so schnell es geht, und danach hast du wieder die beiden bei deiner Arbeit.»

Und so geschah es. Schon am nächsten Sonntag wurde Hochzeit gehalten, und der Arzt trank tüchtig und hatte einen Spaß wie nur wenige Male in seinem Leben. Und sobald er in Stimmung war, fing er an, das einzige Lied zu singen, das er konnte:

«Das Westchen, das du trägst,
ich hab' es dir genäht.
Mit Bitternis und mit Sorgen
hab' ich es dir bestickt.»

Danach aber, nach mehreren Jahren, als die ersten Arbeiter anfingen, in die Fabriken Deutschlands wegzugehen, ging als erster auch der Erste Knecht mit seiner Frau und kam auch nicht mehr wieder. Und nicht nur das, sondern später, etliche Jahre nach der Abreise des Ersten Knechtes, fand sich weder Knecht noch Magd mehr. Sie alle waren von Deutschland fasziniert, und sie eilten, damit sie es schafften, als erste hinzugehen. Und so fand zuletzt weder der Arzt noch die anderen reichen Häuser des Dorfes mehr Arbeiter.

Das Kälbchen der Schneiderin

DER URIGE MARKTFLECKEN, der von unten bis oben an den südlichen Hang des Psiloritis[7] geklebt war, hatte alles, nur eine Schneiderin hatte er nicht.

Eines Tages aber erschien wie ein Komet eine junge Frau aus einem fremden Dorf, die sich in dem Marktflecken niederließ, und die eine Schneiderin war. Seitdem fandest du alle Frauen des Dorfes, die auf modern machten, nirgendwo anders mehr als in der Schneiderwerkstatt. Sie gingen auch dann dahin, wenn sie nichts dort zu tun hatten. Und wenn sie sich versammelt hatten, begann der Tratsch, und sie ließen keinen Menschen aus, über den sie nicht tratschten. Die Schneiderin aber hörte ihnen nur zu und nahm niemals an ihren Tratschereien teil.

Jetzt, da sie eine Schneiderin gefunden hatten, nähten sie dauernd. Es blieb kein Kleid mehr übrig, an dem es nichts zu nähen gab. Aber es gingen nur die 'modernen' Frauen zur Schneiderin. Die anderen, und das waren die meisten, nähten weiter selbst, wie sie es getan hatten, bevor die Schneiderin in ihr Dorf gekommen war.

Die junge Frau nahm nämlich Geld, um die Kleider zu nähen, die ihnen bis an die Fußknöchel reichten, und Geld hatten sie nicht. Aber es fiel ihnen nicht sehr schwer, es aufzutreiben, wenigstens den meisten. Es genügte, daß sie ein paar Oka[13] Öl an den Krämer in der Nachbarschaft verkauften. So machten es sicherlich viele regelmäßig, und danach eilten sie in die Schneiderwerkstatt, die sich so zu einer Durchgangsstation entwickelt hatte.

Die Schneiderin war verschwiegen, obwohl sie eine Frau war. Weder klatschte sie, noch nahm sie ein Wort über eine Kundin in den Mund, um es zu einer anderen zu äußern. Sie war höflich und zuvorkommend, und so hatte sie alle für sich eingenommen. Und ihre Arbeit, die machte sie selbstverständlich vorzüglich.

Seit sie sich im Dorf eingerichtet hatte, war schon ein volles Jahr vergangen, und man hatte nicht das Winzigste über sie gehört, obwohl sie eine Fremde war. Aber wie sollte man auch etwas über sie hören, da sie so bedachtsam und vorsichtig war? Wo sie nicht einmal ihre Augen hob, um einen Mann anzusehen. Wo sie nicht ihr Haus verließ, außer wenn sie eine wichtige Erledigung zu machen hatte oder in die Kirche ging. Und das war schon alles, was man über die Fremde sagen konnte.

Nur war die junge Frau nicht so, wie sie sich darstellte und zeigte. Die Wahrheit war, daß sie sich wie eine Heilige gebärdete, aber heimlich wedelte sie, und zwar heftig, wie ein Teufel mit ihrem Schwänzchen. Heimlich trieb sie reichlich unsaubere Geschäfte. Aber sie sah sich sehr vor, und so kam nicht an das Licht des Tages, was sie des Nachts trieb, wenigstens nicht in der ersten Zeit. Ihre Fassade war schön geschmückt, und es beobachteten sie alle, ohne zu ahnen, was sie wirklich in ihrem Geschäft verkaufte. So ließ sie das Wasser unter dem Stroh durchlaufen, und niemand hatte eine Ahnung davon.

Alle rühmten sie in ihren Gesprächen und fanden die besten Worte über die wohlgeratene junge Frau. Das tat auch der Kaffeehauswirt, der sein Kaffeehaus in ihrer Nachbarschaft hatte. Er sah die Schneiderin regelmäßig, weil er ihr täglich zwei bis drei Täßchen Kaffee brachte. Und wenn das Gerede begann, sagte er nur das Beste über sein Nachbarskind.

Aber einer seiner Stammkunden, der alte Matthios, war nicht einig mit ihm, und dauernd stritten sie wegen der Schneiderin. Eines Abends, als sie ihren Disput wieder aufnahmen, fehlte wenig, daß sie sich endgültig zerstritten hätten. Der Kaffeehauswirt brachte ihm den Kaffee, und während er sich neben den alten Matthios an das Tischchen setzte, deutete er mit seinem Finger auf die Schneiderin, die sich in der Tür der Schneiderwerkstatt zeigte, und er sagte zu ihm:

«Junge Frau, junge Frau! Meinen Segen sollst du haben, genau wie meine Töchter!»

Der alte Matthios rümpfte die Nase.

«Mir scheint, du weißt nicht, was du sagst. Du kennst sie gut und bist trotzdem begeistert von ihr? Sag doch mal, wissen wir, wer sie ist und aus welcher Familie sie stammt?»

«Nein. Das wissen wir nicht.»

«Siehst du? Wir wissen nicht Bescheid.»

«E..., und hat das irgendeine Bedeutung?»

«Und ob es das hat. Jede Menge hat es. Wenn du dich mit dem Menschen nicht auskennst, dann weißt du nicht, was aus ihm alles herauskommen wird.»

Der Kaffeehauswirt wischte nervös seine Hände an seiner Schürze ab, zwirbelte seinen Schnurrbart und starrte in die Augen seines Gesprächspartners.

«Und wie willst du dich mit ihm auskennen? – Damit ich das auch mal lerne.»

«Das sage ich dir. Wenn du weißt, aus welcher Familie er ist, dann ist es nicht nötig, noch andere Sachen zu wissen. Wenn der Mensch aus einer guten Familie kommt, brauchst du ihn nicht zu fürchten. Aber wenn er das nicht tut, breite deine Kleider fern von ihm aus.»

Der Kaffeehauswirt wiegte seinen Schädel, und seine Augen waren schon beinahe böse.

«Also, wenn du mit deinen Augen einen Menschen siehst, und der ist gut, dann genügt das nicht, sondern du mußt dir die Mühe machen, auch noch seine Familie kennenzulernen. Du, das ist ja gut! – Ich jedenfalls sehe sie vor mir, und sie ist ein guter, wertvoller Mensch. Was will ich also mit der Familie?»

«Aber leider reicht das nicht aus.»

«Warum nicht?»

«Weil sie sich anders zeigen kann, als sie in Wirklichkeit ist. Während dann, wenn du die Familie kennst, dann brauchst du dich nicht zu beeilen, noch weiteres zu sehen. – Warte nur, bis die Zeit zeigt, wer von uns beiden recht hat.»

Aber der andere war nun endgültig wütend geworden.

«Ich warte auf nichts mehr. Ein ganzes Jahr wohnt die junge Frau in unserem Dorf, und man hat nicht das Mindeste über sie gehört, und ich soll noch warten? Laß mich in Ruhe, sage ich. Du bist ja verkalkt, und mir scheint, daß du nicht weißt, wovon du sprichst.»

«Während du noch nicht trocken hinter den Ohren bist. Laß

mich mal lachen. Ich jedenfalls sage dir, warte mal, bis du siehst, was die Zeit zeigen wird, weil, wie ich dir sagte, wir wissen nicht, aus welcher Familie sie stammt. – Außerdem ist da noch was anderes.»

«Was denn nun wieder?»

«Das andere ist, daß wir es mit einer Frau zu tun haben. Und bei der Frau, wie die Gebildeten sagen, fand sich bis heute kein Mensch, der sie zu lesen versteht. Und es wird sich natürlich auch niemand finden.»

«Spitzfindigkeiten! – Ich bin Analphabet und verstehe davon nichts.»

«Auch ich verstehe nicht viel davon, aber wenn ich höre, was die anderen sagen, begreife ich schon etwas. Ich bin durchaus kein Holzklotz.»

Der Kaffeehauswirt schnappte ein und wurde puterrot, so aufgeregt war er.

«Wie ich wohl, was! Geh lieber schlafen, sage ich dir!»

Dann schlug er mit der Faust in die Luft und verkroch sich hinter seiner Theke und tat so, als ob er seine Gläser und Tassen spülte.

Der alte Matthios war aber die Ausnahme, denn alle anderen hatten absolutes Vertrauen zu der Schneiderin. Und die verheirateten Frauen vertrauten ihr so sehr, daß es sie nicht gestört hätte, auch noch ihren Mann im selben Bett mit ihr schlafen zu lassen, wie man so sagt.

Der Dieb, der Lügner und der Betrüger, heißt es, freuen sich nur im ersten Jahr. Danach kennt man sie, und man fällt nicht mehr auf sie rein. Und es bleibt niemals etwas geheim, wieviel Zeit auch darüber vergeht. Aber die Schneiderin brachte es fertig, beliebt zu sein, und es kam vorerst ihr Teufelswerk nicht heraus.

Seltsam aber war, daß sie es nicht nur mit einem Mann trieb, sondern mit vielen. Jeden Abend holte sie einen anderen Mann in ihr Haus. Aber keiner machte seinen Mund auf und sagte das Geringste. Sagen wir, daß sie ihnen den Mund versiegelt oder sie verhext hatte, so daß sie niemandem etwas sagten, nicht mal dem Priester.

Bis einer von den vielen, nämlich Troulonikolis, der im Dorf den Müller machte, hereinfiel, als er an einem Samstag dem Priester beichtete und ihm dabei etwas entschlüpfte. Und als er einmal angefangen hatte, ließ der Priester nicht mehr locker, bis er ihm alles gesagt hatte.

«Also, so ist das, mein Kind.»

«Genau so, mein Priester.»

«Und außer dir gehen noch andere hin?»

«Und wie sie gehen! Jeden Abend hat sie einen anderen in ihrem Haus.»

Der Beichtvater stellte sich in Gedanken die junge Frau vor. Er kannte sie sehr gut, weil sie regelmäßig in die Kirche ging. Und jetzt, als er an sie dachte, erinnerte er sich, wie sie ihn während der Liturgie angesehen und kein Auge von ihm gewandt hatte. Er hatte natürlich geglaubt, daß sie das aus Andacht tat. Aber nun, da er erfahren hatte, was für ein Miststück sie war, begriff er den Grund. Es begann ihm der Mund wäßrig zu werden, und er wünschte sich, daß sie ihm in die Hände fiele, so daß er sie lehren könnte, was man unter einem 'starken Priester' versteht. Und als er diese seine Gedanken beendet hatte, fuhr er fort, in Troulonikolis' Seele einzudringen.

«Du hast eine schreckliche Sünde begangen! Und du bist auch noch verheiratet! Aber sag mir doch, bereust du wenigstens?»

«Ich bereue, mein Priester. Hätte ich dir das gesagt, wenn ich nicht bereute?»

«Gut. Das ist wenigstens etwas. Und jetzt sag mir, wann bist du das letzte Mal hingegangen?»

«Am letzten Samstag.»

«Und du hast sicherlich wieder dasselbe getan wie die anderen Male.»

«Nein, nicht genau, mein Priester.»

«Sondern?»

«Also, als ich hinkam, fand ich durch ein Mißverständnis einen anderen drinnen.»

«A, glücklicherweise. Und so hast du nichts getan und bist wenigstens dieses Mal entkommen.»

Troulonikolis beugte sein Haupt noch tiefer, dann flüsterte er:

«Ich habe es getan, mein Priester. Gott möge mir verzeihen, aber ich habe es getan.»

«Du hast es getan, du Sünder! Aber wie? Wo du doch sagst, daß sie einen anderen drinnen hatte! Sprich, damit sich deine Seele reinige!»

Und der andere fuhr fort:

«Was soll ich dir sagen, mein Priester, und was soll ich dir nicht sagen? Als ich in ihr Haus hereinkam, sagte ich mir, daß ich nicht weggehen sollte, ohne etwas getan zu haben.»

«E..., sicherlich. Und weiter?»

«Also, der andere hatte seine Arbeit getan und schlief in ihrem Bett und wachte nicht auf, nicht mal mit einer Kanone...»

«Ich hab' verstanden. Ihr wandtet eure Augen ab von dem Bett, in dem der andere schlief, so, als wäre er überhaupt nicht vorhanden.»

«E..., nein, mein Priester. In einem Moment, in dem wir nicht alle drei hineinpaßten, schubste ich ihn und sagte ihm...»

In diesem Augenblick schämte er sich und hörte auf. Wie sollte ihn aber der Priester, dessen Neugier jetzt üppig wucherte, in Ruhe lassen.

«Sprich, Sünder! Sprich, sonst wirst du keine Ruhe finden, weder jetzt noch später.»

«Gut, aber schimpf nicht, Priester, ich werde es dir sagen.»

«Ich höre. Du mußt mir alles sagen, damit ich sehe, wie ich dich retten kann.»

Und Troulonikolis fuhr fort und errötete nun überhaupt nicht mehr:

«Ich schubste ihn und sagte ihm: 'Weiter, weiter, he, Nikolis, daß ich mich auch hinlegen kann.'»

«Also hieß er auch Nikolis, genau wie du?»

«Ja.»

«Po, po(33), Sodom und Gomorrha! Dies Weib, mein Kind, ist eine öffentliche Gefahr für unser Dorf. Wenn es losgeht, daß ihre Sünden sich herumsprechen, werden sich die Ehepaare trennen. Sie muß unser Dorf verlassen, so schnell es geht. Es muß aber sein, bevor wir sie rausschmeißen, daß ich sie auch besuche..., um zu sehen, welche Buße ich ihr auferlegen muß, vielleicht errette ich sie auch von ihren Sünden.»

Danach legte er fest, welche Buße Troulonikolis tun müsse, um gerettet zu werden, und dann ließ er ihn frei. Der Christ ging mit gebeugtem Haupt fort und bereute wenigstens in dieser Stunde. Der Priester, der ihn beobachtete, bis er aus der Kirche herausgegangen war, konnte sich nicht mehr halten und murmelte:

«Reichten dir nicht die Witwen, die x-mal in deiner Mühle vorbeischauten? Du wolltest auch noch, Verfluchter, ein frisches junges Ding! Und sie hat auch mich an den Samstagen in Versuchung geführt!»

Die Schneiderin fuhr auch an den folgenden Tagen fort, das Wasser unter dem Stroh durchlaufen zu lassen. Aber der Priester schaffte es nicht mehr, in ihr Haus zu gehen, um ihr die Buße aufzuerlegen und sie zu retten. Denn eines schönen Morgens in jenen Tagen war plötzlich zu hören, daß der Bauch der Schneiderin angeschwollen war. Es kam aber niemand auf schlechte oder raffinierte Gedanken, außer natürlich der Priester und die anderen, die in ihrem Haus ein- und ausgingen.

Als aber der alte Matthios davon erfuhr, grinste er und beeilte sich, den Kaffeehauswirt zu finden. Und kaum sah er ihn, warf er ihm hin:

«Hast du jetzt gesehen, was ich dir sagte, und was du mir nicht glaubtest?»

Aber der andere verstand nicht, was er ihm sagen wollte und fragte ihn:

«Was ist los? Sag mir's auch, damit ich es weiß.»

«Gut, macht nichts. Mach mir einen Kaffee, und wenn du ihn mir bringst, werde ich es dir sagen.»

Der Kaffeehauswirt machte einen Kaffee, brachte ihn dem alten Matthios und setzte sich neben ihn mit gespitzten Ohren.

«Also, ich höre dir zu. Rede.»

«E..., sag mir bloß nicht, daß du es nicht gehört hast. Das ganze Dorf rauscht davon.»

«In welcher Sache?»

«Hast du denn nicht richtig begriffen, daß alle sagen, daß der

Bauch der Schneiderin angeschwollen ist, derjenigen, die du bis jetzt so gepriesen hast?»

«E..., na und? Krank wird die junge Frau sein. Ist das schlecht?»

«Sag mal, bist du der Tölpel oder tust du nur so?»

«Weder bin ich einer noch tu ich so. Ich sage dir einfach, was ich glaube.»

«Und das, was du glaubst, ist, daß die Ärmste krank geworden ist.»

«Warum ist das denn so merkwürdig? Jung ist sie, aber ich weiß, daß alle krank werden können, sowohl die Großen als auch die Kleinen, und die Alten und die Jungen. Auch du weißt das alles, und du verstehst es nicht?»

«Hör mal, das versteh ich auch. Aber ich weiß auch das andere.»

«Was?»

Der alte Matthios hielt sich zurück, um nicht in Lachen auszubrechen, und tischte ihm dann diese Mantinade(15) auf:

«Wenn ich sie seh', die junge Frau,
mit ihrem dicken Bauche,
kapier' ich, wie sie dazu kommt,
sie gleicht ja einem Faß.»

Der Kaffeehauswirt regte sich fürchterlich auf und durchbohrte den alten Matthios mit wilden Augen.

«Hast du wieder was gefunden! Dein Verstand ist sofort der schlaueste. Dabei hattest du vorgeschlagen, daß wir warten müssen, um zu sehen, was die Zeit zeigt. Warum wartest du jetzt nicht?»

«Worauf sollte ich warten? Wenn ich die Schlange mit meinen Augen sehe, muß ich da noch nach ihrer Spur suchen?»

«Ich sage dir, daß die junge Frau krank ist.»

«Und was hat sie?»

«Was weiß denn ich... Wir haben Frühling, und sie kann an Luftschlucken leiden, und ihr Bauch ist geschwollen. Oder sie kann Blähungen haben.»

«Blähungen!»

«Ja, das Mädchen kann Blähungen haben, kommt dir das denn so komisch vor?»

Aber die Schneiderin litt natürlich weder an Luftschlucken noch an Blähungen. Sie hatte eine reife Frucht in ihrem Bauch. Und die Bombe zögerte nicht mehr, um zu platzen. Der Arzt, der sie untersuchte, war völlig sicher und hatte keinerlei Zweifel. Und das ganze Dorf, wie es nur natürlich ist, war wie auf den Kopf gestellt.

Anfangs glaubten alle, daß nur einer der Täter war, und einige zeigten sogar Verständnis. Aber dann öffneten alle diejenigen ihren Mund, die im Haus der Schneiderin ein– und ausgegangen waren, und so entwickelte sich die Angelegenheit sehr zum Häßlichen. Der Klatsch und Tratsch nahmen kein Ende, und die bösen Zungen des Dorfes fanden sogar noch nachts zu tun. Und jeder sagte, was ihm einfiel.

Aber das Wichtigste war, sie konnten nicht klären, wer von allen der Schuldige war. Welcher Esel hatte diese Eselei vollbracht? Und welchem Esel gehörte das Kälbchen, das die Schneiderin in ihrem Bauche hatte? Ganz allmählich begann einer den anderen zu beschuldigen. Und im ganzen Dorf hörtest du kein anderes Gespräch mehr.

Aber am Ende geriet das Gerede über das Kälbchen der Schneiderin sogar noch zu ihrer Ehre. Und so konntest du, wenn sich zwei auf der Straße trafen, folgenden Dialog hören:

«Grüß dich!»

«Grüß dich auch!»

«He, du, ist das dein Kälbchen?»

«Nein! Deines ist es!»

«E…, nein. Nicht so! Willst du mir das aufhalsen? Deines ist es!»

«Sie haben dich angeführt. Meines ist es nicht… Aber ich bin mir auch nicht sicher!»

«Ich mir auch nicht!»

Der alte Matthios freute sich und machte sich jetzt einen Spaß mit dem Kaffeehauswirt, der sein Nachbarskind immer entschuldigt und seine Hand für es ins Feuer gelegt hatte.

«Jetzt hast du gesehen, was ich dir gesagt habe, und was du nicht geglaubt hast. Hast du jetzt gesehen, wie die Zeit gezeigt hat, was für ein Miststück die Fremde war? Da hat sich erwiesen, daß sie nicht aus guter Familie ist. Nämlich, wenn sie es wäre, da kannst du sicher sein, da hätte sie nicht getan, was man ihr vorwirft.»

«E..., wie wolltest du, daß ich das weiß. Ich habe sie für gut gehalten, aber sie ging zum Teufel.»

«Nämlich, ganz prima ist unser Schwein, nur leider bekam es die Seuche.»

«Siehst du? – Sie soll verflucht sein. Schämte sie sich nicht, so viele Männer in ihr Haus zu holen? Hat ihr nicht einer gereicht?»

«Hm... Du weißt doch, wenn die Schamröte vom Gesicht der Frau verschwunden ist, ist auch die Scham verschwunden.»

«Das hast du gut gesagt.»

«Und es scheint, daß nur du und ich, die wir alt sind, nicht mal gekostet haben.»

Aber dann verbesserte er sich sofort:

«Also, hier, wo wir darüber reden, nehme ich nur mich selbst aus und keinen anderen. Keine Ahnung, was du gemacht hast.»

«Ba...(34), das hätte ich doch gern gemacht. Aber sieh mal, bei uns beiden ist das Meer müde geworden. Nur weder dir noch mir gehört das Kälbchen. Für keinen anderen lege ich meine Hand ins Feuer.»

«Ich auch nicht. Mein Lieber, was für eine Sau! Die hat das ganze Dorf besudelt. Die ist eine öffentliche Gefahr, und wenn ich ernsthaft über das Thema nachdenke, müssen wir Unterschriften sammeln und sie rauswerfen.»

Aber das war nicht nötig. Nach einigen Tagen schnürte sie von selbst ihr Bündel und verschwand wie ein Komet – so, wie sie auch erschienen war.

Das Lied des Tsichlas

TSICHLOFANOURJIOS[35] HATTE SEIT den Jahren seiner Kindheit bis in sein späteres Alter nicht eine Spur von Leventia[2] an sich. Auch ging er nie in Gesellschaft, und wie seine Dorfbewohner sagten, war er nicht gesellschaftsfähig.

Sogar in seiner Kleidung unterschied er sich von den anderen. Die meisten in seinem Dorf trugen die Vraka[1] an den Werktagen und dazu an Sonn– und Feiertagen Schärpen. Wenige trugen Reithosen, und nur Tsichlas und zwei, drei andere hatten die kretische Tracht ausgezogen und kleideten sich europäisch.

Wegen seiner Finanzen war er aber eine der besten Partien des Dorfes. Seine uralten Ölbäume wuchsen im gesamten Umkreis und brauchten jedes Jahr vier oder fünf Sammlerinnen, um die Oliven einzusammeln. Und außerdem hatte er fortlaufend während des ganzen Jahres natürlich die zwei Knechte, die auch bei der Olivenernte mithalfen, wenn sie auf dem Feld nichts zu tun hatten. Aber auch bei den Weinfeldern lag er nicht hinten. Er hatte davon mehrere und erntete Trauben und machte reichlich Wein.

Soviel er aber auch hatte, es wollte ihn kein junges Mädchen heiraten. Um wie viele er auch werben mochte, er brachte es nicht fertig, eine Frau zu finden. Alle lehnten ab. Von allen bekam er ein Nein.

Es ist aber so, daß er in den ersten Jahren, als er noch jung war, um keine in seinem Dorf geworben hatte. Und zwar, weil er zuerst seine beiden Schwestern verheiraten wollte. Was er aber auch tun mochte, er brachte es nicht zustande, denn der eine roch ihnen und der andere stank ihnen. Und so blieben die beiden im Regal liegen.

Als Fanourjios sah, daß es keine Hoffnung für seine beiden Schwestern gab, beschloß er, daß wenigstens er heirate. Er fing also an, Heiratsvermittler da– und dorthin zu schicken. Anfangs in die besten und reichsten Häuser des Dorfes. Später allmählich in die zweiter Wahl. Und wie die Jahre vergingen, auch in die letzten. Er ließ zum Schluß keine unverheiratete Frau aus, um die er nicht warb, aber keine wollte ihn.

Die ersten, die er fragte, die reichen Mädchen, waren nicht einmal bereit, mit ihm zu sprechen. Und als er im Laufe der Jahre bei den Armen angekommen war, war er alt geworden, und welche würde es hinnehmen, wie arm sie auch sei, einen alten Mann zu nehmen. Davon abgesehen waren seine Mißerfolge bekannt, und jede, zu der er einen Heiratsvermittler schickte, sagte zu diesem:

«Ich habe erfahren, daß er viele gefragt hat. Sogar die Sowieso hat ihn nicht genommen, und ich soll ihn nehmen? Warum? Ist sie denn besser als ich? Ich nehme ihn nicht, und wenn er und ich allein auf der Welt blieben.»

Der arme Tsichlas war nahe daran, selbst im Regal liegenzubleiben wie seine Schwestern, obwohl er einer der Reichsten des Dorfes war. Und als ob das nicht genügte, hatte er seinen Nachbarn, den Friseur, auf dem Hals, der ihn auf keinen grünen Zweig kommen ließ, denn er zog ihn ununterbrochen auf. Es gab keine Sticheleien, die er ihm nicht verpaßte. Wo er ihn auch treffen mochte, ob Menschen dabei waren oder nicht, zog er ihn mit der Heiratsvermittlerei auf.

Und einmal, als er ihn an der Quelle in der Nachbarschaft traf, wo Tsichlas seine Stute tränken wollte und wo noch mehrere andere warteten, um ihre Tiere zu tränken, rief der ihm schamlos zu:

«E, wie geht's uns, Fanourjios? Hatte heute der Heiratsvermittler, den du geschickt hast, Erfolg?»

Und dann, ohne auf Antwort zu warten:

«Baaa![34] Auch heute hatte er keinen Erfolg! Ich habe dir gesagt, was du tun mußt, um zu heiraten, aber du hörst ja nicht auf mich.»

Tsichlofanourjios wurde knallrot vor Zorn und Scham, aber er faßte sich in Geduld und wurde nicht grob gegen den Friseur. Er murmelte nur einige Schimpfwörter und Flüche, zog seine Stute halbgesättigt von der Quelle fort und rannte so schnell er konnte in sein Haus, um sich zu verstecken. Aber der Teufel von Friseur erreichte ihn mit zwei Sprüngen und hielt ihn an der Hoftür des Hauses auf.

«Entschuldige, Fanourjios. Ich will dein Bestes, darum sage ich dir das.»

Tsichlas wurde etwas milder gestimmt.

«Gut...»

«Aber du tust nicht das, was ich dir sage. Habe ich dir nicht vor langem gesagt, was du tun mußt, um zu heiraten?»

«Du hast es gesagt.»

«E, los also und beweg dich. Beweg dein Fingerlein. Schnapp dir nachts, wie ich dir schon so oft gesagt habe, eine von deinen fremden Olivensammlerinnen, dann wirst du sehen, wie du im Nu danach heiraten wirst. Bettle nicht dauernd bei jeder Frau ohne Mitgift in unserem Dorf. Säe in irgendeine deiner Sammlerinnen, in welche es dir gefällt, ein Kind, und alles weitere wird von selbst gehen. Hör, was ich dir sage. Eine bessere Lösung wirst du nicht finden. Mit dieser Art wirst du dich auch vor dir selbst rechtfertigen können.»

Aber Tsichlas ergriff die erste Ausrede, die ihm in den Kopf kam.

«Ich will noch nicht heiraten. Zuerst werde ich unsere Jüngste verheiraten, und danach werde ich sehen.»

«Welche?»

«Unsere Jüngste! Meine kleine Schwester. Ich spreche nicht über die Große, denn die ist zu alt. Unsere Kleine aber werde ich verheiraten, und danach werde dann ich heiraten.»

Der Friseur hielt das Lachen zurück, so sehr er konnte.

«Geht es dir noch gut? Geht denn so etwas?»

«Wieso?»

«Weil wir mit eurer Kleinen zusammen in die Schule gegangen sind. Und weißt du, wie alt sie ist? Fünfundfünfzig. Also vielleicht mag sie zwei oder drei Jahre jünger sein. Kann sie also in dem Alter, in dem sie ist, noch heiraten?»

Fanourjios bezwang sich und erkannte die Wahrheit an, weil er nicht anders konnte.

«Du hast recht. Aber kann ich denn so etwas machen, wozu du

mir rätst? Auch ich habe meine Jahre auf dem Buckel, ich bin kein Kindskopf mehr.»

«E, weil du nicht das tatest, was sein mußte, damals, als du noch nicht bei Verstand warst, tu es wenigstens jetzt. Denn bald wirst du nicht mal mehr das tun können, und du wirst mit dem Kopf gegen die Wand rennen, aber es wird zu spät sein.»

Aber wie sollte Tsichlas solche Dinge beschließen. Weder konnte er es, noch wollte er es. Und der Friseur mit seinem Gesang ließ keine Gelegenheit ungenutzt verstreichen.

So tat er es auch am Karfreitag jenes Jahres. In das Kaffeehaus der Nachbarschaft hatte ein Nachbar mehrere Artischocken gebracht und diejenigen, die sich im Kaffeehaus befanden, wollten einen Raki(36) trinken, da sich dafür so ein guter Meses(37) gefunden hatte. Es säuberte also der Friseur die Artischockenköpfe, und der Kaffeehausbesitzer brachte die ersten Rakis. Bald kamen auch die zweiten und die dritten, und weil man an diesem Tag wegen der Fastenzeit auf das Öl verzichten mußte, machte sie das Getränk schon vom ersten Moment an schwindlig. Nach einiger Zeit sah man draußen vor dem Kaffeehaus Fanourjios vorbeigehen. Er warf einen Blick hinein, und kaum hatte er die Halbbetrunkenen bemerkt, wollte er schnell verschwinden, um nicht in Streit zu geraten, aber er schaffte es nicht. Der Friseur sah ihn vorbeigehen und war sofort zur Stelle. Er ergriff ihn und zog ihn mit Gewalt in das Kaffeehaus.

Als sie hereingekommen waren, wies er ihm einen Sitzplatz zu, nötigte ihn, sich neben ihn zu setzen und sagte ihm ins Ohr:

«Heute, Fanourjios, werden wir zusammensein. Damit unsere Dorfbewohner sehen, wie gesellig auch du bist.»

Der arme Tsichlas versuchte zu entkommen:

«Ich würde bleiben, aber ich hab' zu tun. Ein andermal...»

Aber der andere unterbrach ihn und ließ ihn nicht ausreden.

«Und so willst du eine Frau finden! Du trinkst nicht, du rauchst nicht, du gehst nicht auf Diebstahl(38), du betrittst kein Kaffeehaus, und so willst du mir heiraten! Weißt du nicht, daß, wenn du so weitermachst, dich keine nehmen wird, nicht mal, wenn sie keine Mitgift hat? Die Frau, Fanourjios, will den Mann als

Leventis und lebenslustig, und so bist du nicht. Aber ab heute wirst du so werden, ob du willst oder nicht! Also, faß den Entschluß, weil wir dich nicht gehen lassen. Denn was wir tun, das wirst auch du den ganzen Tag tun, und dann wirst du sehen, wie leicht es sein wird, eine Frau zu finden! Ich selbst werde als Heiratsvermittler dahin gehen, wohin auch immer du mich schikken magst.»

Tsichlofanourjios wußte natürlich, daß es mit seiner Verheiratung nicht so war, wie es der Friseur sagte. Wie er wußte, würde sich das nicht leicht entwirren, was sich jetzt verwirrte. Der Verrückte, sagt man, sieht den Betrunkenen und erschrickt. Doch er konnte leider nicht ausweichen, weil der Friseur ihm zuvorgekommen war. Und nun mußte er das tun, was auch die anderen in der Gesellschaft taten.

Die Rakis kamen weiter an, einer nach dem anderen. Und Tsichlas trank mit, ob er wollte oder nicht. Der Friseur ließ ihn nicht aus den Augen und drängte ihn jedes Mal, noch einen zu trinken. Und zwei–, dreimal, als er lange brauchte, um seinen Raki zu trinken, wurde er böse und schrie ihn an:

«Warum, mein Kleiner, trinkst du nicht! Trink – zum Teufel mit deinen Vorfahren, ich werde einen Trichter finden und ihn dir damit einfüllen!»

Und als Fanourjios bald noch betrunkener war, verlangte der Friseur, daß Fanourjios seinen Raki in einem Zug austrinke. Und der trank ihn. Was sollte er machen? Kaum sah der Friseur das leere Glas, begeisterte er sich, klopfte Fanourjios freundschaftlich auf die Schulter und schrie ihm zu:

«So will ich dich! – Weißer Boden!!»

Die weißen Böden vermehrten sich aber, und so war Tsichlas bald vollkommen betrunken. Es war das erste Mal in seinem Leben, obwohl er schon die Sechzig erreicht hatte.

Während er sich betrank, wurde er aber ein anderer Mensch. Er wurde genau das Gegenteil dessen, was er im Leben war. Und ohne daß es die anderen begriffen, nahm er mit Gewalt das Kommando in seine Hände und befahl den anderen, das zu tun, was ihm in den Kopf kam. Als er ganz blau war, schickte er alle raus auf die Straße und fing an, mit ihnen zu exerzieren wie mit

Soldaten. Und als er die Übungen beendet hatte, befahl er ihnen, daß sie alle anfingen bockzuspringen wie die kleinen Kinder.

Das Spiel war einfach. Es bückte sich der erste, und über ihn sprangen alle anderen, leicht mit ihren Händen seinen Rücken berührend. Und während einer nach dem anderen sprang, schrie er laut, so daß es in der ganzen Nachbarschaft zu hören war:

Zum ersten Sprung:
– «Bocksprung!»
Zum zweiten:
– «Zweiter – mit den Händen!»
Und zum dritten:
– «Dritter – und berührt!»

Kaum waren sie mit der ersten Runde fertig, fingen die, die sich zu bücken an der Reihe waren, mit der zweiten an.

Bald hatte sich wegen ihres Geschreis und ihres Treibens draußen vor dem Kaffeehaus das halbe Dorf versammelt. Alle rieben sich die Augen. Anfangs glaubten sie, daß es Tsichlas und den anderen nicht gut ginge oder daß sie verrückt geworden wären, da sie an so einem Tag so etwas taten. Karfreitag – und so etwas zu tun!

Sie begriffen aber schnell, daß sie betrunken waren, und gingen einer nach dem anderen weg und ließen sie raufen. Und die anderen setzten ihr Spiel fort.

Nachdem eine Weile vergangen war, fingen sie auch zu singen an. Fanourjios aber, der keine Melodien und Lieder konnte, befahl allen anderen zu singen, ohne daß er seinen Mund öffnete. Aber in einem Augenblick, als sie sangen, empörte sich der Friseur und begann zu schreien, daß auch Tsichlas singen müsse.

«Es soll auch der Anführer singen! Er soll singen, was er will! Sing, Fanourjios, sonst hören auch wir auf.»

Und es schloß sich ihm die ganze Gesellschaft an. Alle schrien und drohten, und der Anführer sah, daß er nicht anders konnte. Es war ein Pöbelhaufen. Er wußte aber nicht, was er singen sollte. Er kannte weder Melodien noch Mantinaden(15). Er hatte niemals in seinem Leben gesungen. Die Gesellschaft fuhr aber fort, ihn zu drängen. Da erinnerte sich Fanourjios in seiner Trunkenheit an ein Lied, das ihm die Mutter gesungen hatte, als er Kind war und wenn er einschlafen sollte, und das zog er kräftig und unter Gestikulieren hervor:

«Der Floh ist vom Fenster gestürzt,
und seine Mama schrie: Wohin gehst du, Kapitän?
Ich will nach Chania(39) gehen,
um eine Schöne zu verwirren,
um Marmor zu behauen,
um eine Regenrinne zu bauen.
Die Traube der Regenrinne,
die Weinbeere des Eichbaums,
die Wange des Mädchens
trocknen mir die Lippen aus.»

Seit dieser Stunde fing auch das Getratsche über Tsichlofanourjios' Lied an. Die bösen Zungen des Dorfes fanden für lange Zeit Arbeit und redeten und redeten. Und das Lied wurde nicht mehr vergessen. Es blieb als das Lied des Tsichlas erhalten.

Die Gesellschaft setzte ihr Fest und ihre Verrücktheiten fast den ganzen Tag bis zur Stunde der Prozession fort. Danach ging ein jeder nach Hause, weil er in dem schlimmen Zustand, in dem er sich befand, nicht in die Kirche gehen konnte.

Fanourjios vergaß natürlich nicht das Versprechen des Friseurs. Nach Ostern also schickte er ihn als Heiratsvermittler aus, damit er um Lenio, die Tochter dessen Erster Tante, werbe. Der Friseur lehnte nicht ab, ging aber nur, um sich zu amüsieren.

Als er in das Haus seiner Tante kam, setzte er eine so ernste Miene auf, wie er nur konnte, und während er den Raki trank, den sie ihm angeboten hatten, begann er:

«Ich kam hierher, Tante, in dein Haus, und ihr fragt mich nicht, warum ich gekommen bin?»

Seine Tante lächelte:

«Ich warte eben darauf, daß du mir das sagst, Neffe.»

«Also, Tsichlofanourjios schickt mich als Heiratsvermittler. Er will, sagt er, Lenio – , um deine Tochter wirbt er, aber gib sie ihm nicht, Tante! Du darfst sie ihm nicht geben, weil er alt ist! Ich mußte kommen, weil er mich geschickt hat, dir das zu sagen, aber gib sie ihm nicht...»

Wenn es ein anderes Mal gewesen wäre, würde seine Tante wegen dieses seltsamen Heiratsvermittlers gelacht haben. Nun aber wurde ihr Gesicht dunkel vor Zorn, und es fehlte nicht viel, und sie hätte ihren Neffen aus ihrem Haus hinausgeworfen. Dann sah sie aber, daß er keine Schuld hatte, und sie schimpfte über Tsichlofanourjios.

«Also, dich schickt er als Heiratsvermittler. Schämt sich der Esel nicht! Weil er ein paar alte Olivenbäume hat, glaubt er, daß ich meine Tochter verbrenne und sie ihm gebe. Ich schiebe sie lieber in einen brennenden Ofen, damit sie ein für alle Mal gerettet wird. Sieht er denn nicht, frage ich, daß er mit einem Fuß im Grabe steht, und er denkt nur ans Heiraten.»

Und dann nach einer kleinen Unterbrechung:

«Ich habe ihn vor zwanzig Jahren nicht genommen, wo er noch etwas dargestellt hat, und jetzt fragt er nach meiner Tochter! Schämen soll er sich...»

Die Augen des Friseurs traten jetzt vor Überraschung und Zorn hervor.

«Dann hat er, Tante, auch um dich geworben, als du noch unverheiratet warst?»

«Na sicher hat er nach mir gefragt. Darum sage ich dir, daß er sich schämen soll.»

«So ein Esel! Und er hat sich nicht geschämt, mich zu schikken. Aber weil das so ist, werde ich es ihm zeigen! Ich verspreche dir, Tante, daß ich ihn nicht wieder nach einer Frau fragen lassen werde.»

Und der Friseur sagte das und tat das. Fanourjios bekam in diesen Tagen wieder Spritzen. Der Friseur wartete also, und kaum bot sich ihm die Gelegenheit, bewirtete er ihn so, wie er es verdient hatte. Eines Tages, als Tsichlas den zentralen Platz des Dorfes

überquerte, um zum Arzt zu gehen, der ihm die Spritze geben sollte, die er fest in seiner Hand hielt, näherte er sich ihm und schrie ihm plötzlich zu:

«Fanourjios, was hältst du da in deiner Hand? Hältst du wieder die Spritze?»

Tsichlofanourjios versuchte zu entkommen, aber der Friseur wurde heftig gegen ihn. Er öffnete ihm mit Gewalt die Hand und nahm ihm die Spritze weg, die er gehalten hatte. Dann hob er seine rechte Hand hoch, und die Spritze denen zeigend, die in den Kaffeehäusern des Platzes saßen, schrie er:

«Seht her, Dorfbewohner! Jeden Tag macht er sich so eine Spritze! Und jetzt geht er wieder zum Arzt, damit der ihm die gibt. Jeden Tag spritzt er sich, und dann will er noch heiraten! Sollte er in eure Häuser kommen und euch nach einer Frau fragen, schmeißt ihn raus... Obwohl, nach all dem glaube ich nicht, daß er nochmal den Mut haben wird.»

Tatsächlich hatte Tsichlofanourjios nicht noch einmal den Mut, um eine Frau zu werben. Und so blieb auch er im Regal liegen, wie auch seine Schwestern liegengeblieben waren.

Nach mehreren Jahren, als seine beiden Schwestern gestorben waren, blieb Fanourjios ganz allein auf der Welt. Und an dem Tag, als auch er starb, fand sich in seinem Haus kein einziger Mensch, ihm die Augen zu schließen. Sie waren genauso starr geworden wie sein Körper und blieben sperrangelweit auf. Als sie ihn im Sarg auf den Rücken gelegt hatten, betrachtete er den Himmel, ob er wollte oder nicht. Man fürchtete sich, sich ihm zu nähern und ihm den Totenkuß zu geben. Aber der Friseur unterließ es wieder nicht, ihn aufzuziehen. Er ehrte den Toten nicht und neckte Fanourjios noch, als er schon tot war. Während eines Augenblicks auf der Beerdigung fragte ihn sein Nebenmann, der auch ein Schalk war, warum die Augen des Toten offen seien. Und der Friseur verlor keine Zeit. Er lächelte und flüsterte ihm dann ins Ohr:

«Er glotzt, um zu sehen, welche ihm gefallen könnte, um ihr am Abend einen Heiratsvermittler zu schicken!!!»

Der andere schämte sich ein wenig und senkte seinen Kopf und sagte nichts mehr.

«... und des Dimitris Tsikritsis, der lebt.»

TSIKRITSIS WAR SCHON während der ersten Jahre seiner Arzttätigkeit erfolgreich. Er heilte Hinz und Kunz. Zu ihm gingen die Bewohner seines Dorfes, aber auch alle aus den benachbarten Dörfern.

Und es ist tatsächlich so, daß er es oft mit ernsten Leiden und Zuständen zu tun hatte, weil, wenn jemand zu seiner Zeit beschloß, zu einem Arzt zu gehen, er mit einem Fuß im Grabe stehen mußte. Andernfalls hätte man nicht daran gedacht, zu einem Arzt zu gehen. Die Leute beschränkten sich auf tausenderlei 'Praktiken', die sie manchmal direkt in die Unterwelt schickten, wenn die Ärzte sie nämlich nicht mehr rechtzeitig retten konnten.

Tsikritsis machte seine Arbeit immer richtig, obwohl er nur über die geringsten Mittel verfügte. Nur, wenn er von seinen Kunden bezahlt werden sollte, spuckte er jedesmal Blut. Und erst später, als auch er staatlich bestellter Landarzt(40) wurde wie so viele andere, machte er sich endgültig los vom Alptraum der Arzthonorare.

Die Jahre, als er freiberuflich tätig war, führte er wie die anderen Ärzte ein Buch, in das er die Schulden seiner Kunden einschrieb. Er hatte aber außerdem ein schreckliches Gedächtnis. Wenn ihm jemand etwas schuldete, vergaß er es nicht, wieviele Jahre auch darüber vergehen mochten. Er erinnerte sich auch immer genau, was man ihm schuldete: einen Pflug, Geld, eine Tagesarbeit, Beschneiden der Weinstöcke und was sonst er annehmen konnte.

So vergaß er auch nichts im Falle seiner Gevatterin Pachiomanolena aus Voriza(8).

Als sie ihn besucht hatte, war sie nahe daran gewesen, an der Krankheit, die sie hatte, zu sterben, und der arme Arzt hatte sich die größte Mühe gegeben, sie zu retten. Er kämpfte vierzig volle

Tage mit allen Mitteln, die er zur Verfügung hatte, und er gab ihr viele Spritzen, um sie zu retten. Am Ende schaffte er es, und am letzten Tag lud er sie, auch, weil sie seine Gevatterin war, zum Essen mit gekochtem Fleisch und Nudeln ein. Aber auf die Nudeln streute er keinen Käse, weil er sich erinnerte, daß ihr Mann ihm von der letzten Behandlung, die er an ihm vorgenommen hatte, noch etwas schuldete, was er noch nicht beglichen hatte.

Pachiomanolena war so unbesonnen und warf ihm das vor, während sie aßen, und Tsikritsis ließ sie natürlich nicht ohne Antwort.

«Das Fleisch ist gut, Gevatter! Gesundheit der Ärztin, die das gekocht hat! Gut sind auch die Nudeln. Aber wenn es etwas Käse gäbe, wäre es noch besser.»

«Aber, Gevatterin, es gibt welchen! Jede Menge habe ich draufgestreut, aber mir scheint, dir geht es noch nicht so gut, weil du ihn nicht siehst! Von dem, den mir neulich dein Mann gebracht hat, den er mir so lange schuldet, habe ich welchen draufgestreut.»

Die Gevatterin begriff ihren Schnitzer, aber es war zu spät. Sie mußte sich aber rechtfertigen, und so redete sie gegen ihren Mann:

«E, der Hundesohn, hat er ihn dir immer noch nicht gebracht! Niemals macht er etwas richtig! Mach dir aber keine Sorgen, Doktor, denn jetzt, wo ich ins Dorf gehen werde, werde ich ihn zwingen, und er wird ihn dir sofort bringen. Er sollte sich schämen! Jetzt, wo ich ins Dorf gehen werde, werde ich das regeln. Sei unbesorgt, Gevatter. Jetzt, wo ich mich darum kümmere, ist es, als ob der Käse schon mitten in deinem Haus wäre.»

Der Arzt glaubte ihr so sehr, daß er sie beinahe um Verzeihung gebeten hätte. Und Pachiomanolena faßte natürlich mehr Mut, und so hatte sie, bevor das Essen beendet war, von ihrem Gevatter verlangt, daß er ihr ein halbes Zicklein(41) gebe.

«Ich weiß, Doktor, daß im Kloster gegessen und getrunken wird, aber nichts mitgenommen. Aber ich will auch etwas mitnehmen. Ich möchte nämlich, daß du mir einen Gefallen tust.»

Tsikritsis hielt sich nicht zurück und murmelte, ohne daß sie ihn hörte:

«Noch einen?»

Aber dann fügte er mit ernster Miene hinzu:

«Wenn ich darf.»

«Du darfst. Übrigens möchte ich nichts Besonderes. Eure Wildziege sah ich die Tage, als ich hier war, und ich bin erpicht auf sie, weil sie jedes Jahr drei Zicklein wirft. Ich möchte also, daß du mir ein halbes Zicklein gibst, damit auch wir mit der Rasse anfangen. Gib mir eines, Gevatter, und laß mich mal machen..., ein Schwein werde ich dir schenken, das ihr Weihnachten schlachten könnt.»

Tsikritsis akzeptierte auch diese unbescheidene Forderung seiner Kundin, und bald, als sie ihren Esel bestieg und ihr Vorderteil in Richtung Voriza wandte, legte er das Zicklein in ihre Schürze.

Der Arzt hatte ihr bis zu dieser Stunde aus Feingefühl nichts über ihre Zahlungsverpflichtung gesagt. Nun aber, da er sah, daß sie fortreiten wollte, als wäre nichts geschehen, hielt er sich nicht mehr zurück und rief ihr laut zu:

«Gute Besserung!»

Aber Pachiomanolena faßte das anders auf. Sie glaubte, daß der Arzt ihr Gutes wünschte. Sie verstand nicht, daß er von ihr 'gute Besserung' bei der Bezahlung der Spritzen verlangte, die er ihr gegeben hatte. Und so fing sie an, ihm zu danken:

«Ich danke dir! Ich danke dir sehr! Für alles danke ich euch! Gott möge dich beschützen, Doktor, und dich auf den Straßen sehen, die du jeden Tag entlangeilst!»

Tsikritsis' Gesicht wurde dunkel vor Entrüstung, weil er sah, daß er wieder nicht bezahlt werden würde, und außerdem glaubte er, daß sie ihn verhöhnte.

«Mir scheint, Gevatterin, daß wir uns entzweien werden.»

«Warum? Was meinst du?»

«Warum... Weil ich glaube, daß du mich verspottest. Ich sage dir, daß ich dir gute Besserung wünsche wegen der Spritzen, die ich dir gegeben habe. Und du sagst mir etwas anderes. Wegen meines Honorars spreche ich mit dir, aber du gehst jetzt und hast mich nicht mal gefragt.»

«A, darüber sprichst du, Gevatter? Und warum sagst du es mir nicht so deutlich, daß auch ich das verstehe? Du sagst mir nur 'Gute Besserung'. Ich Arme glaubte, daß du mir alles Gute wünschst. Keine Angst aber, du wirst nichts verlieren. Du wirst nicht die 'gute Besserung' verlieren, wie du sagst, noch sonst etwas. Sobald ich im Dorf bin, werde ich dir meinen Mann schikken, und ihr werdet alles regeln.»

Der Arzt beharrte natürlich auf nichts weiterem und ließ sie mit dem Zicklein in ihrer Schürze ziehen. Und seit diesem Tag wartete er auf die 'gute Besserung', aber sein Gevatter erschien ein ganzes Jahr lang nicht.

Als er die Hoffnung aufgegeben hatte, daß sie ihn bezahlen würden, beschloß er, selbst seine Bezahlung verlangen zu gehen. Eines Tages, als er wieder nach Voriza mußte, wo er zu einem Kranken gerufen worden war, sagte er sich, daß er im Hause seines Gevatters vorbeigehen würde.

Als er ins Dorf hereinkam, traf er aber zufällig Pachiomanolena, die eine Sau hinter sich herzog, die sie zum Eber zum Decken brachte. Und kaum sah sie ihn so plötzlich vor sich, verlor sie die Sprache und verdrehte ihre Worte wie eine Betrunkene. Der Arzt, wie es natürlich war, vermutete, daß das wegen ihrer Scham geschah, weil sie ihm so lange etwas schuldeten und ihn nicht bezahlt hatten. Aber er lag völlig daneben. Der Grund war ein anderer, den er erfuhr, sobald er sie fragte:

«Was tust du denn da, Gevatterin?»

«Ich schäme mich, Doktor, weil wir es dir nicht gesagt haben, es dir aber hätten sagen sollen!»

«Was?»

«Daß das halbe Zicklein, das du mir gegeben hast, krepiert ist. Es krepierte, das Ärmste, das ich wie meine Augäpfel gehütet hatte.»

Tsikritsis wurde knallrot vor Zorn und vergaß sein Feingefühl:

«Es ist also verreckt, das Selige! Wem glaubst du, daß du das erzählen kannst, Gevatterin! Mir wurde gesagt, daß ihr es geschlachtet und gegessen habt. Und der, der mir das gesagt hat, belügt mich nicht.»

In seinem Zorn hatte er das erfunden, aber es schien, daß er damit richtig lag. Pachiomanolena ließ sich aber nicht unterkriegen.

«Nein, Gevatter! Feuer möge uns verbrennen! Wir haben so viele Schafe, und da sollten wir auf das Zicklein warten! Dafür sollten wir unser Ansehen aufs Spiel setzen?»

Aber der Arzt hatte nun Anlauf genommen:

«Welches Ansehen, Gevatterin? Habt ihr überhaupt Ansehen? Ihr sollt euch schämen, sage ich!»

«Was meinst du denn?»

«Nichts. Ich sagte etwas über die Verstorbenen... Gut, das Zicklein ist krepiert. Das Schwein, das du mir zu geben versprochen hast, was ist mit dem?»

Aber die Frau erwischst du nicht ohne Antwort.

«Siehst du mich nicht, Gevatter, wie ich die Sau zum Eber bringe? Sobald sie geworfen hat, bringe ich dir das beste.»

«Wenn sie trächtig wird, deine Sau! Und wenn sie nicht trächtig wird?»

«Aber sie will ja trächtig werden! Der Eber ist gut. Alle Säue, die zu ihm gebracht werden, werden trächtig, und meine sollte nicht trächtig werden?»

«Ja, Frau Gevatterin, denn es kommt nicht nur auf den Eber an, wie du weißt, sondern auch auf die Sau. Die Tiere sind in diesen Dingen wie die Menschen. Hast du verstanden? Sag, daß du verstanden hast.»

«Ich habe verstanden. Aber du, Gevatter, weißt nicht, wie die Sau 'sucht' und verrückt ist. Und weil sie nämlich 'sucht' und der Eber gut ist, sollte sie nicht trächtig werden?»

Der Arzt schüttelte mehrmals seinen Kopf, bevor er antwortete:

«Gut, ich werde warten... Und der Käse, den du und dein Mann mir schulden, wann werdet ihr eure Ehre daransetzen, ihn mir zu geben? Werdet ihr ihn mir einmal schicken? So viele Jahre, wie ihr den schuldet. Schämt ihr euch nicht ein bißchen?»

Aber Pachiomanolena fand auch hier eine Antwort, ohne rot zu werden, nicht einmal am Rande ihrer Ohren.

«Das wissen wir und schämen uns, ich und mein Mann, Gott weiß das. Aber was können wir für dich tun. Er ist verdorben, der Ärmste. Er ist uns völlig verdorben, in der Hütte in den Bergen, wo wir ihn hatten. Und mir tut der ärmste Anthotiros[42] leid, er war von bester Qualität.»

«Also ist der auch weg.»

«Ganz weg! Der ganze ist verdorben.»

«Dieses Jahr ist er euch verdorben, und die anderen Jahre?»

«E, die anderen Jahre hatten wir nicht beschlossen, ihn dir zu bringen.»

«Aber ich werde jetzt etwas beschließen, und ich gehe nicht, wenn ich nicht kassiere, was auch immer ich in deiner Tasche finde!»

Und Tsikritsis sagte und tat das. Bis zu diesem Augenblick sprach Tsikritsis auf dem Pferd sitzend mit seiner Gevatterin. Nun machte er also einen Sprung, sprang von seiner Stute herunter und näherte sich dann Pachiomanolena, beschließend, das zu nehmen, was auch immer er in ihrer Tasche finden würde.

Die Vorizanerin trug einen alten kretischen Rock mit weiter großer Tasche. Einer Tasche, in der Platz war für tausenderlei Dinge, die sich von außen am Rock so wenig bemerken ließen, als wären sie gar nicht in der Tasche vorhanden.

Der Arzt kam näher und befahl ihr:

«Pack aus!»

Sie machte keinen Einwand, steckte ihre Hand in die Tasche und holte sie ganz langsam hervor. Den Arzt schauderte es. In ihrer Hand hielt sie einen schwarzen Damenstrumpf, gefüllt mit dicken Schnecken. Und als sie fertig war, sah sie ihren Gevatter an.

«Beste Qualität, Doktor, denn es sind sommerliche! Bitte sehr. Bring sie der Ärztin, von der ich weiß, daß sie sie mag.»

Tsikritsis überlegte, ob er ihr sagen sollte, daß seine Frau keine Schnecken aus verschmutzten Strümpfen esse, aber wie aufgeregt er auch war, schämte er sich und brachte seine Gedanken nicht über die Lippen. Er ließ sie aber nicht ohne Antwort.

«Falsch. Die Ärztin ißt überhaupt keine Schnecken. Du schuldest mir keine Schnecken. Hol etwas anderes aus deiner Tasche.»

Sie tat, als wäre ihr das nicht recht, überlegte aber und holte wieder etwas heraus. Der Arzt rümpfte die Nase. Dieses Mal holte sie einen Tausender des Tsolakoglou[43] hervor.

«Was anderes! Dieser Tausender ist aus der Besatzungszeit

und gilt nicht mehr. Auch den kann ich nicht gebrauchen. Das, was du mir geben wirst, muß Wert haben, sonst nehme ich es nicht. Versteh das. Hol noch was raus.»

Pachiomanolena steckte erneut die Hand in ihre Tasche, aber sie holte wieder einen Tausender aus der Besatzungszeit vor. Tsikritsis konnte sich nicht mehr beherrschen und stieß seine Hand in ihre Tasche, ohne sie zu fragen. Auch das, was er hervorzog, hatte keinen Wert. Es war ein schöngeschriebenes Gedenkpapier. Ein kleines Büchlein, in dem die Namen der Verstorbenen aufgeschrieben waren, damit ihrer der Priester im Gottesdienst(44) gedenke.

Der Arzt hielt es in seinen Händen und musterte es lange. Er besah es von hier, er besah es von dort, und während ihn das Gedenkbüchlein neugierig machte, fing sein Gesicht ganz langsam an, sich zu beruhigen. Dann bekreuzigte er sich, er schien Gott dankbar zu sein, daß er ihm Geduld gegeben hatte.

Als er mit dem Bekreuzigen fertig war, fing er an, die Namen der Verstorbenen zu lesen, die in dem Gedenkbüchlein aufgeschrieben waren, genau, wie sie der Priester auch liest:

«... des Giorgos, des Antonios, des Fanourjios, des Astrinos, des Dimitris, des Iannis... und deren Kindern ... und deren Geschwistern...»

Als er alle gelesen hatte, schrieb er unter den letzten Namen, der in das Gedenkbüchlein eingetragen war, mit sauberen und runden Buchstaben:

«...und des Dimitris Tsikritsis, der lebt!»

Dann gab er das Gedenkbüchlein seiner Gevatterin und sagte ihr so ernsthaft, wie er konnte:

«Mein Wunsch ist, daß auch meiner der Priester gedenkt wie der Verstorbenen, die du in dein Gedenkpapier geschrieben hast. Weil mir scheint, nur das werde ich aus unserem Handel bekommen.»

Aber Pachiomanolena wurde beinahe wild.

«E, so nicht, Gevatter! Laß uns, wie wir es brauchen, unsere Vorbereitungen, und wir werden dir mehr bezahlen als wir müssen. Du mußt wissen, daß dein Gevatter korrekt und ordentlich in seinen Rechnungen ist. Nur, daß er ein wenig schlampt. In seinen Rechnungen aber ist er schließlich so, wie es sein muß.»

Der Arzt murmelte:

«Ach ja!»

Dann setzte er hinzu, als ob absolut nichts geschehen wäre:

«Na gut, laß den Priester meiner gedenken, bis ihr bezahlt habt. Und dann mach, was du willst.»

Dann rückte er seine Mütze gerade, bestieg wieder seine schwarzfleckige weiße Stute und machte sich fertig für den Rückweg. Aber seine Gevatterin hielt ihn auf.

«Gehst du nicht, Doktor, ins Dorf hinein, wo ich gehört habe, daß sie dich erwarten?»

«Nein. Ich gehe nicht.»

«Warum nicht?»

«Weil, das einzige, war mir geschehen wird, ist, daß ich mich auch noch in ein anderes Gedenkpapier einschreibe, und ich habe keine Lust. Deines, Gevatterin, genügt mir.»

Dann gab er seiner Stute einen Klaps und zog ohne weitere Worte zu seinem Dorf.

Kaum war er aber etwas vorangekommen, wurde er versöhnlicher und sah, daß er nicht richtig gehandelt hatte, kehrte um nach Voriza und beschäftigte sich auch dieses Mal mit seinen Kranken.

Und seit damals sagten die Gläubigen jedes Mal, wenn der Priester der Toten aus Pachiomanolenas Gedenkpapier gedachte, wie es vom Priester zu hören war, zum Schluß eilig:

«...und des Dimitris Tsikritsis, der lebt.»

Die Lyra des Kolombatsis

DIE LYRA[19] DES Kolombatsis hatte kein Gegenstück in allen Dörfern der Ebene und der Berghänge der Messara[30]. Die erste unter den besten Lyras, machte sie Jung und Alt, Männer und Frauen verrückt.

Kolombatsis war einer der wenigen Lebenskünstler und Leventis[2]. Groß, schlank, tiefschwarz, mit schlanker Taille und schwarzem hakenförmigem Schnurrbart, der keinen anderen Zweck hatte, als gezwirbelt zu werden. Er trug schwarze, blitzendglänzende Stiefel, und seinen Turban band er ganz schräg um seinen Kopf, so, wie er auch das Fransenkopftuch an den Sonn- und Feiertagen band.

Zu jeder Hochzeit, zu Festen, zu jeder Kirchweih spielte er die Lyra mit den Glöckchen, und die vrakatragenden[1] Jünglinge, voller Jugend und Leventia, aber auch die biegsamen kretischen Mädchen, tanzten die kretischen Tänze mit großem Charme und mit einer Gewandtheit, als ob ihre Füße Flügel hätten und nicht die Erde berührten. Und der Lyraspieler, der nicht satt wurde, sie zu bewundern, dämpfte sein Lyraspiel und sang:

«Wenn der Kreter tanzt, zeigt er seine Männlichkeit,
seine Vornehmheit, seine Leventia und seine Tapferkeit.
Er dreht sich, blickt auf den zweiten Schritt,
spielt den starken Schwung und einen größeren Sprung.»

An den Nationalfeiertagen, wenn auf dem zentralen Platz seines Dorfes ein riesiges Fest stattfand, sang Kolombatsis nach dem Dankgottesdienst und den Festworten, die der Lehrer sprach, zum Ruhm und der großen Zerstörung Kretas[45]. Und jedesmal sang er auch diese Mantinade[15].

«Ich breche Lorbeer und Myrten vom Psiloritis[7],
um die Toten zu bekränzen, die für Kreta starben.
Mein Kreta, du Diamant, Lehrer der Freiheit,
die deine Geschichte jedes Mal mit Kugeln schreibt.»

In seiner Jugend war auch der Lyraspieler ein Vrakaträger gewesen. Aber als er die Dreißig erreichte, änderte er seine Kleidung wie die meisten Gleichaltrigen. Er ließ die Schärpen und die Vraka weg und trug Reithosen und ein schwarzes Hemd. Aber von dem Turban und dem Fransenkopftuch trennte er sich sein ganzes Leben lang nicht.

Wenn er sich zum Spielen hinsetzte, breitete er ein blütenweißes Tuch auf seinem rechten Knie aus, legte ein Bein über das andere, entfernte auch den Basilikumzweig, den er über seinem Ohr trug, und fing immer mit dem Chaniatanz[46] an.

Die Lyrarena[47] hatte er mit seiner Lyra und seiner Leventia verrückt gemacht, seit sie Kinder waren, und sie hatte keinen anderen heiraten wollen. Ihr Vater gehörte zu den Reichsten des Dorfes, und als er merkte, daß seine Tochter den Lyraspieler liebte und heiraten wollte, wurde er vor Wut zum Türken[48]. Aber er konnte seine Tochter nicht unterkriegen. Wer auch immer um sie warb, wie gut und reich er sein mochte, sie wollte ihn auf keinen Fall heiraten. Jedesmal fand sie eine andere Ausflucht und einen anderen Mangel an dem, der um sie warb, daß sie seine Frau würde. Ihr Gebieter, der ihre Ausreden und Rechtfertigungen durchschaute, wurde wild und beschimpfte sie heftig.

«Entscheide dich zu deinem Vorteil. Entscheide dich, denn ich werde dir das nicht durchgehen lassen. In meinem Haus habe ich das Kommando.»

Aber auch das junge Mädchen war eigensinnig.

«Und ich habe das Kommando über mein Herz. Willst du denn, daß ich meine Augen zumache und irgendwen nehme? Weißt du nicht, wie ich ihn liebe und er mich liebt?»

«Schlag dir das ein für alle Mal aus dem Kopf, meine Tochter! Dem Lyraspieler werde ich dich nicht geben, und wenn die Welt unterginge! Wähle also einen von denen, die um dich werben.

Wähle, denn wenn du mich noch mehr aufregst, werde ich dich dem erstbesten geben, den ich finde, und dich nicht nochmal fragen.»

«Ich will keinen. Wenn du mich nicht den Lyraspieler nehmen läßt, werde ich nicht heiraten, und das sollst du wissen. Er ist es, und kein anderer. Und wenn du mich ihn nicht nehmen läßt, werde ich mich in einem Kloster einschließen.»

Es hatten aber alle beide halsstarrige Köpfe. Und so war in ihrem Haus immer Aufruhr, und es setzte sich immerzu derselbe Zank fort. Als ihr Vater sah und begriff, daß er mit seiner Wildheit nichts bewirkte, nahm er sich vor, es auf andere Weise zu versuchen. Er beschloß, sie im Guten zu fangen.

«Will ich dir böse, mein Kind? Ich bin dein Vater und will dein Bestes.»

«E, wenn du mein Bestes willst, gib mir deinen Segen und laß mich den Lyraspieler nehmen.»

«Aber mein Kind, er hat weder Weingärten noch Felder. Willst du dich denn selbst zugrunderichten? Er hat überhaupt nichts!»

«Ja, Vater, aber so, wie ich seine Lyra schätze, schätze ich alle Weingärten und Felder unseres Dorfes nicht.»

«Aber er hat auch keine Olivenhaine. Nicht einen einzigen alten Baum hat er!»

«Aber er ist ein Lebenskünstler und Leventis! Ich, Vater, werde Kolombatsis umarmen, und ich werde weder seine Olivenbäume noch seine Johannisbrotbäume umarmen. Es kümmert mich nicht, ob er welche hat oder nicht.»

Was auch immer der Vater sagen mochte, er brachte es nicht fertig, seine Tochter zu überzeugen. Und was auch immer die Tochter sagen mochte, sie brachte es nicht fertig, ihren Gebieter zu überzeugen. So brannte sie eines Nachts mit dem Lyraspieler durch, und seit jenem Abend hörten die Zänkereien und die Ratschläge ihres Vaters auf.

Mit der Beleidigung aber, die sie ihm angetan hatten, wurde er zum wilden Tier. Er strich seine Tochter aus seinem Herzen und wollte nicht mehr, daß in seinem Haus über sie gesprochen wurde. Er wollte nicht einmal mehr ihren Namen hören.

Kolombatsis aber gab überhaupt nichts auf das Verhalten seines

Schwiegervaters. Als ihn einmal einer seiner Freunde neckte, daß ihn sein Schwiegervater nicht gewollt habe, lächelte er und murmelte: 'Das wird vergehen. Er wird seinen Schwiegersohn noch lieben.' Und tatsächlich lag er nicht daneben. Nach einem Jahr, als Lyrarena gebar und den ersten Enkel, den Lyrarogiorgis(49), zur Welt brachte, wurde der Großvater sofort wie Honig und Milch und war nur noch im Haus seines Schwiegersohnes zu finden.

Aber nach einiger Zeit fehlte nicht viel, daß sie sich sehr gezankt hätten. In diesem Sommer des Jahrzehntes um 1910 ergab es sich, daß der König(26) eine Rundfahrt durch Kreta machte. Laut seinem Programm würde er auch in ihrem Ort vorbeikommen, um das reichlich fließende Wasser und die natürlichen Schönheiten ihres Dorfes zu sehen und zu bewundern. Der Schwiegervater des Lyraspielers war der Bürgermeister des Dorfes und hatte die große Pflicht, für den Empfang und die Betreuung zu sorgen. Und aus Ehrgefühl wollte er sein Bestes geben. Unter allem anderen, was er zu tun gedachte, hielt er es für gut, seinem Schwiegersohn zu sagen, er solle mit der Lyra eine Weise spielen, sobald das Essen beendet wäre, das sie dem Besucher anboten. Das alles sagte er also am Vortag zu Kolombatsis. Aber der Lyraspieler machte ein schiefes Gesicht, als er das hörte.

«Ich ehre und achte dich, mein Schwiegervater, aber das, was du von mir verlangst, kann ich nicht machen.»

«Warum nicht?»

«Weißt du nicht, warum?»

«Nein. Wenn ich es gewußt hätte, hätte ich dich dann gefragt?»

«Ich will sein Gesicht nicht sehen! Sein Gesicht will ich nicht sehen, und da werde ich für ihn Lyra spielen!»

Und dann fügte er hinzu:

«Weißt du nicht, daß ich Anhänger des Venizelos(26) bin und Kieselsteine säe? Was also sprichst du über die Lyra und Vergnügen!»

Sein Schwiegervater geduldete sich. Er streichelte seinen Bart, drehte seinen Schnurrbart und sah seinem Schwiegersohn in die Augen.

«Ich glaube nicht, mein Schwiegersohn, daß du besser bist als ich. Wenn du Kieselsteine säst, säe ich Steine. Auch ich bin Anhänger des Venizelos, und einer von den besten. Aber das eine sind die Parteien, und das andere die Ehre und die Gastfreundschaft. Und wenn der Mensch durch unser Dorf kommen wird, müssen wir ihm Gastfreundschaft gewähren, wie wir es nicht besser können, auch wenn wir ihn nicht sehen und hören wollen. Ich sagte dir, das eine ist das eine, und das andere das andere.»

Kolombatsis sah, daß sein Schwiegervater recht hatte, und er tat, was sich gehörte.

Die Tafel für den Gast und seine Begleitung bereiteten sie an der alten Mühle, die der malerischste Platz des Dorfes war. Rund um den Platz war es ganz grün von Pappeln, von allerlei anderen Bäumen und einer baumförmigen Myrte. Eine alte Platane bedeckte mit ihrem Blattwerk den ganzen Platz. Durch das Drehen der Mühle bewegte sich kraftvoll das viele und ganz saubere Wasser, und mit dem Lärm, den es machte, war es, als hielte es Schritt mit der Lyra des Kolombatsis, der nicht lange brauchte, um in Stimmung zu kommen. Und bald war seine warme Stimme zu hören:

«Gergeri, Nivritos, Zaros, Voriza und Kamares(8),
dort, wo die Oza fressen und nicht die Skares(50).»

Einer aus dem Gefolge achtete auf die Wörter der Mantinade, aber er verstand sie nicht und bat den Bürgermeister, sie ihm zu erklären.

Der Bürgermeister lächelte:

«Oza sind die Tiere. Skares die Geier, Vögel, die Aas fressen. Und die Mantinade will sagen, daß hier die Menschen die Tiere essen und sie nicht die Geier fressen lassen. Nämlich, hier wird viel Fleisch gegessen, nur, daß das meiste nicht eingeläutet ist.»

«Eingeläutet? Was heißt das?»

«Das Fleisch, das wir essen, läuten wir nicht ein, wir wiegen es nämlich nicht.»

Und dann nurmelte er, ohne daß er zu hören war:

«Es ist geklaut[38], das bedeutet es, aber wie sollst du das verstehen?»

Als die Festlichkeit zu Ende war, gingen die Fremden, aber die Einheimischen setzten die Geselligkeit und das Fest fort. Der Schwiegervater, dem von dem unwahrscheinlichen Lyraspiel seines Schwiegersohnes seltsam geworden war, hielt es nicht mehr aus und fragte ihn:

«Was war das nur wieder? Jahre höre ich dich spielen, aber die Lyra, die du heute gespielt hast, habe ich noch nie vorher gehört.»

Kolombatsis lächelte und betrachtete seinen Schwiegervater, der über ihm stand.

«Fragst du mich nicht, warum?»

«Warum?»

«Weil, solange ich spielte, sah ich ihn nicht an. Ich sah auf die Mühle und dachte die ganze Zeit an Venizelos! Darum tat ich mein Bestes.»

«Verflucht noch mal! Verflucht, aber ich glaube, du hast es wirklich so gemacht, wie du sagst!»

Kolombatsis, der schon halbbetrunken war, nahm die Lyra in seine Hände und fing mit den Weisen der Messara an. Und kaum hatte er begonnen, sang er lächelnd diese Mantinade:

«Wenn der Bock stark ist,
beengt ihn nicht die Koppel,
der Mann macht den Bart
und nicht der Bart den Mann.»

Die Gesellschaft begeisterte sich. Es verstanden alle den Sinn der Mantinade und für wen er sie sang, und sie fingen einer nach dem anderen an, ihm 'bravo' zuzurufen. Und um sich bei ihnen noch mehr zu bedanken, fing der Lyraspieler dieses Berglied zu singen an:

«Eine Amsel der Ebene
und ein Vogel vom Rouvas[17]
verließen eines Tages

den Gipfel des Psiloritis(7),
aber es umfing sie große Kälte
und wilder starker Nordwind,
und der Vogel aus der Messara,
das Vögelein der Ebene,
fror und erstarrte
und zitterte vor Kälte.
Aber den anderen Vogel,
vom Rouvas das Vögelein,
störte das nicht, es fürchtete sich nicht,
und es sang und sagte:
Die Vögel der Ebene sind das eine,
und die der Berge das andere.»

Die 'Kutsche' des alten Alexandros

ALEXANDROS ALEXAKIS UND Kouroupogiorgis[51] gehörten zu den letzten Vrakaträgern[1] des Dorfes. Und die beiden hatten, seit sie in der Welt erschienen waren und bis sie vom Gesicht der Erde verschwanden, in der Leventia[2] nicht ihresgleichen. Groß, breitschultrig, muskulös, aber mit Wespentaille, einem Körperbau wie eine Zypresse, traten sie den Sand, und es krachte die Erde unter ihren Füßen. Mit einem Wort: Beide waren die Verkörperung der kretischen Leventia.

Tatsächlich trug aber zu der Leventia, die sie hatten, auch etwas ihre Kleidung bei. Die Pumphosen, die Tracht der Vrakaträger, betonte die Leventia des Mannes, der sie trug – natürlich nur, wenn es zutraf, daß er ein Leventis war. Und wenn es nicht zutraf, schade für ihn, wenn er sie nur von der Pumphose erwartete.

Als gute Freunde, die sie waren, trennten sich Alexandros und Kouroupis nie. Sie waren dauernd zusammen. Und wenn es sich zufällig ergab, daß du sie zusammen sahst, wußtest du nicht, wen du zuerst ansehen solltest. Du wurdest aber nicht satt, sie zu betrachten und zu bewundern, wenn sie auf der Straße entlangliefen. Denn ihr Gang war von besonders großem Reiz. Alle drehten sich um und betrachteten sie, sobald sie auf der Straße erschienen, solange, bis sie nur noch von hinten zu sehen waren und verschwanden. Und an den Sonntagen und an jenen Werktagen, an denen sie ihre Sonntagskleider trugen, und wenn sie auf der Vardali, der Hauptstraße des Dorfes, entlanggingen, konnte sich jedes Mal der Kaffeehausbesitzer am Platz dieser Straße nicht zurückhalten, und er murmelte, sobald er sie sah:

«Da gehen wieder die Prachtkerle vorbei
und bewegen auch die Vraka,
und wie das Steinhuhn gehen sie auf der Straße.»

Aber am meisten von allen bewunderten sie natürlich die Frauen. Ihre Leventia magnetisierte sie und zog sie an wie der Honig die Fliegen. Das hatten auch die Beiden im Blut, und so vermißten sie nie etwas. Dauernd fanden sie irgendeine liebesbedürftige Frauenbrust, um ihren Kopf anzulehnen, und irgendeine frische Quelle, um den Durst zu löschen. Und wenn sie erneut dürsteten, eilten sie wieder an dieselbe Wasserstelle oder zu einer anderen.

So kam es irgendwann vor, daß sie beide zur selben Quelle gingen, die sich im Nachbardorf befand, zwei Schritte entfernt von dem ihren.

Aber laßt uns die Geschichte von Anfang an hören und wie sie der alte Alexandros im letzten Jahr seines Lebens erzählte.

An dem Tag, an dem ich in sein Haus ging, um ihn zu sehen, fand ich ihn bettlägerig und in üblem Zustand. Die letzten Jahre seines Lebens hatte er sich dem Raki[(36)] ergeben, und er trank jeden Tag. Er trank ihn aus dem Wasserglas. Das viele Trinken hatte nicht versäumt, ihn zu verstümmeln. Er war von der Taille bis unten steif und konnte nicht mal einen Schritt machen. Aber er hörte mit dem Raki nicht auf.

Kaum sah er mich an jenem Morgen vor sich, leuchtete auf einmal sein Gesicht vor Freude. Aber sofort danach wurde er melancholisch, und er sagte zu mir, während er sich von der Taille bis unten selbst betrachtete:

«So, wie ich heruntergekommen bin, möchte ich nicht, daß mich die Menschen sehen. Ich möchte nicht, daß sie meinen üblen Zustand sehen.»

Als wir aber einige Rakis getrunken hatten, fand er leicht wieder seine gute Laune, und die löste ihm schnell die Zunge.

«Sieh mich jetzt nicht an, Neffe. Irgendwann war auch ich in Form. Irgendwann setzte sich auch auf mein Kreuz keine Fliege. Aber jetzt...»

Wir fingen mit der Unterhaltung an, und schon bald hatte er mir tausenderlei Sachen aus seinem Leben erzählt. Und irgendwann kam er auch zu dem Ereignis mit der Kristallquelle. Zu der Wasserstelle, die ihm und auch Kouroupogiorgis den Durst gelöscht hatte.

Er war aber kaum dazu gekommen, richtig anzufangen, als ich ihn taktlos unterbrach:

«Und wann, Onkel, war das?»

«Verlange keine Flöhe im Stroh. Seit damals sind viele Jahre vergangen, und ich erinnere mich nicht. Ich denke aber, daß es Ostermontag war. Nur daran erinnere ich mich...»

Ich unterbrach ihn wieder:

«Und in welches Dorf seid ihr gegangen?»

Der Alte sah mich an und schnauzte:

«Frag nicht nach Namen und Ort. Es ist nicht nötig, daß du das Dorf weißt, du junger Spund.»

«Warum nicht?»

«Weil die 'Besagte', von der ich dir erzählen werde, noch lebt, und das gehört sich nicht.»

Wir tranken noch einen Raki, und er machte sich bereit fortzufahren, aber ich kam noch rechtzeitig dazu, ihn zu fragen:

«Und wie seid ihr in das Dorf gegangen?»

Alexandros sah mich jetzt böse an und zwirbelte seinen Schnurrbart.

«A, du bist sehr ungeduldig! Wart ein wenig. Verdirb mir nicht meine Unterhaltung! Hör zu und rede nicht. Wie sind wir wohl gegangen, eh? Zu Fuß! Was willst du, wie wir gehen sollten? Damals gab es keine Asphaltstraßen und keine Autos.»

Er seufzte tief und fuhr fort:

«Als erster ging Kouroupis. Ihn hatte aber niemand im Verdacht, weil der Schuft so tat, als mache er eine 'Nachfrage' nach einigen Schafen, die man ihm in diesen Tagen aus seinem Dreckstall geklaut hatte. Und als der Freund seine Arbeit getan hatte, verschwand er. Er kam in unser Dorf zurück, als ob nichts geschehen wäre. Und als er zurückgekommen war, bin ich hingegangen, ohne natürlich zu wissen, daß er sich an derselben Wasserstelle erfrischt hatte wie ich an demselben Abend. Das habe ich danach erfahren. Ich werde dir das später erzählen.»

Wir gossen wieder Raki ein, und während wir den tranken, fuhr er fort:

«Also, kaum war ich in dem Dorf angekommen und hatte mich in das Kaffeehaus gesetzt, erfuhr das die 'Besagte' und kam gelaufen, um mich zu finden. Wir erfanden eine Ausrede, wir sagten nämlich, daß wir ein wenig verwandt seien, und die Ärmste glaubte, daß uns das ihre Dorfbewohner nicht übelnehmen würden. Sie kam also in das Kaffeehaus, holte mich, und wir gingen in ihr Haus, damit sie mich bewirte.»

Ich platzte vor Neugier und konnte mich wieder nicht zurückhalten:

«Und sie bewirtete dich?»

«Ob sie mich bewirtete, fragt er. Und noch mehr!»

«A, so? Und ich glaubte, daß ihr Alten solche Sachen nicht gemacht habt. Aber jetzt sehe ich, daß zu deiner Zeit dasselbe geschah und zum Verwechseln ähnlich.»

Der Alte sah mich ironisch an:

«Dir geht's nicht gut, Schlauberger! Zu allen Zeiten geschah dasselbe. Und wenn du es wissen willst, wir haben es toller als ihr getrieben, nur, daß wir es nur taten und nicht darüber redeten. Wir ließen das Wasser unter dem Stroh durchlaufen.»

«So also?»

«So, natürlich. Was glaubst du denn? Denkst du etwa, daß wir uns an den Schafen vergriffen haben?»

Ich wurde ganz rot vor Scham.

«E, nein, natürlich nicht!»

«Dann höre zu und sprich nicht, wenn's geht. Wo bin ich gewesen? A, ja... Und bald wußte das ganze Dorf, daß ich auf Brautschau war und daß ich nicht zu Hause schlafen würde in dieser Nacht. Und das Dumme war, wenn irgendein Fremder in dieses Dorf als Bräutigam kam, machten sie mit ihm die 'Kutsche'.»

«Was heißt das?»

«Hör doch zu... Es versammelten sich alle Dorfbewohner und wenn sie den, der den Bräutigam machte, gefangen hatten, banden sie ihn an den Füßen mit einem Seil, und danach schleiften sie ihn auf dem Hintern über den Platz und durch die Dorfstraßen, bis sie ihn aus dem Weg geräumt hatten.»

Ich überlegte, daß diese Maßnahme auf alle Fälle hart war, aber einen guten Ausgang genommen haben mußte. Dann sah ich dem alten Alexandros in die Augen und fragte ihn:

«Und haben sie auch mit dir die 'Kutsche' gemacht?»

Der Alte wurde wieder böse.

«Habe ich dir nicht gesagt, Neffe, und zwar gerade, du sollst mir nicht die Unterhaltung verderben! Warte, und du wirst es hören.»

Er trank noch einen Raki und fuhr fort:

«Sie wollten das mit mir machen, aber sie schafften es nicht. Kaum hatte die Mutter meiner Freundin gehört, daß mit mir ihre Dorfbewohner die 'Kutsche' machen würden, kam sie angerannt und benachrichtigte mich atemlos. Ich sagte ihr, sie solle sich nicht fürchten und loslaufen und mir sofort den Dorfausrufer bringen. Die Alte nahm ihre Füße auf die Schultern, und schon bald kam sie mit dem Ausrufer zurück. Anfangs betrachtete mich der Ausrufer feindlich, aber nachdem ich ihm eine stattliche Summe Geld in die Hand gedrückt hatte, änderte er sofort Ton und Sinn. Als er das Geld genommen hatte, das ich ihm gegeben hatte, sagte ich ihm, er solle im Dorf ausrufen, daß in das Haus ihrer Dorfbewohnerin der Sowieso gekommen sei und die alten Ölrückstände kaufe, nämlich die Ölreste, aus denen man Seife macht, zu zehn Franken(52) die Oka(13). Ach ja, ich vergaß dir zu sagen, daß die Ölreste damals kaum fünf Franken die Oka brachten und nur, wenn sie gut waren. Als nun diejenigen, die mit mir die 'Kutsche' machen wollten, hörten, daß ich zehn Franken für die Oka zahlen würde, dachten sie nicht mehr an die 'Kutsche' und rannten in ihre Häuser und an ihre Vorratskrüge, um soviel Ölreste zusammenzusuchen, wie sie hatten, und sie mir zu bringen, damit ich sie kaufe. Und das war es. Mit diesem Trick geschah mir nicht das Mindeste. Am anderen Morgen ging ich in mein Dorf zurück, ohne natürlich die Ölreste, die ich gekauft hatte, mitzunehmen.»

Ich lächelte:

«Ich habe verstanden, Onkel. Die hast du als Bezahlung dortgelassen.»

«Nimm es, wie du willst. Danach erfuhren ihre Dorfbewohner natürlich die Wahrheit, aber es nützte nichts. Auch ich erfuhr, daß an demselben Tag auch Kouroupis hingegangen war, und ich setzte meinen Fuß nicht wieder dorthin. Wir waren Freunde, und als sie ihm gesagt hatten, daß sie daran gedacht hatten, mit mir die

‘Kutsche’ zu machen, vertraute auch er mir sein Geheimnis an. Seit damals wollten wir beide nichts mehr mit ihr zu tun haben und sahen sie nicht wieder. Aber jetzt, wenn meine Beine mir helfen würden, in ihr Dorf zu gehen, gäbe es keine Gefahr. Für mich, Neffe, ist das Meer erschöpft, wie man sagt.»

Ich wollte ihn trösten und ihm Mut machen.

«E, nicht doch. Dir geht es gut. Das geht vorbei.»

Er sah mich schief an:

«Trost dem Kranken, bis seine Seele entweicht...»

«Ich gebe dir keinen Trost. Ich sehe, es geht dir gut. Schließlich macht es doch nichts, Onkel. Jetzt hast du auch in deinem Kopf Ruhe.»

«Besser wäre es, wenn ich die nicht hätte, aber laß nur.»

Um diesem Thema zu entkommen, kam ich wieder auf das erste Thema zurück und fragte ihn:

«Und hier in unserem Dorf haben wir nicht irgendeinen solchen schönen Brauch?»

Er lachte herzlich, bevor er antwortete:

«Den haben wir, wie denn nicht? Oder besser gesagt, den hatten wir. Hier fingen wir die Fremden, die in unser Dorf auf Brautschau kamen und gingen sie im Amati ertränken. Wer hier auch immer den Bräutigam machte, den warfen wir in die Mitte des Amati und ertränkten ihn. Du weißt sicher, was ich dir sage?»

«E, wie sollte ich nicht? Im Amati, dem größten Gewässer des Dorfes, machtet ihr ihn fertig. Aber ertränktet ihr wirklich den Menschen? Seid ihr soweit gegangen?»

«So weit sind wir gegangen.»

«Und wenn der Bräutigam aus unserem Dorf war?»

«Wenn er aus unserem Dorf war, taten wir ihm nichts. Nämlich gar nichts geschah ihm. Und falls ihm was geschah, sollten mich selbst unsere Dorfbewohner tausendmal ertränken!!»

Ich sagte nichts. Er goß Raki nach. Aber mir war schon schwindlig geworden, soviel, wie wir getrunken hatten. Ich dachte, falls ich noch etwas sitzenbleiben und noch einen trinken würde, würde ich nachher nicht mehr von meinem Stuhl hochkommen. Ich würde die Haustür nicht finden, um herauszukommen. Ich gab also vor, Arbeit zu haben und erhob mich. Ich küßte seine Hand voller

Ehrfurcht, verabschiedete mich und stapfte so schnell ich konnte hinaus, um nicht in Tränen auszubrechen.

Seit damals habe ich ihn nicht mehr wiedergesehen. Nach einem Jahr gingen er und seine Leventia verloren.

Aber auch Kouroupogiorgis blieb nicht lange getrennt von seinem guten Freund. Nach zwei Jahren erfuhr ich, daß auch er gestorben war.

Die Rasur des Kapitän Prassas

Zu Füssen von Vrondissi, des tausendjährigen und tausendfach besungenen Klosters des Psiloritis(7), des geliebten Klosters der Mutter Gottes und des Dichters Kazantzakis(53), sind seit dem Anfang der Welt drei gewaltige Felsen verwurzelt. Jeder hat einen gesonderten Namen, und es ist der eine vom anderen nicht einmal zwei Schritte weit entfernt. An derselben Stelle gibt es noch zwei, drei andere, aber die sind klein und unbedeutend, und daher beachtet sie niemand.

Der erste Felsen hört auf den Namen 'Große Höhle' nach der Höhle, die er in seinen Eingeweiden hat. Auf 'Mönch' der zweite nach seiner Gestalt, die einem Mönch im Priestergewand ähnelt. Und der dritte und größte wird 'Charakas' genannt.

Hier, zu Füßen des 'Charakas', hatte Kapitän Prassas, der größte Schäfer der Bergdörfer, seine Schafskoppel. In seinem Schatten ruhte er im Sommer mittags aus, und im Winter, zu den Zeiten des Regens und des heftigen Nordwindes, verkroch er sich in dessen kleiner Höhle. Hier hatte er seinen Schlupfwinkel werktags und festtags, im Winter und im Sommer.

Ein Bergbewohner mit großem schwarzem Bart und wilden Augen und wildem Aussehen, fürchtetest du ihn, sobald du ihn erblicktest. Er war auch genau, wie er aussah, und so zitterten vor ihm alle Türken der Besatzungszeit(45).

In sein Dorf, obwohl es sehr nahgelegen war, stieg er ab und zu an Festtagen hinab. Wenige Male, an den Osterfesttagen, zu Weihnachten und zu Neujahr, und an manchem Sonntag, wenn er Lust hatte. Nur, daß ihn diese Lust nicht oft überkam, weil er die Türken nicht sehen wollte. Er hatte auch einen Eid abgelegt, sich nicht rasieren zu lassen und nicht in die Hauptstadt zu gehen, solange die Türken Kreta nicht verließen.

In seinem Dorf, aber auch in der gesamten Umgebung,

schätzte man ihn hoch und hörte auf ihn ganz besonders. Man rief ihn Kapitän, und es ist eine Tatsache, daß es ihm gefiel, daß man ihn so nannte.

Als sich eines Tages die Türken von Kreta wegscherten, beschloß er endlich, das erste Mal in seinem Leben nach Iraklion(16) zu gehen, um die große Stadt kennenzulernen. Er lud also einige kleine Gepäckstücke auf seinen Muli, bestieg ihn, und dann, eins, zwei, drei, ging es zu dem Kastell.

Als er ankam, band er seinen Muli außerhalb der Stadt am Chaniator(54) an und machte sich auf, zu Fuß das große Dorf kennenzulernen. Worauf aber sollte er zuerst achten und was zuerst ansehen! Alles sah er zum ersten Mal, und alles kam ihm seltsam vor.

Diese Menschenflut! Dieser menschliche Bienenschwarm! Wo befanden sich, mein Gott, so viele Menschen, überlegte dauernd der Kapitän, als er auf der Hauptstraße marschierte. Und wem sollte er einen guten Tag wünschen und wen zuerst grüßen? Nämlich das hatte er anfangs getan. Er grüßte alle und wünschte allen einen guten Tag, die er schubste, um vorbeizukommen.

«Seid gegrüßt!... Seid gegrüßt!.. Seid gegrüßt!...»

Als er aber sah, daß sie ihm nicht antworteten und ihn befremdet anschauten, schickte er sie zum Teufel, und dann gab er keinen Mucks mehr von sich.

So durchstreifte er die ganze Stadt und ließ kein Schaufenster aus und kein Ding, ohne es zu mustern, und keine Eßwaren, ohne sie zu probieren. Geld, dem lieben Gott sei Dank, hatte er genug bei sich. Das schwarze Säckchen, das an einem schwarzen Faden von seinem Hals herabhing, und das sich mitten unter seinem Unterhemd und dem schwarzen bestickten Oberhemd befand, war voll mit Goldmünzen.

Als er um die Mittagszeit müde geworden war von seinem Fußmarsch, ging er endlich in einen Friseursalon, um sich rasieren zu lassen und so sein zweites Versprechen einzulösen.

Kaum hatte der Friseur ihn gesehen, musterte er ihn von Kopf bis Fuß, lächelte ihm geschäftstüchtig zu, und dann empfing er ihn;

«Gegrüßt sei der Kapitän!»

Prassas kratzte seltsam berührt und nachdenklich seinen Bart. Er wunderte sich, daß der Barbier ihn kannte. Er sah weg, und sich nicht beherrschen könnend, murmelte er:

«Es scheint, daß mich auch in der Hauptstadt die meisten kennen! E, sicherlich, was für ein Kapitän wäre ich, wenn sie mich nicht kennen würden!»

Der Fuchs aber, der das Ohr aufgestellt hatte, hörte genau, was der Kapitän sagte und lächelte ironisch:

«Und wie geht es so im Dorf?»

Der arme Prassas, der jetzt keinen Zweifel hatte, daß ihn der Barbier kannte, fragte ihn:

«In Zaros[(8)], in meinem Dorf?»

«E, ja...»

«Gut geht es allen, und sie grüßen dich. Aber du, der du mich fragst, wer bist du? Woher bist du?»

«Von da in der Nähe bin ich auch, Kapitän.»

Und dann murmelte er, ohne daß Prassas ihn hörte:

«Ganz schön, mein Lieber! Beides habe ich heraus. Sowohl sein Dorf als auch, daß er Kapitän ist. Nur seinen Namen habe ich noch nicht heraus, aber den werde ich rauskriegen.»

Der Friseur entstaubte dann den Stuhl im Friseursalon, und während sich der Kapitän setzte, begann er, seine Scheren vorzubereiten.

«Also, Kapitän, etwas Haareschneiden?»

«Nein, mein Freund. Ich will nicht, daß du mir die Haare schneidest. Ich will, daß du mich rasierst, und zwar gut. Daß du mir nicht ein einziges Haar übrigläßt.»

Das wurmte den Friseur. Bei so einem Bart wußte er nicht, wo er beginnen sollte. Er kratzte sich also seinen Kopf, und dann versuchte er, seinen Kunden umzustimmen.

«Aber so einen schönen Bart willst du abschneiden, Kapitän? D e n willst du abschneiden?»

«D e n.»

«Warum?»

Prassas überlegte zuerst, ob er ihm den Grund sagen sollte, weshalb er beschlossen hatte, seinen Bart abzuschneiden, ihm von seinem Versprechen zu erzählen, aber dann besann er sich. Er änderte seine Meinung und zog es vor, ihm keine Rechenschaft abzulegen.

«Weil ich es will. Werde ich etwa Rechenschaft geben? Also, fang an, mich ordentlich zu rasieren.»

Der Fuchs fürchtete sich und drehte alles ins Spaßige:

«Gut, gut, Kapitän, sei nicht böse. Wo fange ich nur zuerst an? O weh! Wo soll ich nur anfangen? Und ich Ärmster glaubte, du wolltest Haareschneiden. Also werde ich dich rasieren. Ich möchte nur, daß du weißt, weil du dich viele Jahre nicht rasiert hast, daß es etwas wehtun wird. Ich sage dir das, damit du mir nachher nicht sagst, daß ich es dir nicht gesagt habe.»

Aber Prassas war nahe daran, sich von seinem Stuhl zu erheben. Er schnappte ein und schrie den Friseur an:

«E, nicht doch, mein Freund, wie soll mir eine Rasur wehtun! Und du sagst mir, du weißt, daß ich der Kapitän Prassas bin! Das sag mal den Kindern. Hör mal, m i r soll das wehtun...»

Der Friseur nahm sich zusammen.

«Entschuldigung, Kapitän. Ich hielt es für gut, dir das zu sagen, aber weil du dich ärgerst, nehme ich mein Wort zurück.»

Und dann flüsterte er:

«Und so haben wir auch seinen Namen erfahren. Prassas heißt er.»

Aber schon nach kurzer Zeit fuhr der Barbier im selben Ton fort.

«Jedenfalls werde ich mit der Seife aufpassen; die werde ich sorgfältig schlagen und dir den Bart gut einweichen, und so glaube ich, daß es dir überhaupt nicht wehtun wird.»

Prassas hatte seit damals, als er Kind war, öfter gehört, daß die richtigen Männer keine Milchsuppe essen und daß sie, wenn sie sich rasieren, auf ihren Bart keine Seife auftragen, und das hatte er nicht vergessen! Jetzt also, als er hörte, wie der Barbier über Seife spricht und darüber weiterredet, daß es nicht wehtun würde, wurde er noch wilder:

«Mir scheint, daß du steif und fest darangehst, mich tausendmal zu verteufeln. Über welche Seife und Blödheiten redest du mit mir! Ich will keine Seife. Nur mit deinem Rasiermesser sollst

du mich rasieren.»

Der Friseur konnte sich nicht beherrschen:

«Aber was sagst du da, Kapitän! Sprichst du im Ernst? Wenn ich dir keine Seife auftrage, wirst du vor Schmerz aufspringen.»

Aber wie sollte Prassas auf Worte hören. Er wollte das tun, was er über die richtigen Männer gehört hatte.

«Hast du gehört, was ich dir gesagt habe! Und mach schnell, weil ich es eilig habe.»

Der Barbier, der sah, daß er einen halsstarrigen Kopf bekommen hatte, beharrte auf nichts mehr und sprach zu ihm auch kein weiteres Wort. Er griff seine Maschine und schnitt ihm zuerst die dichtesten Barthaare, und dann ergriff er das Rasiermesser und machte seine Arbeit, ohne zu reden.

Aber schon nach den ersten Rasierschnitten quälte sich der Kapitän scheußlich. Seine Augen liefen wie eine Quelle vor Schmerz über. Und er preßte seine Zähne fest aufeinander und biß sich auf die Lippen, um nicht vor Schmerzen zu jammern. Wie sehr es ihm aber auch wehtat, er ließ sich nicht unterkriegen. Er hielt es bis zum Schluß aus. Und der Friseur sprach ihn weder nochmal an, noch kümmerte es ihn, wie er litt.

Nur als er geendet und ihm heimgezahlt hatte, was er verdient hatte, tat er schnell so, als bemerke er erst jetzt seine Tränen und fragte ihn:

«Aber warum laufen dir Tränen aus den Augen, Kapitän Prassas, was hast du?»

«Blödsinn! Was möchtest du, das ich haben soll?»

Und dann setzte er gleich als Ausrede hinzu:

«Mir scheint, mein Freund, daß ich alt geworden bin. Und hier, wo du mich hingesetzt hast und ich soviel Zeit in den Spiegel deines Friseursalons sehe, sollte ich nicht zerfließen?»

«Was heißt das?»

«Ich will es dir sagen, Wenn ich in den Spiegel sehe, weiß ich nicht, was meine Augen haben, daß sie wie die Quelle laufen. Ich muß irgendwas haben, aber ich weiß nicht, was.»

Und der Friseur, der es wußte, hätte sich halbtotgelacht, wenn er sich nicht gefürchtet hätte. Im Innern aber amüsierte er sich köstlich.

Aber durch das Weglassen der Seife beim Rasieren hatte er dem Kapitän Prassas, obwohl er sich vorgesehen hatte, fast das ganze Gesicht zerschnitten. Und daher begann er, kaum war er fertig, ihn mit Alkohol einzureiben und ihm Heftpflaster aufzukleben, damit es zu bluten aufhöre.

Den Kapitän kümmerte des anfangs nicht, und er sprach auch nicht ernstlich darüber. Als er aber bezahlt hatte und auf die Straße hinausgegangen war, schien es, als ob er scharf nachdachte und sich allmählich äußerst unwohl fühlte. Er überlegte, wie sie ihn in seinem Dorf auslachen würden, sobald sie ihn sähen, und so ging er in wilder Stimmung in den Friseursalon zurück. Als er aber dort ankam, ging er nicht in den Salon hinein, sondern umfing mit seinen Händen die Türflügel, steckte sein Haupt hinein und schrie den Friseur an:

«Was sind das, mein Lieber, für Schäden, die du mir zugefügt hast. Du hast mir das ganze Gesicht zerschnitten! Wie, mein Lieber, soll ich mich in meinem Dorf zeigen, so, wie du mich zugerichtet hast!»

Der Friseur bekam Angst. Im Friseursalon war jetzt aber ein anderer Kunde, und daher hatte er Mut. Und so dauerte es nicht lange, und er fand seine Stimme wieder und antwortete:

«E, habe ich es dir nicht gesagt, Kapitän? Ich sagte dir, daß ich dich einseifen wollte, und du beharrtest darauf und ließest mich nicht. Was soll ich nun für dich tun?»

«Ja, die Seife! Darauf schiebst du es jetzt!»

Dann aber, als er gut nachgedacht hatte, begriff er, daß der Friseur nicht unrecht hatte und änderte den Ton. Er machte seine Stimme weich und scherzte am Ende sogar.

«Sieh nur, was ich für ein Herr bin!! Und sag mir mal, Herr Barbier, kann ich braun Gebratenes essen, so wie du mich zugerichtet hast? Du wirst es wissen, denn ich werde nicht dein erster sein. Sag es mir, kann ich?»

Der Friseur, der jetzt neuen Mut bekommen hatte, ließ ihn nicht ohne Antwort.

«Das geht nicht. Das heißt, es geht zwar nicht bei den anderen. Aber bei dir, der du Kapitän bist, wird es natürlich gehen!»

Prassas verstand den Scherz, aber er verübelte es nicht. Er

grüßte ihn, und dann wandte er seinen Bug in Richtung seines Dorfes. Und von dem Tag an ließ er kein Rasiermesser mehr an sein Gesicht und wurde wieder wie früher. Und er ging auch nicht mehr in die Hauptstadt.

Von seiner Rasur erfuhr man aber natürlich mit der Zeit in seinem Dorf, und es lachte sogar die buntgescheckte Ziege, wie man so sagt. Später zirkulierte die Geschichte auch in anderen Dörfern und nach und nach auf ganz Kreta. Sie erzählte der eine, sie erzählte der andere, und wie die Jahre vergingen, erzählte jeder, was er wollte. Und daher kannst du sie heute in jedem Dorf hören und immer anders.

Es war Kapitän Prassas bestimmt, seinen letzten Atemzug in seinem Schlupfwinkel zu tun. Eines Tages, wie er dort auf dem 'Charakas' stand und seine Schafe und seine Ziegenherde bewachte, die auf dem gegenüberliegenden Hang grasten, rutschte er aus und fiel herunter und starb.

Und seit damals bekam der Felsen seinen Namen und heißt heute noch 'Prasso-Charakas'.

Zwei fromme Viehdiebe

Der Rouvas[18] ist eine große und ganz grüne Ebene, zu der du klettern und mehrere Bergspitzen des alten Psiloritis[7], des größten Berges auf Kreta, passieren mußt, wenn du ihren Boden betreten willst.

Um bis dahin zu kommen, brauchst du starke Knochen, denn es gibt keinen Weg, nicht mal für Tiere. Du kannst nur mit den Beinen klettern.

Der kürzeste Weg ist vom Süden her. Er ist aber ansteigend, unwegsam und an vielen Stellen auch gefährlich. An einer Stelle des Pfades, und um einen Pfad handelt es sich, an der Kakia Skala[55], ist es sogar so schwer, ihn zu passieren, daß viele bis dahin gekommen sind und dann umkehrten, weil sie ihn nicht passieren konnten.

Fast auf dem ganzen Weg läufst du auf dem steilen Hang einer großen und wilden Schlucht, deren nackte und ganz rote Felsen dir eine bange Ahnung und Schrecken bereiten. Gleichzeitig aber genießt du auch ihre wilde Schönheit, die nicht zurückstehen muß hinter der Schönheit der Samariaschlucht[56] in den Weißen Bergen.

Dort, wo du am Ende der Schlucht heraufkommst, fängt die wunderschöne Ebene sich zu zeigen an. Wenn du an dieser Stelle ankommst, wieviel Mühe du dir auch gemacht hast, um den ansteigenden und unwegsamen Pfad heraufzusteigen, und wieviele Schrecken du auch gefühlt hast seit der wilden Öffnung der Schlucht, wirst du großzügig entschädigt werden von dem, was du sehen wirst. Du wirst sofort die Mühe, die du hattest, und die Angst, die du gefühlt hast, vergessen. Denn tatsächlich ist der Rouvas wunderschön. Er ist ein kleines irdisches Paradies, voller sehr hoher wilder Bäume und allerlei Wacholdersträuchern.

Auf der Ebene und den umliegenden Bergspitzen grasten das große und das kleine Wild zusammen mit den anderen Tieren des Berges und des Gehölzes. Hier, an diesem ganz grünen Ort, hatten auch Kaparos und sein Schäfer Manoussos ihren Schlupfwinkel, und ihre einzige Gesellschaft waren Kermeseichen, wilde Birnbäume und ihre Ziegen und Schafe.

Kaparos war einer der größten Bauern seines Dorfes, aber als die Deutschen Kreta betraten(57), konnte er die Sklaverei nicht einen Tag ertragen. Er verließ die Ochsen und die Felder und wurde Schäfer im Rouvas. In der Schlacht von Kreta(58) tat auch er seine Pflicht und machte mehrere Deutsche nieder, bevor sie sich richtig aus ihren Fallschirmen herausgewickelt hatten, mit denen sie vom Himmel gefallen waren. Danach aber konnte er sie nicht täglich vor seinen Füßen sehen, und er entschied sich für die Berge und die Schluchten, gemeinsam mit Manoussos.

Im Rouvas war er ein freier Vogel, und er gewöhnte sich so sehr an das Leben in den Bergen, daß er, als die Deutschen von Kreta vertrieben waren, die Ebene nicht mehr aufgab. Er blieb weiter dort und vergrößerte mit jedem Jahr seine Herde. Es machte ihm keinen Spaß, in sein Dorf hinunterzugehen. Er stieg außer wenige Male nicht hinab und nur, wenn er eine notwendige Arbeit hatte. So sah er nur zwei-, dreimal im Jahr Menschen: so viele Male, wie er in sein Dorf hinunterging, und am Tag des Heiligen Jiannis. Im Rouvas war eine Kapelle des Heiligen Jiannis, und jedes Jahr an dessen Feiertag kamen Leute heraufgestiegen, um in die Kirche zu gehen und die Kirchweih zu feiern.

Am Tag der Kirchweih stürzte sich Kaparos in Ausgaben. Er schlachtete mehrere Tiere und lud alle Kirchweihteilnehmer, die nicht wenige waren, ein und bewirtete sie.

Mit den Jahren wurde er der größte Viehhalter der Berge, aber leider entwickelte er sich und wurde auch der größte Viehdieb(38). Als er diese Kunst erlernt hatte, verlernte er sie nicht mehr, bis er seine Füße hinter sich herschleppen mußte. Er lehrte sie natürlich auch seinen Schäfer Manoussos gut und machte ihn zu einem Fachmann im Diebstahl.

Eines Abends, als sie wieder nachts unterwegs waren, stahlen sie ein Schaf aus einer Koppel, die zufällig an ihrem Weg lag. Manoussos aber begnügte sich nicht nur mit dem Schaf. Er nahm auch ein Bündel dicker Hölzer, die er neben dem Mitato(59) fand, als ob die Berge nicht voll von Holz gewesen wären.

Als sie fertig waren, kehrten sie zu ihrem Mitato zurück, und dort schlachtete Manoussos das Schaf und machte es fertig.

Als er es abgehäutet hatte, begann er es zu rösten. Aber der ärmste Kaparos, der keine Geduld hatte, drängte ihn dauernd, daß er schnell machen solle.

«Los, nimm deine Hände. Mach schnell. Werd' einmal fertig, weil ich Hunger habe und dich vor Hunger nicht mehr sehe.»

«E, was willst du, Chef? Ich bin doch kein Blitz. Ich hab's geschlachtet, ich hab's enthäutet und es schon fertiggemacht, siehst du nicht, es ist fertig...»

«Gut, gut. Dann laß mich mal einige Hölzer zusammensuchen, damit wir Feuer machen.»

Manoussos kratzte seinen schmutzigen und ungekämmten Kopf, und es fehlte nicht viel, daß er in Lachen ausgebrochen wäre.

«Es ist nicht nötig, Chef, daß du das tust. Auch dafür habe ich gesorgt. Die Hölzer habe ich beisammen. Von da, wo wir das Schaf herhaben, habe ich sie auch her. In dem Augenblick, als du es gefangen hast, fand auch ich die Gelegenheit und schleppte ein Bündel Hölzer mit. Und sie sind von bester Qualität! Eichenholz!»

Kaparos lachte sich halbtot.

«Du verdammter Verrückter! Du hast nicht deinesgleichen. Du hast sogar mich überholt, der ich dein Lehrer bin.»

«E, du weißt wohl nicht, daß viele Male die Schüler ihre Lehrer überholen.»

«E, sicher. Gut sagst du das. Bravo! Und wann hast du sie genommen? Weil, unter uns, ich hab' dich nicht mal gesehen.»

«E, es war Nacht. Stockfinstere Nacht, und da wolltest du mich sehen? Ich hab' dir nichts gesagt, darum hast du nichts gemerkt... Und als wir herkamen, hab' ich sie an den Rand geworfen, und du hast wieder nichts gemerkt...»

Dann machte er Feuer und aus dem Eichenholz soviel Kohle, daß du einen Ochsen hättest rösten können. Mit diesem Feuer brauchte das Schaf gar nicht lange zu rösten und erlöste ihn von der Meckerei seines Chefs.

Als es gut durchgeröstet war, nahm er das Schaf vom Feuer

und fing an, es in große Stücke zu schneiden. Und danach in kleinere. Kaparos, der ihm zusah, verlor aber die Geduld, weil Manoussos das Fleisch ganz klein schnitt, und er schrie ihn an:

«Warum, mein kleiner Verrückter, schneidest du das Fleisch in kleine Stückchen und verdirbst es... Laß das, damit wir es wie Menschen essen! Du hast wohl noch nie Fleisch in den Bergen gegessen!»

«Hab' ich wohl, mein Gott, ich mache ja nichts anderes!»

«E, und warum lernst du es dann nicht?»

Dann ergriff er, ohne auf Antwort zu warten, das eine Schulterstück des Tieres und begann, es wie ein Geier zu fressen.

Manoussos begnügte sich damit, sich zu räuspern, ohne den Worten seines Chefs etwas hinzuzufügen. Auch er nahm ein großes Stück Fleisch in seine Hände und machte sich bereit, es zu verschlingen. Aber im letzten Augenblick, und bevor er es in seinen Mund geschoben hatte, erblaßte er plötzlich. Seine Hand, die das Fleich hielt, blieb unbeweglich, als ob der Blitz in sie eingeschlagen wäre. Als er endlich zu sich kam und seine Stimme wiederfand, sah er Kaparos in die Augen und begann ihn anzuschreien:

«Chef! Chef!»

«Was ist, mein kleiner Verrückter? Warum schreist du so?»

«Hör auf! Iß kein Fleisch mehr!»

«Bist du verrückt geworden? Laß mich in Ruhe!»

«Tu, was ich dir sage! Wir haben vergessen, daß heute Freitag ist und die erste Fastenwoche! Gott wird uns verbrennen, wenn wir an so einem Tag Fleisch essen. Es ist eine große Sünde. Ich ess' keinen Bissen mehr. Glücklicherweise habe ich mich erinnert, sonst hätte auch ich gesündigt. Aber es scheint, Gott hatte Mitleid und erleuchtete mich im letzten Augenblick.»

Kaparos zwirbelte seinen bereits öligen Schnurrbart und sah seinem Schäfer in die Augen.

«Das kann auch der Teufel sein! Es kann dich auch der Teufel erleuchtet haben, um mich zu ärgern. Gib diese Märchen auf, sage ich. Setz dich und iß, sei so gut. Iß, ich will dein Bestes, denn bald wirst du keinen Bissen mehr finden, und ich will nicht, daß du mich verfluchst.»

Aber Manoussos blieb weiter beharrlich, auch wenn ihm der Speichel herablief, als er das gutgeröstete Schaf sah.

«Nein, Chef. Ich esse nicht! Iß du es. Möge es dir bekommen, das Schaf.»

«Nun sag doch mal, geht es dir gut, oder soll ich schimpfen?»

Und dann fügte er hinzu:

«Aber auch wenn ich schimpfte, wer würde mich in dieser Einöde hören? Sag mir aber, bist du verrückt geworden?»

«Mir fehlt nichts. Mir geht es gut. Aber es ist Freitag und die erste Fastenwoche, und ich kann nicht essen. Es ist eine große Sünde, und das weißt du selbst. Ich habe noch nie das Fasten gebrochen, und jetzt werde ich an so einem Tag essen?»

«E, du schwarzer Ärmster! Und ich habe dich für schlau gehalten...»

«Was du mir auch sagen magst, es kann nicht sein, daß du mich dazu bringst, an dem Tag, den wir haben, zu sündigen. Es tut mir leid, aber...»

«Und du tust mir leid, du vollkommen Verdrehter!»

Aber dann änderte er plötzlich den Ton.

«Also, unter uns, du hast ja nicht ganz unrecht. Als ich in deinem Alter war, habe ich dasselbe geglaubt. Aber glücklicherweise habe ich das alles sehr schnell hinter mir gelassen. Und so habe ich jetzt kein Problem mehr. Daher sage ich dir, hör auf und setz dich und iß.»

Aber Manoussos aß nicht. Er setzte seinen Gesang fort. Er kostete nicht einen Bissen von dem Lamm. Er aß nicht, was auch immer sein Chef ihm sagte. Kaparos schimpfte natürlich nicht mehr mit ihm. Er setzte seine Fresserei fort, bis er fast platzte und nichts mehr essen konnte. Erst dann hörte er auf. Erst als er aufgehört hatte, erinnerte er sich wieder seines Schäfers und schubste ihn an.

«E, Ärmster, wie hast du es nur so lange ausgehalten, mich essen zu sehen! Du tust mir aufrichtig leid, aber ich bewundere dich auch wegen deiner Beständigkeit.»

Der arme Manoussos lächelte lustlos.

«Darf ich dir was sagen, Chef? Darf ich dir etwas sagen, was ich gehört habe und was mein seliger Vater gesagt hat?»

«Sprich.»

«Wehe, sagte er, dem Menschen, der nicht sein Maul und seinen Hintern unter Kontrolle hat!»

«Es mag so sein, wie du sagst. Aber es gibt noch das andere.»

«Was?»

«Sag mir mal, das Schaf haben wir doch gemeinsam von der fremden Koppel gestohlen?»

«Gemeinsam.»

«E, dann, du Ärmster, begingen wir einen Diebstahl, nämlich die große Sünde, und du fürchtest die kleine? Der Diebstahl ist die Sünde – wenn es eine ist. Und es ist keine, wenn du ißt, wie du sagst. Gott wird dich nicht fragen, wenn die Stunde kommt, was du gegessen hast, sondern, was du gemacht hast. Hast du verstanden? Aber wie sollst du das verstehen. Fromm war auch ich, und ich bin es immer noch ein wenig, aber du übertreibst.»

Manoussos lächelte.

«Dann sind wir also zwei fromme Viehdiebe?»

«Mir scheint, du fängst an zu begreifen. Darum sag' ich dir, daß du essen sollst. Los, setz dich und iß.»

Aber Manoussos aß auch jetzt nicht. Er war immer noch nicht überzeugt. Und Kaparos hatte natürlich keine Lust, sich weiter mit seinem Schäfer zu beschäftigen. Er überließ ihn seiner Verzeiflung. Und um das Fleisch, das er gegessen hatte, und den Wein, den er getrunken hatte, zu verdauen, begann er leise, dieses Berglied zu singen:

«Ich verlasse Koppeln und Berge,
Rouvas und Psiloritis,
ich verlasse auch die Schafe,
die Ziegen und die Böcke,
um herunterzugehen in die Ebene,
um in die Hauptstadt(16) zu fliegen,
um durch das Chaniator(54) hereinzugehen
mit den gegürteten Waffen.
Gegürtet mit den Waffen,
gehe ich in der Hauptstadt umher,
um ein wenig spazierenzugehen,
um zu sehen, wie die Leute leben...

Von der Hauptstraße bis zum Chaniator,
um wieder in die Luft zu schießen,
wie ich es früher getan.
Um vom Chaniator nach Tris Kamares(60) zu gehen,
um mich an die Besatzung
und an die Deutschen zu erinnern.»

Manidantonena

MANIDANTONENA WAR KEINE gewöhnliche Frau. Mit bestem prallem Körper, ein Mannweib ganz und gar, und mit einem Schnurrbart, den man von weitem sehen konnte, blieb sie in nichts hinter einem Mann zurück. Nichts kriegte sie jemals unter, sie fürchtete niemanden und erledigte alle Männerarbeiten, außer der einen natürlich. Der, die Frauen nicht tun können.

Es ist aber so, daß ihr eigenes Leben sie dazu gezwungen hatte. Sie verwitwete ganz jung mit einem Haufen minderjähriger Kinder. Und um sie großzuziehen, mußte sie alle Arbeiten erledigen, im Haus und in der Landwirtschaft, die Männer- und die Frauenarbeiten.

Sie war energisch und so tüchtig, daß sie, so wurde gesagt, jeder Arbeit gewachsen war. Und so fürchteten sie Alt und Jung, Männer und Frauen. Sie war die Furcht und der Schrecken des ganzen Dorfes. Es fürchteten sie auch die Kinder, die sie für den 'schwarzen Mann' hielten, wegen der Dinge, die ihnen ihre Mütter über sie gesagt hatten:

«Weine nicht, weil ich Manidantonena rufen werde. Schlaf, weil... Tu dies oder das. Iß dein Essen, damit ich nicht die rufe, die du kennst...»

Und das arme Kind gehorchte allen Eigenarten und nervösen Launen seiner Mutter, sobald es den Namen Manidantonena hörte.

Manidantonena wich aber auch in nichts zurück und handelte immer nach ihrem Kopf. Nur, wenn du es im Guten versuchtest und sie beim Ehrgefühl packtest, konntest du etwas erreichen. In einem Fall aber wich sie auf gar keinen Fall zurück, nämlich dann, wenn sie ihren Garten bewässern wollte. Wenn sie beschloß zu gießen, achtete sie nicht einmal Christus, noch zählte für sie jemand anders. Selbst wenn es hundert wären, die gießen wollten, das Wasser würde sie nehmen, und wenn die Welt unterginge. Und wehe demjenigen, der den Mut hatte, ihr zu widerstehen. Sie war imstande, ihn in das Wehr(61) zu werfen und zwischen die Erdmassen und Steine zu rammen. Wenn man sie also sah, wie sie ihren Garten bewässerte, näherten sich ihr weder Männer noch Frauen. Es verschwanden Alt und Jung, und niemand hatte den Mut, ihr das Wasser abzuleiten.

Im Sommer, als ich ein Kind war, bewässerte auch ich manchmal unseren Garten, der sich neben ihrem befand. Und jedesmal gab es einen richtigen Krieg mit meiner Mutter, weil ich nicht gießen gehen wollte. Ich war immer zu der einfachen Ausrede bereit, daß ich Manidantonena fürchtete und sagte immer wieder:

«Ich gehe nicht. Sie wird wieder gießen. Wenn ich ihr das Wasser ableite, wird sie mir die Füße abschneiden. Kennst du sie nicht, Mama? Die Füße wird sie mir abschneiden.»

Aber meine Mutter stimmte mir nicht zu.

«Sie wird sie dir nicht abschneiden. Sie wird dir nichts tun. Die Frau wird dich nicht auffressen.»

«Sie frißt mich nicht, aber ich fürchte mich, ihr das Wasser abzuleiten.»

Und die Schlacht wurde viele Stunden fortgesetzt, ohne daß einer von uns beiden nachgab. Nur, wenn meine Mutter weich wurde und es zart meinen Kopf streichelnd im Guten versuchte, gab ich sofort nach. Und sie wurde dann noch liebevoller und sagte mir:

«Gut, mein Kind. Geh, und wenn du siehst, daß sie in ihrem Garten ist und wieder gießt, kommst du zurück.»

Dann nahm ich die Hacke, legte sie mir über die Schultern, und vor mich hinflüsternd, was auch immer mir in diesem Moment durch den Kopf ging, zog ich zu unserem Garten.

An einem der vielen Tage, an denen ich zum Bewässern gegangen war, und als Manidantonena nicht in ihrem Garten war, hatte sich eine Schar Kinder beim Wehr versammelt. Wir wollten alle gießen und stritten, wer zuerst das Wasser bekommen sollte. Und als wir uns zankten, warf, ich weiß nicht mehr welcher

Schlaue, wie einen Blitz die Nachricht hin, daß Manidantonena käme.

Kaum hörten wir das, zerstreuten wir uns wie die Vögel, die neben sich einen Gewehrschuß fallen hören. Bis du einmal mit den Augen zwinkertest, waren wir auf den Gipfel des benachbarten Hügels geklettert. Jeder von uns hatte eine andere Höhe erreicht, und wir warteten, als wäre ein wildes Ungeheuer im Begriff zu erscheinen.

Bald sahen wir wirklich, wie sich eine Silhouette näherte, und alle glaubten wir dann voller Furcht, daß sie es wäre. Jedoch wurden wir hereingelegt. Der, der mit einer Hacke auf den Schultern ankam, war nicht Manidantonena. Das war ein anderes Ungeheuer, das auf den Namen Makrijiannis(62) hörte, und der genau so war, wie es sein Name sagte. Er war aber nicht nur groß, sondern er hatte auch einen breiten Rücken und große Beine und Arme wie Balken. Und dazu kam noch sein wildes Aussehen. Du fürchtetest dich, ihn anzusehen, er war wie ein Riese. Vielleicht aber stellten wir ihn uns auch nur mit unseren Kinderaugen so vor.

Kaum hatten wir uns also versichert, daß er kam, fehlte nicht viel, daß wir vor Freude flogen. Es störte uns nicht mehr, wenn auch Manidantonena käme. Wer würde sie jetzt fürchten? Und wenn sie käme, würde sie ihren Meister finden. Makrijiannis würde sie auf den ersten Hieb niederschlagen. Wir waren alle sicher, daß ihr Rücken reichlich Erde fressen würde, und zwar auf den ersten Hieb. Und dann, wenn es nötig wäre, mit dem zweiten und mit dem dritten.

Nach der ersten Begeisterung fanden sich alle Kinder mit zwei Sprüngen beim Wehr ein und umringten Makrijiannis wie die Bienen. Der zwirbelte seinen großen Schnurrbart und sah uns mißtrauisch an. An den Hacken, die wir trugen, erkannte er, daß wir Konkurrenten bei seinem Werk waren, und er machte sich bereit, uns zum Teufel zu schicken, aber er kam nicht mehr dazu. Genau in diesem Augenblick sahen wir Manidantonena wirklich kommen. Jedenfalls rührte sich dieses Mal keiner von uns von der Stelle. Wir wußten, daß sie nicht mit uns schimpfen würde, aber mit Makrijiannis. Und der Sieger würde sicher er sein.

Unser Konkurrent nahm sie nicht sofort wahr, weil er seinen

Rücken der Straße zugekehrt hatte, auf der das Mannweib herankam. Aber wir flüsterten es ihm zu. Dann warteten wir, um zu sehen, wie er wild würde, wie sein Gesicht die Wut und die Verachtung zeichnete, aber leider wurden wir enttäuscht. Wir sahen ihn etwas tun, was wir nicht erwartet hatten. Zunächst verfinsterte sich sein Gesicht, das schwarz wie der Himmel wurde, bevor der Sturm beginnt. Dann griff er seine Hacke, legte sie sich auf die Schultern, und mit zwei Schritten verschwand er in den danebenliegenden Olivenhainen, fluchend und schimpfend:

«Welcher Teufel hat die wieder hergebracht! Bleib mir aus den Augen, damit wir keinen Streit bekommen. Der Teufel soll sie holen...»

Uns war, als ob wir aus allen Wolken flögen. Unsere Enttäuschung war riesig. Wir hatten erwartet, daß er ihr eine Lektion erteile, sie besiege, sie zähme, sie vernichte, und schließlich, daß er sie in das Wehr werfe, und er nahm seine Füße in die Hand wie ein ängstlicher Hase. Aber glücklicherweise trösteten wir uns sofort danach irgendwie. Das größte Kind in unserer Gesellschaft erklärte uns mit einer Pose, die keinen Zweifel aufkommen ließ, daß die guten Männer sich nie herablassen, mit einer Frau zu zanken, selbst wenn sie einen Schnurrbart hat.

Wie kräftig und wie männlich auch Manidantonena war, so hörte sie natürlich nicht auf, eine Frau zu sein. Und als Frau hatte auch sie die Fehler, die alle von ihnen haben. Sie konnte nichts geheimhalten. Es schien sogar, daß sie übertrieb, denn eine ihrer giftzüngigen Nachbarinnen sagte, daß die schnurrbärtige Manidantonena nicht mal das verdaue, was sie täte.

Sie verriet sogar die Geheimnisse ihres Hauses, und so vertrauten ihr ihre Kinder, die sie so viele Jahre kennengelernt hatten, nichts an, von dem sie nicht wollten, daß es draußen vor ihrem Haus gesammelt und im Dorf an die große Glocke gehängt würde. Es scheint, daß sie ihren ältesten Sohn Katsaros mit diesem Thema so gekränkt hatte, daß er ihr nicht des Mindeste anvertrauen wollte. Daher überlegte er, als er beschlossen hatte, sich zu verheiraten, daß er ihr überhaupt nichts davon sagen sollte. Er würde eine gute Braut heiraten, und wenn das seine Mama erführe, würde sie das im Dorf herumtragen, und es könnte sein, daß die Heiratsvermittler[63] dagegenwären. Am Ende ließen das aber seine Geschwister nicht zu. Und Katsaros bezwang sich und gab in seiner Verstocktheit nach.

Kaum hatte Manidantonena von ihren Kindern die gute Nachricht gehört, verlor sie die Fassung. Sie wurde sehr nachdenklich, weil sie ihr erklärten, daß sie nicht darüber reden dürfte. Es schien ganz klar, daß sie litt und keinen Entschluß fassen konnte, denn ihr Gesicht zeigte gleichzeitig Freude und Trauer. Sie freute sich, weil sie wollte, daß ihr Sohn Hochzeit mit der reichen Braut mache, und sie trauerte, weil sie zu platzen fürchtete, wenn sie nicht darüber reden dürfte. Aber auf der anderen Seite konnte sie es nicht geheimhalten, was also tun und beschließen?

Glücklicherweise aber hielt ihr Martyrium nicht lange an. Sie quetschte und quetschte ihren Verstand aus, und irgendwann scheint es, fand sie das, was sie suchte, denn ihr Gesicht leuchtete plötzlich vor Freude auf. Ihre Kinder, die so lange gewartet hatten, daß sie spreche, verloren keine Zeit und fragten sie:

«E, was gibt es, Mama?»

«Nichts gibt es. Ich hab' gefunden, was ich tun werde.»

Katsaros rückte unruhig hin und her.

«Was hast du gefunden? Sag es auch uns, damit wir es sehen und beurteilen. Denn wer weiß schon, was du uns sagen wirst.»

Sie holte tief Atem, bevor sie begann, und alle ihre Kinder hingen an ihren Lippen.

«Fürchte dich nicht, mein Sohn. Hör gut zu, Katsaros, und ihr anderen. Die Sache ist gut, und die Heiratsvermittlung muß beendet werden.»

Sie holte wieder Atem und sah ihrem großen Sohn in die Augen.

«Mit meinem Segen, Katsaros! Du sollst leben und alt und weiß werden wie der alte Psiloritis[7]! Und ich will es, mein Kind, aus ganzer Seele. Aber ich kann nicht den Mund halten. Ich würde platzen, und ich glaube nicht, daß ihr wollt, daß eure Mutter platzt...»

Die Hölzer funkten und knisterten in der Feuerstelle. Der Winter hatte sie in diesem Jahr alle in ihren Häusern eingeschlossen. Ihre Kinder hörten ihr zu und sagten nichts. Aus Ehrfurcht hatte keiner den Mut zu sprechen. Sie warteten alle, um zu hören, wie sie enden würde. Und sie holte wieder Atem und fuhr fort:

«Es muß beides gehen. Es muß sich sowohl Katsaros verheiraten als daß auch ich nicht platzen darf. Ich habe also nachgedacht und die Lösung gefunden.»

Katsaros, der nicht warten konnte, unterbrach sie:

«Sprich schon, denn ich halte es nicht mehr aus.»

«Im hinteren Haus, haben wir da nicht einen leeren großen Pithos(64)? Wir haben einen. Und wie ihr wißt, ist darin nicht ein Tropfen Öl. Ich werde also gehen und werde meinen Schmerz dem leeren Pithos sagen.»

Ihre kleine Tochter Giorgia, die nicht genau verstanden hatte, was ihre Mutter tun würde, hielt nicht an sich und fragte sie:

«Was heißt das, Mama?»

«Das sage ich dir. Ich werde mich bücken, meine Tochter, und ich werde in den Pithos hineinsprechen, daß ich Katsaros verheirate, und so wird es niemand erfahren, und ich werde nicht platzen.»

Katsaros machte ein schiefes Gesicht, wie auch ihre anderen Kinder, als sie das hörten, aber sie verdarben ihr nicht die Freude. Sie folgten ihr alle und gingen sofort ins hintere Haus, wo sich der leere Pithos befand. Nachdem sie sie auf einen Stuhl hatten steigen lassen, halfen sie ihr, und sie bückte sich in den Pithos hinein.

Manidantonena hatte sich natürlich vorher überlegt, was sie sagen würde, und so verlor sie überhaupt keine Zeit. Kaum hatte sie ihren Kopf in den Pithos gesteckt, hörte man sie mit ihrer Donnerstimme sagen:

«Pithos, mein kleiner Pithos, meinen Katsaros verheirate ich mit der Tochter vom Jiatromanolis! Hast du gehört? Sag, daß du es gehört hast; aber was du auch gehört hast, es soll hierbleiben!»

Sicherheitshalber und um sich noch mehr zu beruhigen, wiederholte sie dreimal dieselben Worte. Dann erhob sie sich und zog ihren Kopf aus dem Pithos heraus, besänftigt und erleichtert, als ob ein Gewicht von ihr genommen worden wäre.

Katsaros heiratete nach mehreren Tagen die reiche Braut und

gründete einen eigenen Hausstand. Im Dorf erfuhr man aber nicht nur von seiner Hochzeit. Man erfuhr auch die Tat von Manidantonena, und es lachte, wie man so sagt, auch die buntgescheckte Ziege.

Das Wildgemüse und der Baumeister

DURCH ZAROS(8), DEN Marktflecken am Gebirgsfuß, fließen zwei kleine Flüsse. Und so konnten die Abgeordneten, als sie in der Zeit vor den Wahlen in das Dorf kamen – danach ließen sie sich nicht mehr sehen – , den Bewohnern von Zaros nicht versprechen, daß sie ihnen auch einen Fluß machen würden, denn sie hatten schon zwei.

Aber laßt uns zurückblicken in die Jahre, die unmittelbar auf die deutsche Besatzung(57) folgten. In dieser Zeit wurde viel gebaut. Es war der Wiederaufbau der Trümmer begonnen worden, die die Besatzer in den Städten und Dörfern zurückgelassen hatten. Und zur selben Zeit wurden selbstverständlich sowohl neue als auch moderne Arbeiten aufgenommen. Der Marshallplan hatte auch Griechenland erreicht und war bis nach Kreta gekommen. Er wurde in Städten und in Dörfern angewendet, in den Ebenen und in den Bergen, an Flüssen und in Felsschluchten.

Durch das Dorf ging seit 1930 eine Autostraße, nämlich fast seit das Auto zum ersten Mal auf Kreta erschienen war. Und nun wurde im Einvernehmen mit dem Marshallplan beschlossen, die Straße zu verbreitern, sie fortzusetzen, so daß sie durch die übrigen Bergdörfer führe, die sich auf den südlichen Berghängen des Psiloritis(7) befanden, und die Dörfer der Provinz Amari(65) erreiche.

Als die Arbeiten begannen, war das erste Werk, das entstand, eine Holzbrücke über den größeren der beiden Flüsse, wenige Meter hinter den letzten Häusern des Dorfes.

Der Bau der Brücke, obgleich sic hölzern war, verschlang genug Zeit, weil sie sich auf eine solide Basis stützen mußte. Der Baumeister, der es übernommen hatte, die Brücke abzustützen, kannte seine Arbeit sehr gut und beeilte sich auch nicht.

Arbeiter hatte er in dem Dorf gefunden, und so war nur er

selbst, der aus Iraklion(16) kam, fremd. Sehr bald aber liebten ihn alle Dorfbewohner und behandelten ihn wie einen der Ihren. Aber das war er auch wert, denn außer daß er vorzüglich in seiner Arbeit war, war er auch ein guter Mensch.

Die Zarosianer hatten es aus Stolz und übereinstimmend mit ihrem Wesen und ihren Sitten so geregelt, den Baumeister jeden Tag zu bewirten. Jeden Tag holten sie ihn in ein anderes Haus und luden ihn zum Essen ein. Und natürlich achtete ein jeder darauf, den Gast besonders zu ehren, wenn er in seinem Haus war. So aß er, in welches Haus er auch ging, nichts anderes als Fleisch. Ziege, Lamm, irgendein Huhn oder irgendein kleines Kaninchen in der Pfanne. Und der Baumeister hatte das Fleisch satt. Aber was sollte er tun? Als Gast, der er war, hatte er nicht den Mut, ihnen zu sagen, was sie ihm kochen sollten. Er dachte, es reichte, daß sie ihn einluden. Und das Fleisch ging weiter.

Am Ende, wie es nur natürlich war, störte ihn die tägliche Fleischfresserei. Es fingen seine Hämorrhoiden an, ihn zu belästigen; und wie die Tage vergingen und das Fleisch nicht aufhörte, machte ihn das Jucken verrückt und ließ ihn nicht in Ruhe. Es wurde jeden Tag eine unerträglichere Qual. Er wollte sich unentwegt kratzen, sogar auch vor den Leuten.

Aus dem Marktflecken war ihm ein Jüngling beigeordnet, um das Handwerk zu lernen. Als der seinen Chef sah, wie er sich immer kratzte, machte ihm das einen großen Eindruck. Und als ihn eines Abends einer seiner Onkel fragte, ob der Baumeister gut sei, hatte das Kind Schwierigkeiten zu antworten.

«Was soll ich dir sagen, Onkel... Gut ist er... Gut ist er, aber er kratzt sich dauernd seinen Hintern!»

Sein Onkel geriet außer sich vor Lachen.

«E, was soll er sonst machen, du Verrückter? Essen soll er, und kratzen soll er sich nicht? Und wenn er sich mit seinen eigenen Nägeln kratzt, was kümmert dich das?»

«Schon gut, Onkel, ich habe doch nicht gesagt, der Mensch sei bucklig. Das, was ich sehe und was er den ganzen Tag macht, habe ich dir gesagt.»

Der Baumeister fing am Ende an, unruhig zu werden, denn er

wußte nicht, was er hatte. Eines Tages, als er wegen der Arbeit nach Iraklion ging, sagte er sich, daß er zu einem Arzt gehen müsse. Es passierte ihm aber Folgendes: Der Arzt, zu dem er ging, hatte nur einen einzigen Gott - das Geld. Er war ein großer Geldraffer und dachte sofort daran, als ihm der Baumeister zufällig in die Hände fiel, ihn gut zu melken. So stellte er ihm sein Leiden als die größte Krankheit der Welt dar. Er erklärte ihm, daß er, wenn er nicht bliebe, damit er ihn sofort in seiner Klinik operiere, bald irgendein Dorngestrüpp düngen würde.

Aber der Kranke verlor seine Fassung nicht, denn man merkte, wie die Vorschläge des Arztes rochen. Er sah ihm also in die Augen und fragte ihn:

«Ernsthaft, Doktor? Sagst du mir die Wahrheit?»

«Wie ich dich sehe, und wie du mich siehst! Werde ich mit diesem Thema Scherze treiben?»

Und er setzte im selben Ton fort:

«Sag mal, wenn du dich kratzt, siehst du nicht dann und wann etwas Blut?»

«Das sehe ich. Und manchmal viel.»

«E, das ist sehr gefährlich, wenn du dich nicht operieren läßt...»

«Gut, Doktor. Laß mich aber etwas darüber nachdenken. Ich könnte auch zu einem anderen gehen, ich könnte es auch anderswo versuchen... Aber ich werde wiederkommen.»

Der Arzt hielt sich jetzt etwas zurück und runzelte seine Augenbrauen.

«Wohin du auch gehen magst, mein Freund, man wird dir leider dasselbe sagen.»

Doch man sagte ihm nicht dasselbe. Der zweite Arzt, zu dem er ging, war vor allem ein Mensch, und so sagte er ihm die ganze Wahrheit. Und als er ihn fragte, was er esse und der Baumeister ihm antwortete, daß sie ihn dort, wo er arbeitet, jeden Tag mit Fleisch fütterten, amüsierte er sich.

«Das verstehe ich gut. Die Hämorrhoiden wollen leider nicht viel Fleisch. Schließlich fehlt dir nichts. Kleinigkeiten, wie wir sagen. Hör mit dem vielen Fleisch auf, iß es nicht jeden Tag, und du wirst sehen, wie du dich nach wenigen Tagen auch nicht mehr kratzen wirst. Und das Wichtigste ist, daß du viel Wildgemüse(32) ißt. Das ist die beste Medizin gegen dein Leiden.»

Der Baumeister verließ nun erleichtert und frohgestimmt die Arztpraxis. Aber als er auf die Straße hinaustrat, erinnerte er sich an den ersten Arzt, und er kam auf die Idee, ihn aufzusuchen und tüchtig zu verprügeln. Als er jedoch gut nachgedacht hatte, zügelte er aber seine Wut und überließ es einem anderen, ihn aufzusuchen.

Er beendete seine Arbeiten, und am Abend kehrte er fröhlich in sein Dorf zurück. Aber am nächsten Tag gab es schon wieder Essen mit reichlich Fleisch. Nun überwand der Baumeister seine Scham. Kaum sah er auf dem Tisch gekochtes Huhn und auf Kohlen gegrilltes Fleisch, beherrschte er sich nicht mehr.

«Gut ist, mein Freund, das Fleisch, aber wenn es möglich wäre, und wenn es auch etwas Wildgemüse gäbe...»

Der Hausherr drehte verwundert seinen Schnurrbart.

«Ist dir also, Meister, das Wildgemüse lieber als das Fleisch?»

«Ja, mein Freund, auch, wenn du es mir nicht glauben solltest.»

«Wenn du das sagst, glaube ich dir. Nur, daß mir das merkwürdig vorkommt.»

«Merkwürdig, e?»

«Sehr.»

Und dann änderte er plötzlich seinen Ton.

«Aber ich, mein Freund, wenn ich auf dem Tisch bestes Wildgemüse habe, Vrouves zum Beispiel, und Gebackenes, du glaubst mir das nicht, aber Ehrenwort, daß ich lieber das gebakkene Fleisch essen würde!»

«Ich spreche im Ernst.»

«Aber ich auch. Werde ich mit solchen Sachen scherzen?»

Der Baumeister, der sich nicht mehr beherrschen konnte, murmelte, ohne daß es zu hören war:

«Mein Lieber, ich weiß auch, daß da, wo das Fleisch hineinkommt, nicht die Vrouves hineinkommen. Aber mich quälen meine Hämorrhoiden.»

Der Baumeister nahm immer dorthin, wohin sie ihn zum Essen einluden, auch seinen Lehrling mit. Jetzt also sah er den an und fragte ihn, um ihn aufzuziehen:

«Was magst du lieber, Fleisch oder Wildgemüse?»

Der arme Lehrling wurde knallrot vor Scham und antwortete eilig und mit gesenktem Kopf:

«Ich, Meister, ich mag alles.»

«Bravo! Gut sagst du das...»

Danach begannen die drei, sich mit großem Appetit zu überfressen. Und als sie beinahe fertig waren, brachte ihnen die Hausfrau noch ein wenig Omelett zur Ergänzung, aber sie hatte nicht jedem einen ganzen Teller gefüllt, sondern nur dem Jüngling, der noch in der Entwicklung war. Die Hausfrau, die diesem zugehört hatte, trat zu ihm und fragte ihn höflich:

«Möchtest du vielleicht noch ein wenig Omelett?»

Der Lehrling aber kannte das, was er bereits mit zwei, drei Bissen verputzt hatte, als Eierfladen. Er wußte nicht, daß man es auch Omelett nannte. So lehnte er ab und antwortete, daß er kein anderes Essen wolle, weil er nicht wußte, was sie ihm bringen würde. Der Baumeister, der die Dummheit seines Lehrlings erkannt hatte, fragte ihn, als sie das fremde Haus verlassen hatten:

«Warum hast du nicht noch einen Eierfladen gegessen, als dich die Hausfrau fragte, ob du noch was willst? Ich weiß, daß du noch ein wenig geschafft hättest.»

Aber der Jüngling verstand auch jetzt nicht.

«Das will ich dir sagen, Chef. Wenn sie mir gesagt hätte, daß sie mir Eierfladen bringen wolle, hätte ich noch ein wenig genommen, weil sie mit Kartoffeln und Zucchini waren und ich das mochte. Aber sie hat mich gefragt, wenn ich wollte, mir noch etwas Omelett zu bringen. Und ich habe von so einem Essen noch nie gehört und konnte ihr nicht sagen, sie solle es bringen.»

Der Baumeister hielt sich nicht vor Lachen.

«Warum lachst du, Chef?»

«Weil Eierfladen und Omelett dasselbe ist. Es heißt Eierfladen und Omelett. Verstehst du jetzt, weshalb ich lache?»

Das Kind wurde wie ein Teufel.

«Ah, so! Und ich verlor den Eierfladen! Und er war mit Kartoffeln und Zucchini, wie ich es mag.»

Aber dann lenkte er ein.

«Macht nichts. Es genügt, daß ich etwas gelernt habe, und das nächste Mal wird mir nicht dasselbe passieren. Und nur das zählt.»

«Du hast recht. So scheint es mir auch.»

Seit diesem Tag zirkulierte es im ganzen Dorf, daß der Baumeister kein Fleisch mochte und daß er verrückt war nach Wildgemüse. Also änderten jetzt alle Häuser die Melodie, und statt des Fleisches, das sie ihm gekocht hatten, wohin er auch immer ging, kochten sie ihm reines Wildgemüse.

Die ersten Tage machte ihn das zufrieden, weil das seine Hämorrhoiden wirklich spürten, und er aß das Wildgemüse mit großem Appetit. Dann aber, nach einiger Zeit, wurde er des Wildgemüses überdrüssig, und er wollte es nicht mehr vor die Augen bekommen. Aber er schämte sich, ihnen zu sagen, daß sie das Essen wieder ändern sollten, und so wurde seine Qual jeden Tag größer. Außerdem war auch sein Organismus schwächlich geworden, und er konnte seine Beine nicht gebrauchen. Und eines Tages, als ihn sein alter Bekannter Tsigaridis zu einem Essen eingeladen hatte, beherrschte er sich nicht mehr und fragte ihn mitten in der Gemüsefresserei:

«Nun sag mir doch mal, gibt es in eurem Dorf viel Wildgemüse?»

Tsigaridis, der nicht begriff, antwortete ihm in entsprechendem Ton:

«Ob es das gibt, fragt er... Voll davon ist es! Soviel du willst, haben wir! Und zwar haben wir es hier und in der Ebene!»

«Paß mal auf, all das werde ich essen!»

Tsigaridis, der die Frage nicht verstanden hatte, verstand jetzt die Antwort und senkte seinen Kopf. Und dann verstanden es natürlich alle anderen Dörfler. So aß der Baumeister seit diesem Tag in jedem Haus, in das er ging, ein anderes Essen, bis die Holzbrücke fertig war.

Die Brücke, die nach dem Marshallplan gebaut worden war, sah wenigstens die erste Zeit so aus, als bliebe sie für immer an der Stelle, an der sie befestigt war.

Aber sie blieb es nicht. Sie hielt nicht Jahrhunderte. Sie hielt sich nur zwanzig Jahre. Dann wurde sie abgebaut, und an ihrer Stelle wurde eine Zementbrücke errichtet, die noch heute hält.

Das ungleiche Paar

DER ALTE KIMISSOJIANNIS[66] war einer der Reichsten des Dorfes. In Mesiskli[8] und zu Füßen des Berges hatte er unzählige Olivenbäume, und unten in der Ebene hatte er so viele Felder und Weingärten, daß man sagte, die halbe Ebene gehöre ihm.

Sogar noch auf dem Berg, auf den Ausläufern des Psiloritis[7], fandest du sein Eigentum. Hier wurden seine Ziegen und Schafe von Schäfern gehütet und von Schäferjungen, die noch keine Schnurrbärte trugen.

Seine Reichtümer brachten ihm aber kein Glück. Kimissojiannis fühlte sich nicht zufrieden, wieviel er auch besaß. An ihm fraß ein ernsthaftes Herzeleid, seit er sich verheiratet hatte. Seine Frau gebar ihm keine Kinder, obwohl er sie zu den besten Ärzten der Messara[30] gebracht hatte. Und als ob das nicht genügte, erkrankte sie an einer bösen Krankheit, und er verlor sie, als er sich den Sechzigern näherte.

Der Verlust seiner Frau brachte ihm Schmerzen und Pein, die unerträglich waren. Er hatte seine Frau über alles geliebt, nur war es so, daß sie es nicht so recht glaubte, und als er sie verlor, war er nahe daran, darüber verrückt zu werden. Die Zeit aber, so sagt man, ist der beste Arzt für die menschlichen Wunden, und so wurde Kimissis nach einiger Zeit nicht nur geheilt, sondern er beschloß sogar, sich wieder zu verheiraten.

Das Seltsame war, daß er sich entschloß, ein kleines Mädchen zu heiraten, und sogar das, von dem es ihm seine erste Frau vorhergesagt hatte, als die Ärmste noch lebte.

In den letzten Tagen ihrer Krankheit unterhielt sie sich mit ihrem Mann, und sie beschwerte sich wieder, wie sie es gewöhnt war, daß er sie nicht liebe. Er versicherte ihr voller Schmerz und mit zerrissenem Herzen das Gegenteil und wiederholte ihr, daß sie solche Sachen nicht denken solle in dem Zustand, in dem sie sich befand.

Genau in diesem Moment spielte in der Haustür ein zwölfjähriges Mädchen, ohne natürlich ihrem Gespräch zuzuhören und ihm Bedeutung zu geben.

Die Todgeweihte fuhr fort:

«Du liebst mich... Ich habe dir kein Kind geboren... Ich glaube dir nicht. Ich werde sterben. Und du kannst, wenn ich sterbe, jenes kleine Mädchen heiraten, das in unserer Haustür spielt.»

Kimissojiannis drehte sich unlustig um und betrachtete das Kind, und ein bitteres Lächeln erschien auf seinen Lippen.

Seine Frau, die das bemerkte, ließ ihn nicht ohne Antwort.

«Lächle nicht. Nach einem oder zwei Jahren wird dieses Mädchen, das du siehst, eine völlig fertige Frau sein...»

Und nun wurde die Prophezeiung der Seligen Wirklichkeit. Das kleine Mädchen war jetzt vierzehn Jahre alt geworden. Es war aber frühzeitig entwickelt und erschien wie eine Achtzehnjährige. Kimissis hatte natürlich schon die Sechzig erreicht, aber weil ihm das Mädchen gefiel, was störte da der Altersunterschied.

Die Situation wurde auch undenkbar erleichtert durch diese beiden Gegebenheiten: Das Mädchen war bettelarm. Und Kimissojiannis war der Chef und beschäftigte zwei ihrer Brüder als Schäfer.

Daher gaben sie sie ihm auf das erste Wort, als er sie von ihnen zu seiner Frau verlangte. Und nicht nur das, sondern alle ihre Geschwister flogen vor Freude, weil ihre Schwester sie endlich mit Brot sättigen würde.

Zur Hochzeit des Alten mit dem Kind gab es ein riesiges Fest, obwohl es das zweite Mal war, daß er heiratete. Acht volle Tage dauerte die Hochzeit, und es brausten die Berghänge und die Messara von dem Amüsement, das stattfand. Soviel Fleisch, wie verbraucht wurde, war seit Jahren nicht auf Hochzeiten verbraucht worden. Und der Vorratsraum war die acht Tage voll mit Fleisch. Nur, daß das meiste Fleisch nicht abgewogen war, denn der Bräutigam stahl trotz seiner Reichtümer gerne ab und zu Vieh[38].

Am Sonntagmittag gingen sie in die Dorfkirche, und die Einsegnung fand statt. So war das ungleiche Paar jetzt auch von der

Kirche als Mann und Frau gesegnet. Nur am Abend dieses Tages, als die Lyra aufhörte und die Hochzeit beendet war und sich der Bräutigam mit der Braut allein befand, erging es dem Ärmsten nicht so, wie er es erwartet hatte. Stasso, die Braut, zitterte wie ein Küken und fürchtete sich noch mehr, sich dem Alten zu nähern.

Kimissojiannis geriet trotz seines Alters in Fahrt und wußte nicht, was er mit dem Kind, das er vor sich hatte, tun sollte. Er drehte und zwirbelte seinen Schnurrbart, lief tausend Schritte im Zimmer auf und ab, aber so sehr er auch wartete, es geschah leider nichts. Er wollte auch nicht schon am ersten Abend Ärger zeigen, und so wußte er am Ende nichts anderes zu tun, als die Braut zu bitten:

«Komm, Stasso, laß uns schlafen gehen! Du wirst sehen, wie gut das ist! Komm, es ist spät nachts...»

Aber die arme Stasso hatte sich wie ein furchtsames Bergzicklein in eine Ecke an der Feuerstelle verkrochen. Und je mehr sich ihr der Alte näherte und sie bat, um so mehr verkroch sie sich. Nur dann und wann antwortete sie halbtot vor Angst auf seine Bitten:

«Ich bin nicht müde, mein lieber Jiannis. Geh du nur schlafen und laß mich sein...»

Glücklicherweise aber hielt sich die Erregung des Alten auch nicht lange. Schon bald wurde er müde und ließ Bitten und Braut sein und ging ohne weitere Reden zu Bett. Stasso erwartete den Morgen in der Ecke der Feuerstelle, wie sie es auch die folgenden zehn Nächte tat, bis Jiannis sie endlich herumkriegte und sie im selben Bett schliefen.

Aber in der ersten Nacht, in der sie zusammen schliefen, hatten sie noch ein anderes Problem. Die Braut war bettelarm und hatte daher überhaupt keine Mitgift. Sie hatte aus dem Haus ihres Vaters nicht mal ein Bettuch mitgebracht. Kimissis hatte natürlich von seiner ersten Frau eine Menge Wäsche, aber 'es gehörte sich nicht', die zu benutzen. Es war 'schlecht', sich mit den Bettüchern der Seligen zuzudecken. Und da sie nichts hatten, um sich zuzudecken, deckten sie sich zuletzt mit der Vraka(1) des Alten zu. Mit der Vraka und der Süße der ersten Nacht kam dieses Mal der Morgen. Danach freilich erleichterten sie sich das Leben und fanden Wäsche und deckten sich zu, und so kamen sie in keine schwierige Lage mehr.

Mit der Zeit wurde Stasso, jetzt die Kimissena(67), erwachsen und zu einer richtigen Frau. Und zu was für einer Frau, mein Gott! Schön, aber auch so tüchtig, daß sie in ihrem Dorf nicht ihresgleichen hatte. So tüchtig war sie, daß sie eine Decke innerhalb eines Tages webte. Als auch ihr Verstand reifer wurde, machte sie eine Menge Bettücher und andere Wäsche. So eine gewaltige Mitgift machte sie, daß davon noch ihre Enkel und Urenkel nahmen.

Kimissojiannis war stolz, daß er so eine schöne und tüchtige Frau hatte. Er fühlte sich auch glücklich, weil er es fertigbrachte, ihr einen Sohn zu bescheren (einen weiteren schaffte er nicht mehr), von dem er wie alle anderen Väter glaubte, daß er ihn wie ein goldenes Ei behandeln müßte.

Kimissis gefielen, obwohl er alt war, die Tänze und Feste sehr. Und auch Kimissena blieb nicht zurück. So waren, wo auch immer eine Hochzeit oder ein Fest im Dorf war, die ersten das ungleiche Paar.

Einmal aber, als er Stasso nahm und mit ihr zu einer Hochzeit in Gergeri(8) ging, zu der man ihn eingeladen hatte, fiel er auf die Nase. Auf die Hochzeit waren alle Dorfbewohner eingeladen, die sich natürlich untereinander kannten. Kimissojiannis, der aus einem fremden Dorf war, kannten aber nur wenige. Und so fragte ihn jemand, der ihn nicht kannte, mitten im Fest, ob die kleine Stasso seine Tochter sei. Ein anderer, der blind vor Trunkenheit war, warf ihm, während er in der vorderen Reihe mit seiner Frau tanzte, mitten ins Gesicht:

«So eine Frau, Alter, verdienst du nicht!»

Und beinahe kam es zu einem Streit, denn natürlich nahm Kimissis die Beleidigung nicht hin. Es gingen also die Kaltblütigsten in die Mitte und entschuldigten den Betrunkenen, und so geschah nichts Schlimmeres.

Seit diesem Tage erschien aber das ungleiche Paar nicht mehr oft bei den Tänzen, Feiern und Kirchweihfesten. Erst, als Kimissena verwitwet war, begann sie wieder, die Erste und Beste bei den Tänzen und Festen zu sein.

Sobald es ein Fest gab, amüsierte sie sich von ganzem Herzen. Sie amüsierte sich wie kein anderer. Den Wein trank sie aus dem

Wasserglas, und wehe dem Mann, der mit ihr konkurrieren wollte. Den unterwarf sie, was für ein starker Trinker er auch war. Aber war nicht auch ihr Tanz etwas ganz Besonderes? Wenn sie den Maleviziotis(46) tanzte, konntest du nicht satt werden, sie zu betrachten und zu bewundern.

Bei jedem Fest und jeder Feier tanzte sie alle kretischen Tänze. Ihre große Schwäche aber war der Maleviziotis oder Irakliotis. Den tanzte sie wie ein Steinhuhn. Mit ganz kleinen Schritten und ohne große Sprünge. So tanzten ihn natürlich auch alle anderen Dorfbewohner, aber ihren Tanz konnte nicht jede. Wie sie konnte keine andere tanzen.

Als sie alt wurde, verlor sie alles und konnte ihre Beine nicht mehr gebrauchen. Sie ging regelmäßig zu zwei Ärzten ihres Dorfes, damit die sie heilten, aber sie quälte sich umsonst. Zum Schluß entschied sie sich, zu den Ärzten in Iraklion(16) zu gehen.

Nach Iraklion brachte sie ihr erster Enkel – der auch Kimissojiannis hieß – , und es gab keinen Arzt, den sie nicht aufsuchten. Aber Kimissena wußte, daß ab jetzt nichts mehr gehen würde. Und als sie zufällig einen ihrer Dorfbewohner traf, der sich für immer in Iraklion niedergelassen hatte, und der sie fragte, was sie in der Hauptstadt treibe, schüttelte sie tiefbetrübt ihren Kopf, dann sah sie ihm in die Augen und sagte ihm:

«Weißt du nicht genau, daß wir Dorfbewohner in die Hauptstadt nur dann kommen, wenn wir in Not sind? Es scheint, daß auch ich aus diesem Grund kam, darum siehst du mich hier. Mein Enkel hat mich hergebracht zu den Ärzten, damit sie mich retten, wie er sagt, jetzt, wo ich schon mit einem Fuß im Grabe stehe.»

Tatsächlich verging nicht mal ein Jahr nach diesem Tag, die die alte Kimissena ihren Dorfbewohnern Zeit ließ. Eines Abends ging sie ihnen plötzlich verloren, und mit ihr ging eine ganze Epoche verloren.

Das kretische Flugzeug

WIR BEFINDEN UNS im Jahrzehnt um 1910, und diese Geschichte ist durch und durch wahr. Das Flugzeug war in jener Zeit das tägliche Gesprächsthema. Es hatte alle anderen Themen der Epoche in den Schatten gestellt. Es war das zeitgemäßeste Gespräch im Osten und im Westen, in Europa und in Amerika. Vieles wurde gesprochen, und vieles geschah um das Flugzeug und seine Verbesserung. Und die Erfinder und die Menschen, die sich mit dieser ernsten Angelegenheit beschäftigten, schossen jeden Tag wie die Pilze aus dem Boden.

Natürlich arbeiteten die meisten Wissenschaftler und ernsthaften Menschen mit Geduld und Beharrlichkeit und mit den perfektesten Mitteln der Zeit. Aber es war dieser Anlauf der Menschheit so groß, und zwar über das Problem des Flugzeugs hinaus, daß sich oft auch ungebildete Personen einmischten und solche, die nichts mit der Sache des Eisenvogels zu tun hatten.

So reihte sich auch Frangiadakis, der auf den Spitznamen Christ hörte, in diesen offenen Reigen ein.

Der Christ, ein Tausendkünstler von klein auf, hatte die Fähigkeit, mit seinen Händen viele Dinge herzustellen. Er hatte eine solche Geschicklichkeit, daß das, was seine Augen sahen, laut seinen Dorfbewohnern seine Hände machen konnten. Aber auch das, was sich sein Verstand vorstellte. Er hatte es fertiggebracht, eine Menge Sachen herzustellen, obwohl er nicht mal die Grundschule besucht hatte. Hölzerne Pflüge, Werkzeuge, Winden, Siphons für Wassermühlen und andere Gebrauchswerkzeuge für die Landwirtschaft, aber auch für andere Arbeiten.

Nach all dem und mit dem Gerede, das es um die Erfindung des Flugzeugs gab, stach auch ihn der Hafer, und allmählich verfestigte sich in seinem Kopf die Idee, daß auch er sich mit dem Flugzeug befassen sollte. Dabei half ihm natürlich das kretische

Ehrgefühl. Soviel Gerede gab es rund um das Thema, und da sollte Kreta zurückbleiben und nichts unternehmen? Auch Kreta müßte teilnehmen. Und so beschloß der Christ, Kreta zu vertreten und selbst ein kretisches Flugzeug zu bauen.

Kaum hatte er den großen Entschluß gefaßt, ging er schon an die Ausführung. Tage und Nächte in den Vorratsraum seines Hauses eingeschlossen, zeichnete er, zeichnete erneut, beschnitt Hölzer, schraubte und zog die Schrauben wieder raus, befestigte und löste wieder, und er hörte weder am Sonntag noch an den Werktagen auf. So kam er nach mehreren Sommern und etlichen Wintern dahin, wo er hinkommen konnte. Natürlich nicht zu großen Ergebnissen, denn er war weder Wissenschaftler noch verfügte er über wissenschaftliche Mittel, aber immerhin tat er etwas. Er brachte das Flugzeug zustande, das er sich vorgestellt hatte, und als er es fertighatte, gab er ihm den Namen Kretisches Flugzeug.

Nach seiner Fertigstellung würde es mit Hilfe von zwanzig aufgeblasenen Weinschläuchen aus Schafsbälgen fliegen, die er zu je zehn an den beiden Seitenflügeln des Flugzeuges aufhängen würde.

Es war aber geraume Zeit vergangen, seit er seine Erfindung beendet hatte, und er sagte nicht, daß er entschlossen sei zu fliegen. Das Flugzeug hatte er im Vorratsraum seines Hauses eingeschlossen, und er sagte zu niemandem ein Wort. Die Nachbarn wußten es aber, und so verging nicht viel Zeit, und es erfuhr es das ganze Dorf.

Es scheint, daß der Christ nicht die Absicht hatte und auch nicht beschloß, jemals mit dem Flugzeug, das er gemacht hatte, zu fliegen. Er hatte nicht den Mut, das auszuprobieren. Er war ein kluger Mensch und betrachtete das Wagnis als zu groß und seinen Mißerfolg als so gut wie sicher.

An einem Osterfeiertag aber kriegten ihn zwei, drei Freunde und Nachbarn herum, und er beschloß es. Neben seinem Haus war auch das Haus des Kombouromanolis(68), der seit Jahren verwitwet war. Der nun hatte sich zu Ostern mit zwei, drei anderen Freunden in seinem Haus eine ganze Woche eingeschlossen, und sie betranken sich mit Wein. Auch das war eine Gewohnheit zu dieser Zeit: Wenn man mal zu trinken anfing, trank man eine ganze Woche.

Am letzten Tag der Woche nun, am Sonnabend, brachte sie der Wein dazu, daß sie das Flugzeug fliegen wollten. Kaum war ihnen das in den Kopf gekommen, zögerten sie nicht lange und überzeugten auch den Christ, zumal auch der betrunken war. Nachdem sie ihn überzeugt hatten, gingen sie in den Vorratsraum, machten das Flugzeug sauber und fegten die Spinnen von ihm, dann richteten sie es auf und brachten es auf die Terrasse des Hauses des Erfinders. Dann suchten sie in ihren Häusern, und sie fanden und sammelten die zwanzig Schafshäute, die sie an das Flugzeug hängen mußten, damit es fliege.

Ihre Aktivitäten wurden aber bemerkt, und von Mund zu Mund erfuhr das ganze Dorf, daß der Christ endlich beschlossen hatte, sein Flugzeug zu fliegen. Daher fingen allmählich die Leute an, sich draußen vor seinem Haus zu versammeln.

Als das Iraklena erfuhr, die die Gevatterin des Christ war, sagte sie sich, daß sie die Gelegenheit nicht ungenutzt verstreichen lassen wollte. Sie hatte einen Sohn in Athen, und als sie nun erfuhr, daß ihr Gevatter fliegen und nach Athen gehen würde (so sagte es ihr ihr Verstand), dachte sie daran, ihrem Kind etwas mitzuschicken. Sie briet also eilig einen Hahn und ein Kaninchen, kochte mehrere Eier und machte noch einige andere Sachen fertig und rannte los, um ihren Gevatter zu erreichen.

Als sie ankam, sah sie Leute draußen vor dem Haus des Christ und war daher sicher, daß das, was sie erfahren hatte, die Wahrheit war und daß ihr Gevatter noch nicht losgeflogen war. Die Gesellschaft der Betrunkenen fand sie in Koumbouromanolis' Haus, wie sie die Schafshäute aufblies und große Mühe hatte. Kaum hatte der Erfinder sie an der Tür bemerkt und gesehen, daß sie in ihren Händen einen bestickten vollen Sack hielt, begriff er den Grund ihrer Ankunft und lief sie zu begrüßen.

«Willkommen sei meine Gevatterin!»

«Es soll dir gut gehen, Gevatter.»

«Welcher Wind hat dich hierhergeweht?»

Iraklena kam sofort zum Thema.

«Ich habe gehört, daß du fliegen und nach Athen gehen wirst. Ich habe also einen Hahn und ein kleines Kaninchen gebraten und sie in den Sack gesteckt und sie dir gebracht, daß du sie zu meinem

Zacharis bringst. Und grüß ihn mir und sag ihm, uns geht es allen gut, nur, daß wir ihn vermissen.»

Der Christ lächelte. Das, was er sich vorgestellt hatte, wurde durch und durch wahr. Natürlich hätte er nicht, wenn es ein andermal gewesen wäre, daran gedacht, seine Gevatterin zu verspotten. Jetzt aber war er betrunken, und er wußte nicht, was er tat und sagte.

«Und was hast du gesagt, was ich dem Patenkind bringen müsse?»

Iraklena gab ihm den bestickten Sack, in dem die Sachen waren und wiederholte:

«Gib diesen Sack meinem Zacharis, wenn du mir gut in Athen ankommst.»

«Den werde ich ihm gern geben! Aber was hast du gesagt, ist da drin?»

«Aber habe ich dir das nicht gesagt? Ein kleines Kaninchen und mehrere andere Kleinigkeiten.»

«Gut, Gevatterin! Mach dir keine Gedanken! Sobald ich ankomme, werde ich ihm den Sack geben. Und nun geh, denn wie du siehst, haben wir viel zu tun.»

Iraklena ging ohne weitere Worte, nachdem sie sich bedankt und eine gute Reise gewünscht hatte. Und dann öffneten der Christ und die andern Betrunkenen, die das Gespräch gehört hatten, den Sack, und da sie alle erschöpft vom Trinken waren und dabei, ihre Seele über dem Aufblasen der Schafshäute auszuhauchen, war nach fünf Minuten nichts mehr übrig. Sie hatten alles aufgegessen.

Als sie alles, was es in dem Sack gab, gegessen und die letzten Schafshäute aufgeblasen hatten, gingen sie wieder auf die Terrasse. Dort hängten sie die zwanzig aufgeblasenen Schafshäute an das Flugzeug und machten sich für den großen Augenblick fertig.

Jetzt hefteten die Leute unten im Hof und auf der Straße ihre Augen auf die Terrasse und warteten voller Ungeduld. Aber der Christ beeilte sich nicht. Er wollte, daß alles in Ordnung sei, bevor er das versuchte, was er nüchtern so viele Jahre nicht beschlossen hatte. Als er alles fertiggemacht hatte, schrie er, und es kamen noch etliche andere auf die Terrasse, um das Flugzeug anzuschieben, bevor es in den Himmel flog.

Dann stieg er in das Flugzeug, setzte sich bequem hin, betrachtete die Menschenmenge und schrie winkend:

«Bleibt gesund, Leute, und schiebt mich ein bißchen!»

Die sich auf der Terrasse befanden, schoben das Flugzeug an, damit es in Bewegung komme und dann fliege. Und tatsächlich kam es in Bewegung, aber es flog nicht. Es erhob sich keinen Meter. Es flog nicht mal eine Sekunde. Das einzige, was es fertigbrachte, war, daß es sich auflöste, als es mit Getöse in den Hof fiel. Aber es gab noch etwas anderes. Glücklicherweise verletzte es keinen von denen, die im Hof standen. Sie schafften es wegzurennen, und so verletzte sich niemand. Mit dem Tausendkünstler geschah aber nicht dasselbe. Der verletzte sich reichlich. Er bekam Prügel und wurde an vielen Stellen seines Körpers schwarz und blau. Dann kam noch über ihn die Nörgelei seiner Frau, die ihn nicht anrührte, um ihn zu behandeln. Nur Koumbouris verließ ihn nicht. Jeden Tag legte er ihm zerstoßene Zwiebeln auf die schwarzblauen Flecken, und so war der Christ nach wenigen Tagen wieder in bester Verfassung.

Seine Prügel vergaß er, sobald einige Zeit vergangen war. Sie wurden schnell von ihm und von den anderen vergessen. Das Flugzeug aber wurde nicht vergessen, und es wird nie vergessen werden.

Das Wild des Bironikolas

BIRONIKOLAS WAR EIN Männchen wie ein kleiner Schluck. Er war klein und kurz, aber was ihm an Körpergröße fehlte, das hatte er an Kraft und Wendigkeit. Unwahrscheinlich stark sein ganzes Leben lang, ging er niemals zu einem Arzt, nicht mal wegen Aspirin. Er war stark wie ein Drache. Er hatte soviel Kraft, daß du, wenn du ihn ansahst, dich wundertest, daß sie sich in so einem winzigen Körper wie dem seinen befand.

Ein Jäger von Geburt an, ließ er seine Flinte nicht aus den Händen, bis man ihn bei den Füßen nahm. Er jagte, seit er ein kleines Kind war und bis er alt wurde und nicht mehr in die Berge gehen konnte.

Als er jung und ein wendiger Bursche war, war er immer in den Bergen. Er machte sein Proviantsäckchen fertig, füllte seinen Vorderlader, nahm so viel Schießpulver, wie er glaubte, daß es reichen würde, und stieg auf die Bergspitzen des Psiloritis[(7)]. Wenn er hochstieg, überwand er sie eine nach der anderen, bis er des Wild[(69)] finden und erlegen konnte. Und er tötete immer etwas. Nur, daß es ihm manchmal rasch gelang und er sich andere Male ganze Stunden und Tage lang quälte, bis er dem Wild begegnete. Er ließ sich nicht entmutigen, wie sehr er sich auch anstrengen mußte. Wenn er kein Wild erlegt hatte, kehrte er nicht in sein Dorf zurück, und wenn die Welt unterginge.

Sein Ziel war, das Tier zu entdecken und es an den Abhängen aufzustöbern. Denn, wenn er es aufgestöbert hatte und es sah, ließ er es nicht mehr entkommen. Er war ein Jäger wie nur wenige und verfehlte sein Ziel nur selten. Fast immer schoß er ins Schwarze.

Aber so gut, wie er auch war, kam es doch vor, daß ihm das Wild entwischte. Dann war ihm, als wenn du ihm gegen den Kopf geschlagen hättest. Aber das Wichtigste war, daß sein Gewehr im Nu unbrauchbar wurde, sobald er aus dessen beiden Läufen geschossen hatte. Um wieder schießen zu können, mußte er sich zuerst hinsetzen und es neu laden. Das erforderte natürlich ziemliche Mühe. Wenn zu der Zeit, als er den Vorderlader lud, irgendein Wild hervorkam, wie sollte er es dann schießen? Es gab keine Möglichkeit. Außer er hätte dem Tier gesagt, es solle warten, bis er fertig sei. Aber das ging natürlich nicht, denn selbst, wenn er es ihm gesagt hätte, das Wild hätte ihm diesen Gefallen nicht getan.

Wenn ihm so ein Mißgeschick geschah, regte er sich schrecklich auf, aber er konnte nichts tun. Gott gab ihm Geduld, er lud sein Gewehr und setzte das Durchpflügen der Berge und Ebenen fort, bis er ein anderes Wild erlegte.

Man sagt, daß der Teller des Jägers und des Fischers zehnmal leer und einmal voll seien. Dieses Sprichwort konntest du aber nicht auf Bironikolas anwenden. Wenn er in die Berge ging, kam er niemals mit leeren Händen zurück.

Zum Mann und guten Jäger wurde er aber durch den Reichtum gemacht, der in den Jagdgründen herrschte. Alle Bergspitzen und Abhänge der Bergkette des Psiloritis waren voll mit Wild. Wohin man auch gehen mochte, man würde Wild herausholen, vorausgesetzt, man suchte gut. Und er wußte das und suchte und jagte wie kein anderer.

Wenn Bironikolas in die Berge ging, jagte er nur das größere Wild. Zu Hasen und dem übrigen kleinen Viehzeug ließ er sich nicht herab. Das jagte er auch nicht, wenn es ihm vor die Füße lief. Er ging, wie er sagte, nur auf die große Jagd. Und so geruhte er, nur das größere Wild zu jagen.

Wenn er es gejagt und erlegt hatte, nahm er ihm gleich die Eingeweide heraus, damit es nicht rieche, legte es sich über die Schultern und stieg in sein Dorf hinab, jedesmal nur selten Halt machend. Er brauchte Stunden, um anzukommen, aber das war ihm in so vielen Jahren zur Gewohnheit geworden, und es kümmerte ihn auch nicht. Obwohl oftmals das Tier beinahe größer als er selbst war.

Wenn er dann in sein Dorf kam, machte er oft Halt, bis er bei seinem Haus ankam. Er hielt dauernd an und ließ das erlegte Tier da, wo es ihm günstig erschien, damit es so viele seiner Dorfbewohner wie nur möglich sahen. Er war so stolz wie eine Zigeuneraxt.

Wenn er dann irgendwann sein Haus erreicht hatte, enthäutete er das Tier, zerlegte es, behielt ein Stück für sich, und alles andere schenkte er denen, die zufällig da waren.

Eines Tages fiel ihm ein sehr großes Tier zu, das so schwer war, daß er Mühe hatte, es von den Bergen herunterzubringen. Und als er es irgendwann geschafft hatte, brachte er es nicht nach Hause, wie er es sonst tat, sondern ließ es im Kaffeehaus, das auch der Fleischerladen war.

Kaum sah der Kaffeehausbesitzer, der sein Freund war, ihn so ein großes Tier tragen, traten ihm vor Überraschung die Augen aus dem Kopf. Und als er ihm half, es von den Schultern herunterzunehmen und an den Haken zu hängen, drehte er sich herum, betrachtete Bironikolas und ließ seine Augen nicht mehr von ihm.

«Kannst du mir sagen, warum du mich so ansiehst?»

«Verflucht, mein Lieber, wenn du kein Drache bist! Du bist nur ein Schluck, und ich würde gern wissen, wo zum Teufel du soviel Kraft herhast! Wie zum Teufel hast du einen ganzen Ochsen aus den Bergen heruntergebracht? Daß ich dich auch nicht ein einziges Mal schlappmachen sehe!»

Bironikolas lächelte und machte zwei, drei Schrittchen wie ein junger Hahn, bevor er antwortete:

«Ich will es dir sagen, ich bin zwar klein, aber dem lieben Gott sei Ehre, ich bin beherzt. Es sei denn, du mißt die Stärke der Männer nach dem Körper, den sie haben. Dann ändert sich die Sache. Jedenfalls für mich ist das, was Wert und Bedeutung hat, die Beherztheit. Wenn der Mann nicht beherzt ist, wehe ihm, wie gut sein Körper auch sei.»

«Gut, damit hast du recht. Es ist, wie du sagst. Aber ich habe dir etwas anderes gesagt. Ich habe nicht mit dir über starke und schwache Männer gesprochen. Ich sagte, wo zum Teufel hast du soviel Kraft her!»

«Was weiß denn ich...»

Aber dann wechselte er das Thema und kam ihm anders.

«Ich kann es dir sagen. Unter uns gesagt, auch die Kraft hat keine Bedeutung. Sie kommt und geht. Und der Böse fürchtet auch den Starken nicht.»

Der Kaffeehausbesitzer legte seine Stirn in Falten und sah seinen Gesprächspartner schief an.

«E, so ist das nun gerade nicht!»

«Wenn ich es dir doch sage. Seit es Pulver gibt, haben die starken Männer verschissen! Jetzt sind alle Männer gleich.»

«Was heißt das?»

«Ich kann es dir erklären. Bist du ein Mann von zwei Metern oder nicht?»

«Das bin ich. Kennst du mich denn nicht?»

«Du bist es, und ich sehe es. Soviel Kraft aber, wie du auch haben magst, wenn ich in meinen Händen eine kleine Pistole hielte, würde ich mit dir machen, was ich wollte. Und wenn du mir auch den Widerspenstigen spieltest, mit nur einem Schuß würde ich dich wie einen Tölpel niederstrecken. Haben die starken Männer verschissen oder nicht?»

«E, wenn du es so drehst.»

«Das drehe nicht ich so. Das dreht sich von selbst so.»

Danach beendeten sie diese feinsinnige Unterhaltung und beschäftigten sich mit dem Tier. Und als sie es abgehäutet hatten, hängten sie die Hörner des Tieres an die Wand des Kaffeehauses, damit es die Vorbeikommenden und Neugierigen sähen, die bald schon anfingen, herbeizukommen. Es versammelten sich viele, und alle wunderten sich über die großen Hörner des Tieres. Aber einer von ihnen, ein Gevatter von Bironikolas, übertrieb es. Er heftete seine Augen nach oben auf die Hörner und wollte sie nicht mehr davon losreißen. Nach einer Weile hielt sich sein Gevatter nicht mehr zurück und fragte ihn:

«Sag mir mal, Gevatter, siehst du das erste Mal Hörner?»

«Nein. Ich hab' immer wieder welche gesehen, aber so große habe ich noch nie gesehen. Hörner sind das!»

«Große, e?»

«Große, sag bloß nichts.»

Bironikolas lächelte:

«Ich kenne aber noch andere Hörner, die noch größer sind!»

«Noch größer? Das gibt's nicht.»

Der Kaffeehausbesitzer, der der Unterhaltung gefolgt war, konnte nicht mehr an sich halten.

«Das gibt's, aber wie sollst du das verstehen. Die Hörner, über die wir mit dir reden, gehen nicht in deinen Kopf. Und es ist auch besser so.»

Danach wechselte er sofort des Thema, denn er wußte, daß der Gevatter von Bironikolas zu beschränkt war, um so eine Sache zu verstehen.

Bironikolas fuhr fort, in die Berge zu gehen und Wild zu jagen. Aber die Jahre vergingen allmählich. Es änderten sich viele Dinge; es vermehrte sich das Pulver, und das Vorderladergewehr wurde eine Doppelflinte, in die du soviele Patronen wie du wolltest hineinstecken konntest. So, wie die Waffen perfekter wurden und sich das Pulver vermehrte, so verringerte sich das Wild in den Bergen. Und zum Schluß gab es keines mehr.

Bironikolas war jetzt alt geworden, es trugen ihn seine Füße nicht mehr, und so konnte er nicht mehr in die Berge gehen. Aber auch wenn er es gekonnt hätte, es gab kein Wild mehr. So erlegte er es jetzt nur noch mit Worten. Denn leider hatte er einen ernsten Fehler. Er war ein großer und unübertrefflicher Lügner.

Er log sein ganzes Leben lang. Er erzählte so viele und so große Lügen, daß du kein Vertrauen mehr zu ihm haben konntest, auch wenn er sagte, die Milch sei milchig.

Als er alt war und aus dem Dorf nicht mehr herauskam, übertrieb er es von Tag zu Tag mehr. Er war imstande und belog dich vom Morgen bis zum Abend, ohne aufzuhören. Er wurde nicht rot, wenn er log, nicht mal am Rande seines Ohres. Er tat, als sagte er die natürlichsten Sachen der Welt.

Kaum saß er also im Kaffeehaus, tat er nichts anderes, als Lügen zu erzählen. Alle waren natürlich Jägerlatein, Lügen über die Jagd, als er in die Berge gegangen war. Und jeden Tag dasselbe und dasselbe. Bis sich am Ende alle seine Dorfbewohner langweilten und niemand mehr bei ihm sitzen wollte. Wenn es ihm einfiel und er mit den dicken Lügen über das große und das kleine Wild anfing und wie er es erlegt hatte, erhob sich einer nach dem anderen und ging weg, und zum Schluß blieb er ganz allein. Aber auch das war ihm keine Lehre.

So stoppte er seine schlechte Angewohnheit mit den Lügen nicht, bis ihm seine Dorfbewohner Erde auf die Augen warfen.

Manches Mal erinnerte man sich seiner auch noch nach seinem Tode. Wenn es vorkam, daß jemand eine dicke Lüge erzählte, sahen die anderen ihn an und sagten:

«Du übertriffst noch das Wild des Bironikolas.»

Der Feldwebel und die Königin

Als Pachoumios aus den Balkankriegen in sein Dorf zurückkam, erfuhr er viel Ruhm und Ehre. Seine Dorfbewohner empfingen ihn wie einen General und verehrten ihn über alle Maßen.

Aber er war es auch wert. Viele seiner Dorfbewohner waren Soldaten gewesen und hatten gegen den Feind gekämpft, und nur er war als Träger eines Ranges zurückgekehrt. Freilich war er Reservist, aber immerhin Träger eines Ranges. Und die Borten hatte er mit seinem Schwert erkämpft. Mit Mannestaten und heldenhafter Praxis. Und das hatte natürlich besondere Bedeutung.

So kehrte er in sein Dorf als ganzer Unteroffizier zurück! Eine große Sache, auch wenn es seltsam erscheint. Aber wie sollte es auch nicht wichtig sein, wo es doch in seinem Dorf nur Analphabeten gab, obwohl es mehr als dreitausend Einwohner hatte.

Allerdings wurde die Ehre des Feldwebels mit der Zeit schnell vergessen, und es blieb ihm nur der Name. Es wurde ihm dieser Spitzname angeklebt, und so riefen sie ihn sein ganzes Leben lang. Und anders fandest du ihn nicht. Alle kannten ihn mit dem Rang der Wehrmacht.

In den ersten Zeiten, als er den Ruhm und die Ehren genoß, verheiratete er sich mit einem seiner Nachbarskinder, der Olga, und gründete sein eigenes Haus.

Pachoumios war arm, wie auch Olga, und so gründeten sie einen armen Haushalt. Immerhin waren beide arbeitsam und fleißig, und so erging es ihnen gut genug, und nie fehlte ihnen das Nötigste. Darüber hinaus genossen sie auch die Hochachtung aller ihrer Dorfbewohner.

Die arme Olga hatte einen Mund, aber sie redete nicht.

Niemals klatschte sie, sie säte keine üble Nachrede in der Nachbarschaft, und sie stritt sich nicht mit den Nachbarinnen, wie es viele andere ihrer Dorfbewohnerinnen taten. Nur einmal, als eine ihrer Nachbarinnen sie sehr gereizt hatte, konnte sie sich nicht zurückhalten, und es ließ sich auch sie von ihrem Zorn hinreißen. Die Nachbarin war reich, und in ihrer Wut redete und redete sie zu ihr über ihre Reichtümer und brachte sie in Zorn. Da hielt sich Olga in einem Moment nicht zurück und warf ihr in ihrer Gereiztheit hin:

«Ich, du dummes Ding, bin nicht reich, aber ich trage den Namen der Königin!»

Die andere wartete natürlich nicht darauf, noch mehr zu hören. Sie goß sofort ihr Gift aus:

«E, sicher! Und darum hast du den Feldwebel genommen! Wenn du keine Königin wärst, hättest du keinen Feldwebel genommen!»

Und seitdem klebte sie Olga diesen Spitznamen an, und alle nannten sie die Königin.

Pachoumios und Olga besaßen in ihrer Armut nur wenig. In den reichen Häusern des Dorfes füllte man das Öl in Vorratsfässer, weil man viel hatte. Aber die, die wenig hatten, füllten es jedes Jahr in einen großen Ölkrug. Wenn der leer war, füllten sie ihn wieder durch die Arbeit, die sie hier und dort verrichteten. So geschah es auch im Haus des Feldwebels.

Eines Abends aber paßte die Königin nicht auf, und als sie Öl aus dem Ölkrug goß, stieß sie mit ihm irgendwo an, und er zerbrach. Es floß natürlich das ganze Öl aus, das in dem Krug gewesen war.

Das Unheil war groß, und die Königin war sehr betrübt. Sie wollte sich wegen ihres Unglücks zerreißen. Sie fürchtete sich auch schrecklich. Sie fürchtete sich und wußte nicht, was sie tun und wie sie es ihrem Mann sagen sollte. Glücklicherweise aber fand eine ihrer Cousinen, der sie ihren Kummer offenbart hatte, die Lösung.

«Und darüber zerbrichst du dir den Kopf, du Ärmste?»

«Ist das denn nichts? Wir haben jetzt keinen Tropfen Öl mehr. Wie werde ich das Pachoumios sagen? Wenn er das erfährt, wird er zum wilden Tier, und mit Recht.»

«Ach was. Nichts wird er dir sagen.»

«Es scheint, du verstehst mich nicht richtig.»

«Hör doch, was ich dir sage. Er wird dir nichts sagen. Ich weiß, wann, zu welcher Zeit du es ihm sagen wirst, damit er dir keinen Dampf macht. Nur mußt du genau das machen, was ich dir sagen werde.»

Olga hatte schon lange ihre Geduld verloren:

«E, dann sprich doch. Sag, wann ich es ihm sagen werde. Du spannst mich so lange auf die Folter.»

Die andere nahm die dem Umstand entsprechende Pose ein:

«Also, am Abend im Bett wirst du ihn dazu bringen, daß er dich will. Danach läßt du ihn sich richtig bereitmachen. Und wenn du weißt, daß er angeschwollen ist und sich im 'Kyrie Eleison' befindet, zuckst du plötzlich zurück und tust so, als ob du dich gerade plötzlich erinnern würdest und wirst es ihm sagen.»

«Wirklich?»

«Tu, was ich dir sage, und du wirst sehen, daß er dir weder etwas sagen noch dich die Unterhaltung beenden lassen wird. Er wird nur die Mühe, die er zu dieser Stunde hat, beenden wollen, und es wird ihn weder das Öl noch der Ölkrug kümmern.»

Und so geschah es auch. Olga befolgte den Rat ihrer vielwissenden Cousine und sagte zu der Stunde, zu der es sein mußte, ihrem Mann ihre Untat, und tatsächlich ließ er sie nicht ausreden.

Nur am nächsten Morgen, als er sich wieder erinnerte, zeigte er leider nicht dieselbe Gleichgültigkeit, die er gezeigt hatte, als es ihm seine Frau gesagt hatte.

«Was hast du mir eigentlich zu der Zeit gesagt, als wir miteinander geschlafen haben?»

Die Königin schrumpfte sofort vor Furcht zusammen, weil sie begriff, daß sie jetzt nicht leicht entkommen würde.

«E, habe ich es dir nicht gesagt? Habe ich dir nicht gesagt, daß ich den Ölkrug zerbrochen habe?»

«Und ist das ganze Öl ausgeflossen?»

«E, alles...»

Der Feldwebel wurde jetzt plötzlich böse und knallrot:

«Und das sagst du schon!»

Dann beruhigte er sich aber sofort. Er sah, wie seine Frau jetzt noch mehr zusammenschrumpfte, und sie tat ihm leid. Er erinnerte sich auch an den gestrigen Abend, und als er es erneut bedachte, verstand er Olgas Schlauheit, und beinahe wäre er in Lachen ausgebrochen. Er änderte also seinen Ton und sagte ihr weich:

«Das macht nichts, liebe Frau. Dir und mir soll es gut gehen, und wir werden einen anderen Krug besorgen und werden ihn wieder mit Öl füllen.»

Leider aber verließ der Feldwebel die Königin, bevor er richtig alt geworden war. Es scheint, daß die Entbehrungen des Krieges ihn verstümmelt hatten, ohne daß er es begriff, und ihn dann später eine Stunde zu früh in die Unterwelt schickten.

Seitdem verlor die Königin die Wertschätzung und Hochachtung, die ihre Dorfbewohner für sie gehabt hatten. Und zwar, weil sie dem Trinken verfiel und jeden Tag mehr trank. Zum Schluß, als sie Alkoholikerin geworden war, tat sie nichts anderes in ihren Magen. Sie lebte nur noch von dem Wein, den sie trank.

Jeden Tag war sie betrunken. Wenn sie als Betrunkene auf der Straße ging, brauchte sie diese für sich allein. Sie schwankte hin und her wie alle Betrunkenen, und so brauchte sie die ganze Straße. Und natürlich wußte sie nicht, was sie tat und sagte.

Als sie alt geworden war, hatte sie auch kein Geld, um Wein zu kaufen. Und auch ihre Kinder, die alle verheiratet waren, gaben ihr nichts. Sie glaubten, daß sie sie mit dieser Art zwingen würden aufzuhören, aber sie bemühten sich umsonst. So verkam Olga von Tag zu Tag immer mehr.

Zuletzt waren ihre einzige Hoffnung und ihr einziger Trost die zwei, drei Hühner, die ihr geblieben waren. Von ihnen erwartete sie, daß sie Eier legten. Und wenn hin und wieder der gesegnete Augenblick kam und sie das Ei sah, nahm sie es sofort und brachte es, selbst, wenn es noch ganz warm war, direkt zum Lebensmittelladen. Der Lebensmittelhändler, der sie kannte, goß ihr aus dem Faß ein Glas Wein ein – soviel war das Ei wert – , und sie trank es auf einen Zug aus. Und bald noch ein Ei, und darauf folgten so viele Gläser am Tag, wie ihre Hennen Eier legten. So kam die arme Königin durch.

Es gab aber natürlich auch Tage, an denen ihre Hennen nicht

ein einziges Ei legten. An diesen Tagen war Olgas Leiden unerträglich. Den ganzen Tag lang riß sie sich nicht vom Stall los, und wenn du sahst, was sie trieb, würdest du sie wirklich bedauern. Sie streichelte die Hühner, als wären es ihre Kinder, und sie bat sie, ihr das heißersehnte Ei zu legen. Sie fütterte sie, fütterte sie wieder, und wenn sie sah, daß nicht das kam, was sie erwartet hatte, verhätschelte sie jede einzeln, und dann redete sie ihnen gut zu und bat sie, ihr die Freude zu machen. Am Ende, wenn die Stunden vergingen und nichts geschah, verlor sie ihre Geduld und fing an, die Hennen zu beschimpfen und zu verfluchen, die ihr kein Ei gelegt hatten.

Ihr Leiden mit dem Wein wurde jeden Tag größer. Als sie noch älter geworden war, vergaß sie Achtung und Stolz und tat den Leuten kleine Gefälligkeiten, um sich ein Glas Wein zusammenzusparen.

Zum Schluß führte sie ihr Leiden in den Tod. Eines Morgens fanden sie ihre Nachbarn tot in ihrem Haus. Der Arzt, der sie untersuchte, um ihren Tod zu bescheinigen, sagte, daß wie wegen des vielen Trinkens gestorben sei.

Das kleine Abenteuer des Kanarojiannis

KANARIS, DER VATER von Kanarojiannis(70), war völlig blind, aber das hinderte ihn nicht daran, seiner Frau den Jiannis zu bescheren, den Bruder des Giorgis, und einige Töchter.

Kanarojiannis war ein guter Mensch und einer der besten Arbeiter. Und als er klein war, aber auch, als er groß war, waren vor ihm weder Schnecken noch Krebse im ganzen Umkreis seines Dorfes sicher.

Als er heranwuchs, war er in der üblichen Gesellschaft mit einigen Saufbrüdern des Dorfes, und am Ende wurde auch er ein trinkfester Bursche.

Mit seinem kleinen Bruder Giorgis machte er, seit sie Kinder waren, was er wollte. Er gab ihm keine Erklärungen und setzte seinen Willen durch, was auch immer sein Bruder sagen mochte. Eines Tages aber machte auch Giorgis, was er wollte und legte Jiannis mit großer Schlauheit herein.

Sie waren damals noch Jünglinge und an jenem Tag im Weingarten des alten Kanaris. Als also die Stunde kam, da sie ausruhen und einen Imbiß nehmen sollten, öffnete Jiannis das Bündel und nahm das Gewohnte heraus: das Olivensäckchen mit den getrockneten Oliven und dem trockenen Zwieback, den du erst befeuchten mußt, bevor du ihn essen kannst. Aber dieses Mal auch einen Räucherhering, den ihnen ihre Mutter in das Bündel gelegt hatte, weil sie den Weingarten umgraben würden.

Bald fingen sie wortlos zu essen an. Jiannis aß nur den Hering und sein Bruder, ohne zu protestieren, die Oliven. Giorgis konnte aber seine Augen nicht von dem Hering losreißen, den sein Bruder aß. Und in einem Moment, als es schien, daß sein Verstand mehr als gewöhnlich arbeitete, sah er Jiannis in die Augen, und dann sagte er ihm weich und lächelnd:

«Jiannis, sag mal: 'Giorgis, iß Hering!'(71)» Jiannis beendete den

Bissen, den er im Mund hatte, ohne sich zu beeilen, schaute dann seinen Bruder schief an und sagte gleichgültig:

«Giorgis, iß Hering.»

Der arme Giorgis wartete natürlich auf nichts anderes. Er entriß ihm auf einmal den Hering und schluckte ihn wie ein Wolf mit einen Bissen herunter. Aber der Hering war noch fast völlig ganz, weil Jiannis erst so weit gekommen war, nicht mehr als ein kleines Stückchen zu essen. Und nun, wo er hereingefallen war, blieb ihm der Mund offen stehen. Er schaffte es natürlich auch nicht mehr, etwas dagegen zu tun und wenigstens ein kleines Stückchen von dem Hering zu retten. So überrascht war er.

Als die Jahre vergingen, wie sie immer vergehen, ohne uns zu fragen, wurde aus dem Jüngling Jiannis ein Mann. Und als seine Zeit kam, verheiratete er sich und gründete eine eigene Familie.

Ob verheiratet oder ledig, Kanarojiannis hatte eine besondere Eigenschaft, wie sie kein anderer seiner Dörfler hatte. Außer einem trinkfesten Burschen war er ein Furzer wie ein Kanonier. Keiner konnte mit ihm mithalten. Einzig sein Cousin Charalambovassilis kam etwas an ihn heran, ohne ihn aber zu erreichen. Jiannis konnte auch vom frühen Morgen bis zum Abend donnern. Und er schoß zu allen Stunden und in allen Momenten. Er sagte niemals nein, weder zum Gewöhnlichen noch zum Vornehmen und noch nicht mal zum Komboloispieler(72). Und das Wichtigste war, daß er noch Bestellungen annahm und ausführte. So zögerte er keine Sekunde, wenn du ihm sagtest, daß du einen Vornehmen wünschtest. Er gab dir sofort die Antwort. Und wenn du ihm danach sagtest, du wolltest einen Donner hören, verdarb er dir nicht die Freude. Er lächelte, und dann hörtest du einen Kanonenschlag, daß du glaubtest, es sei ein Donner.

Und sein ganzes Leben kurierte sich Kanarojiannis absolut nicht von der Plage des Weibes. So war diese Plage auch der Anlaß, daß der Arme das folgende kleine Abenteuer hatte:

Es geschah ihm in den Jahren, als nach Kreta die ersten

Touristinnen zu kommen begannen. Kanarojiannis war nahe daran, damals alt zu werden, aber er war noch immer empfänglich. Und außerdem war es Frühling.

Als er sich eines Tages in der Messara-Ebene[30] befand und sein Weinfeld umgrub, das neben dem Dorf Mires[73] nahe der Straße lag, ereignete sich das Folgende: Auf der Straße gingen Hinz und Kunz vorbei, und so ging auch eine Touristin vorbei, deren Minirock fast nichts verbarg. Kaum sah Jiannis sie, hörte er zu graben auf und konnte seine Augen nicht von ihr losreißen. Als sie näherkam, um ihn etwas zu fragen, glotzten seine Augen, und er wurde an einer bestimmten Stelle so üppig, wie er dort sein Leben lang noch nicht üppig geworden war. Kaum entfernte sich die Touristin, konnte er sich nicht mehr beherrschen. Er bestieg seinen Muli, und eins, zwei, drei ging es nach seinem Dorf. Hier würde er seine Frau Stasia finden und das Feuer löschen, das er in sich fühlte.

Von seinem Feld brauchte man zwei Stunden Weg mit dem Muli, um sein Dorf zu erreichen. Er aber brauchte nicht mal eine, weil er auf dem ganzen Weg das arme Tier mit dem Knüppel antrieb, und es war nahe daran zu platzen. Als er angekommen war, war der Muli so durchnäßt, als ob er in den Fluß getaucht worden wäre.

Kaum sahen die Nachbarn den schlimmen Zustand des Mulis und das brennende Gesicht von Kanarojiannis, beunruhigten sie sich und sagten ihm das auch. Er aber beruhigte sie mit einem Lächeln und versicherte mit wenigen Worten, daß ihm absolut nichts geschehen sei. Dann drängte er sich eilends in sein Haus, zog seine Stiefel aus, seine Reithose und die anderen Sachen und machte sich für seine Tätigkeit bereit. Als er aber seine Frau aus dem Schlafzimmer zu rufen anfing, weil er glaubte, daß sie im Haus sei, bekam er keine Antwort. Er bekam keine Antwort, weil sich Stasia um diese Zeit nicht im Haus befand. Als Jiannis sich davon überzeugen mußte, war ihm, als ob ihn ein Ziegelstein erschlüge. Was nun aber machen? Am Ende beschloß er, sich wieder anzuziehen und ging mit hängendem Kopf hinaus. Damit in der Nachbarschaft nicht geredet würde, tat er, als ob er sich um den Esel bemühte, bis eine Nachbarin erschien und ihm mitteilte, daß seine

Frau in ihren Garten gegangen sei, der sich außerhalb des Dorfes befand. Jiannis, der noch genauso üppig war, rannte auch dorthin, aber leider erwartete ihn hier dieselbe Enttäuschung. Stasia war auch nicht im Gärtchen.

Am Ende, als er gesehen hatte, daß sie nicht zu finden war, bestieg er wieder seinen Muli, und nach einer Stunde war er wieder auf seinem Weinfeld, ein einziges Nervenbündel und zu Tode betrübt.

Um das zu überstehen, stürzte er sich auf das Umgraben, und innerhalb weniger Stunden hatte er das gesamte Feld umgegraben.

Am Abend, als er in sein Haus zurückkam, ganz mitgenommen von der Anstrengung, hatte er nicht mal mehr Appetit auf die Hühnersuppe. Obwohl er sehr müde war, hielt er sich nicht zurück und erzählte Stasia von seinem morgendlichen Weg und dem Grund, weshalb er ihn getan. Aber über die Touristin, die ihm den Appetit gemacht hatte, sagte er natürlich nichts. Seiner Frau sagte er, wie er sie begehrt hatte und, weil er sich nicht beherrschen konnte, das Graben abgebrochen hatte und gelaufen kam, um sie zu finden.

Stasia war eine konservative Gläubige und eine gottesfürchtige Frau. An jenem Morgen, als ihr Mann sie nicht gefunden hatte, war sie in das Feldkirchlein des Heiligen Nikolaos gegangen, das sich in der Nähe des Dorfes befand, um es sauberzumachen und die Öllämpchen anzuzünden. Nun also, als sie ihrem Mann zuhörte, wie er ihr von seinem Tun erzählte, bekreuzigte sie sich mehrmals, dann sagte sie ihm halb zornig:

«E, du Ärmster, du bist verrückt geworden! Mir scheint, daß du schlimmer als die Jungen bist!»

Und dann, als ob sie zu sich selbst spräche:

«Unterbrach er das Umgraben des Weinfeldes und machte sich auf den Weg, um zu kommen und mich aufzufordern, mich mit ihm hinzulegen! Hm!... Wir sind nicht ganz richtig, scheint mir.»

Aber Kanarojiannis ließ sie nicht ohne Antwort. Er ließ es zu, daß ihm ein Wehklagen entwich, und dann sah er ihr in die Augen.

«Der Mensch, Frau, muß tun, worauf auch immer er Lust

hat. Damit er seinen Spaß hat. Darum heißt er Mensch. Außerdem wollte ich nichts Böses. Meine Frau bist du mit dem Segen der Kirche. Aber siehst du, ich habe dich nicht angetroffen.»

«Und wenn du mich angetroffen hättest, wäre es dasselbe gewesen!»

«Warum?»

«Verstehst du nicht, warum? Weil wir die große Fastenwoche und Karfreitag haben! Und ich beschmutze solche Tage nicht! Also, besser, daß du mich nicht gefunden hast.»

Später murmelte sie:

«Gott wird uns verbrennen, so wie wir plappern, und er hat auch recht.»

Nachdem er sich das alles genau überlegt hatte, antwortete Jiannis ihr lustlos:

«Dann ist es wohl besser, daß ich dich nicht gefunden habe.»

Er sagte ihr gute Nacht und ging ohne weitere Worte schlafen. Die arme Stasia setzte ihre Hausarbeit fort, ohne auch nur einen Augenblick aufzuhören, sich wegen des Treibens ihres Mannes zu bekreuzigen.

Nach einiger Zeit beeilte sich Kanarojiannis, seinen Freunden und Bekannten selbst sein kleines Abenteuer zu erzählen. Die ihm zuhörten, lachten mit ihrer Seele, und mit ihnen zusammen lachte sich auch er halbtot.

Nur sein Nachbar Arfanos lachte nicht, als er die Geschichte hörte. Alle anderen, die Jiannis zuhörten, wurden mit ihm gemeinsam ganz schwach vor Lachen, und nur die Lippen von Arfanos bewegten sich leise. Er ließ sie lachen, und als sie zu Ende waren, sagte er ihnen, seinen Kopf schüttelnd:

«Mir scheint, daß das Abenteuer von Jiannis nicht nur zum Lachen ist, und ihr werdet euch daran erinnern. Diese Damen, halb ohne Hosen und mit kurzen Röcken, von denen jedes Jahr noch mehr kommen, ich fürchte, daß es nicht lange dauern wird und sie unser Kreta verschmutzt haben. Das denke ich, und Gott kann mich einen Lügner nennen.»

Leider wurde seine Vorhersage Wahrheit. Nur, daß Arfanos

alt war und es nicht mehr schaffte, die Veränderung auf dem Gesicht Kretas zu sehen.

Der Lyraspieler der Bergdörfer

LYRAROLEVTERIS[74], DER LYRASPIELER[19] der Bergdörfer, hatte sein Vergnügen von Geburt an. Ein Teufelsstrumpf und großer Schalk, wirbelte er herum und spielte Schabernack und ließ keinen Menschen ungeschoren. Er neckte Jung und Alt, Bekannte und Unbekannte, die ihn natürlich auch nicht in Ruhe ließen.

Er hatte einen klugen Kopf und drückte nicht von sich aus auf die Bremse, wenn er das nicht wollte. Es gefiel ihm sehr, nicht zu bremsen und jeden Tag verrückt zu spielen. Und wenn er einmal dabei war, wollte er nicht mehr aufhören.

In seinem Dorf Zaros[8], aber auch in der ganzen Umgebung in den Bergdörfern, kannte man ihn als Lyrarolevteris, und nur in den Papieren fandest du ihn als Levteris Asithianakis.

Sein Vater – ein weitbekannter Lyraspieler auch er – hatte viele Kinder, und wie jeder Vater liebte auch er seine Kinder sehr. Aber seine große Schwäche war das Nesthäkchen, der kleine Levteris. Das Kind zeigte von klein an Liebe zur Lyra, und sein Vater hegte die heimliche Hoffnung, daß es in seine Fußstapfen trete. Er begann also, den kleinen Levteris die Kunst der Lyra zu lehren, und schon in der letzten Klasse der Grundschule spielte sein Jüngster die besten kretischen Melodien. Leider aber schaffte er es nicht mehr, ihn so viel zu lehren, wie er vorhatte und seinen Sohn als fertigen Lyraspieler zu bewundern. Er starb plötzlich, und der kleine Levteris mußte allein das Lyraspielen weiterlernen.

Mit dem Trauerflor wegen des Todes seines Vaters gehörte es sich nicht, die Lyra zu Hause und vor den Leuten zu spielen. Aber wie sollte sich das Kind zusammennehmen und nicht das Instrument nehmen. Die Leidenschaft für die Lyra hatte ihn schon gepackt, und er konnte nicht mehr ohne sie sein. So verlor er keine Zeit, um das Hindernis zu überwinden. Er begann, zum Heiligen

Nikolaos zu gehen, in dessen Feldkapelle, die sich nahe bei seinem Dorf am Eingang einer großen Schlucht befand. Jeden Morgen steckte er die Lyra in einen Proviantsack, nahm auch etwas Brot und Käse mit und zog zu der Kapelle.

Hier hatte er seinen Spaß, und es ging nach seinem Kopf. Er spielte und lernte unendliche Stunden, weit weg von seiner Familie und seinen Dorfbewohnern. In dieser Einöde hatte er keine Angst, daß ihn jemand hörte. Die einzigen, die ihn hörten und an dem Spiel seiner Lyra ihre Freude hatten, waren die Vögel der Schlucht und die Kiefern und die Johannisbrotbäume des Waldes. Der kleine Lyraspieler war zufrieden und sättigte sich täglich an seinem Spiel.

Wenn er müde wurde und seine Hände nach den vielen Bogenstrichen nicht mehr gebrauchen konnte, steckte er die Lyra wieder in seinen Sack und stieg in sein Dorf hinab.

Dieses Lernen und dieses Üben brauchte etliche Zeit. So lange, bis die Trauerzeit wegen seines Vaters vorüber war.

In den Jahren, als der kleine Levteris groß wurde, hatte er keine Pause. Jeden Abend gab es in seinem Dorf Ständchen. Und der kleine Levteris fehlte bei keinem. Die Jünglinge seines Dorfes ließen ihn auf keinen grünen Zweig kommen. Jeden Abend holten sie den kleinen Lyraspieler, und es gab weder eine enge noch eine breite Gasse im Dorf, in der sie nachts nicht entlangliefen und Mantinade(15) um Mantinade sangen. Aber am tollsten trieben sie es, wenn ein Jahrgang von ihnen zum Militär mußte. An den Tagen, bevor sie wegmußten, brannten die Hobelspäne, und zwar Tag und Nacht und im ganzen Dorf.

Der kleine Levteris spielte die Ständchen nicht unten. Jemand aus der verrückten Gesellschaft, der spaßiger als alle übrigen war, nahm den kleinen Lyraspieler auf seine Schultern und ließ ihn nicht mehr runter, bevor die Ständchen und der vielstündige Nachtspaziergang zu Ende waren. Der kleine Levteris lehnte die Lyra so leicht er konnte an den Kopf des Jünglings, der freiwillig die Rolle des Esels spielte, streichelte sie lange und gab ihr Stimme und Leben. Wenn dann sein Spiel bald stärker wurde, hielt er nicht mehr an sich und sang diese Mantinade:

«Der Sänger der Nacht
verdirbt das grüne Gras,
er trennt die Ehepaare
und die Kinder von den Müttern.»

Und sofort setzte ein anderer aus der Gesellschaft ein, den die Leidenschaft und seine erste Verliebtheit verbrannte:

«Deine Mama sagt 'ja',
und dein Bruder sagt 'nein',
wir werden sehen,
wie wir das Gut in der Ebene(75) aufteilen.»

Dann kam die Gesellschaft mit ihrem Spaß in Fahrt, und er sang zwei, die ihm gerade einfielen:

«Man sah uns in der Nachbarschaft
und du gibst mir die Geige,
und es ist bekannt im Dorf,
daß ich dich bald nehmen werde.»

«Ich geh' an deiner Tür vorbei,
hustend und mich räuspernd,
und wenn du nicht rauskommst, daß ich dich seh',
pinkle ich dir an die Wand.»

In den Nächten streifte der kleine Levteris durch das ganze Dorf, und am Tage lernte er Tischler. Sein Chef Tsalapatris war in der deutschen Besatzungszeit(57) ins Dorf gekommen. Jetzt war er verwurzelt und machte wunderbare Arbeit. Er war ein richtiger Künstler. Das Dorf hatte bisher keinen Möbeltischler gesehen, und so kam es fast so weit, daß die Hälfte der Dorfjünglinge als Lehrlinge zu Tsalapatris gingen. Und zuerst und am besten der kleine Levteris. Der Mensch hatte natürlich einen anderen Namen, aber weil sich seine Zunge beim Sprechen verstrickte und er alles 'tsatra patra'(76) aussprach, hatte man ihm diesen Spitznamen angeklebt, und er wurde nicht mehr anders genannt.

Tsalapatris liebte den kleinen Levteris, denn er war gehorsam, arbeitsam und lernte auf Anhieb die Dinge, die er ihm zeigte. Und so fühlte sich der Lehrling zufrieden. Nur, daß das Glück nicht lange hielt. Denn nach einiger Zeit fehlte nicht viel, daß der kleine Lyraspieler Ärger bekommen hätte. An einem Frühlingsabend brannte die Tsalapatrina(77) mit einem seiner Dorfbewohner durch, mit dem schon lange etwas zu laufen schien, und die Zarosianer ließen das den armen Levteris spüren. Sie machten ihn verrückt mit Sticheleien. Wenn er so mutig war, ins Kaffeehaus zu gehen, fingen sie sofort an. Kaum kam er ins Kaffeehaus hinein, fand sich immer irgendwer, der ihm zurief:

«Ju! Ju! Ju, kleiner Levteris, ist deine Chefin durchgebrannt!»

Der Lehrling des Tsalapatris senkte seinen Kopf vor Scham, drehte sich um und verschwand. Wenn er sich gesetzt hätte, wußte er, daß sie ihn nicht in Ruhe gelassen hätten, und er zog es vor zu gehen. Dieser Zustand dauerte lange.

Einmal aber von den vielen Malen, als sie ihn verspotteten und ihm das wieder nicht gefiel, wurde er sehr wütend, schämte sich nicht länger, sah den, der ihn verspottete, wild an und schrie ihm zu:

«Und mir sagst du das, du Dummkopf! Was geht mich das an? Ist meine Mama durchgebrannt oder meine Schwester, daß ihr mich aufzieht! Geht doch und sagt das meinem Chef, dem Tsalapatris!»

Seit diesem Tag hatte keiner mehr den Mut, ihn weiter zu verspotten. Aber auch Tsalapatrina kam, nachdem sie ihren Spaß gehabt hatte, wieder zu ihrem Mann zurück, und so endete das Thema für den Klatsch.

* * *

Es kamen und gingen die Tage, es vergingen allmählich die Jahre, und aus dem kleinen Levteris wurde ein großer. Und was für ein Levteris! Zwei Meter Körper, mit wenig Fett und breiten Schultern, rabenschwarzem Haar und dichtem schwarzem Schnurrbart.

Er ging zum Heer, und als er in sein Dorf zurückkam, war er

ein gemachter Lyraspieler. Er war sogar besser als sein Vater geworden. Und wenn es vorkam, daß auch ich mich im Dorf befand und wir in Gesellschaft waren, sang ich ihm jedes Mal diese Mantinade vor:

«Spiel mit deiner rechten Hand die Lyra,
mit der du deinen Vater übertriffst, Levteris.»

Und Levteris tat sein Bestes, sobald er die Mantinade hörte.

In Zaros, dem Marktflecken, gab es zur Zeit von Lyrarolevteris noch andere Lyraspieler. Die meisten seiner Dorfbewohner, aber auch die aus den anderen Bergdörfern, bevorzugten aber Levteris. Und zwar wegen des guten Spiels seiner Lyra, aber auch, weil er ein großer Spaßvogel und unübertroffener Witzeerzähler war. Mit seinen Späßen und seinen Witzen amüsierte er Jung und Alt, Männer und Frauen. Er kannte eine Menge Witze. Und was für welche, mein Gott! Solche gewagten, daß sogar die Witwen erröteten, wenn sie sie hörten. Wenn er einmal angefangen hatte, stand seine Zunge nicht mehr still. Er konnte von morgens bis abends erzählen. Er erzählte Witze auf jeder Hochzeit, zu jedem Fest und bei jedem Vergnügen, zu dem sie ihn einluden. Der volle Witzekrug, den er hatte, wie er selbst sagte, wurde nicht leer.

Auf den Festen hatte er aber fast jedesmal ein ernstes Problem, von dem er nicht wußte, wie er es lösen sollte. Sobald sie auf dem Fest einen Wein zuviel getrunken hatten, fingen mehrere seiner Dorfbewohner an, unaufhörlich herumzuballern. Der Unteroffizier der Dorfgendarmerie, der die Schießereien(78) hörte, erhob gegen diejenigen, die herumballerten, Anklage wegen unnötigen Schießens. Lyrarolevteris, der auf keinem Fest fehlte, rannte regelmäßig auf die Gerichte und wurde wegen der unnötigen Schießereien als Zeuge vernommen. Leider mußte er so oft aussagen, daß ihn am Ende die Richter so gut kannten, daß sic ihn beim Vornamen riefen. Und am Ende bekam er auch noch Ärger. Der Vorsitzende des Gerichtes sah ihn so wild an, als ob er der Beschuldigte sei und schrie ihn an:

«Bist du wieder hier, Levteris! Und dabei hast du so einen

Namen![79] Muß ich mich mit dir und deinen Dorfbewohnern beschäftigen? Können sie nicht endlich aufhören zu ballern!»

Lyrarolevteris regte sich über den Standpunkt des Vorsitzenden auf und ließ sich nichts gefallen.

«Werde jetzt ich dahineingezogen, Herr Vorsitzender? Andere machen die Schießerein, und ich soll den Ärger bekommen? Schließlich komme ich nicht von selbst, damit Sie sich endlos langweilen. Sie rufen mich, und ich komme, ob ich will oder nicht. Wenn es in meiner Hand läge, würden Sie mich nicht sehen.»

Er holte Atem, ging hinter ihn, sah seine Dorfbewohner, die auf der Anklagebank saßen, schief an und fuhr fort:

«Sagen Sie das denen, die auf den Festen herumballern. Zu denen, die mich dauernd vor Ihr Gericht zerren, so daß ich meine Arbeit versäume, zu denen sollten Sie das sagen.»

Dann bückte er sich und murmelte, als spräche er mit sich selbst:

«Aber von jetzt an werde ich andere Töne aufziehen. Wenn du mich nochmal als Zeuge in deiner Einöde sehen solltest, kannst du mir die Nase durchbohren.»

Der Lyraspieler der Bergdörfer sagte das und tat das. In ein Gericht setzte er von da an keinen Fuß mehr. Kaum packte ihn in jenem Winter die Grippe, fand er die Gelegenheit und verbreitete, daß er taub geworden sei von der Pechsträhne, die ihn erfaßt habe. Das sagte er ganz vertraulich seiner Nachbarin Aristea, sicher, daß es von dieser alle seine Dorfbewohner erfahren würden. Und tatsächlich lag er nicht daneben. Aristea brachte es fertig, es innerhalb eines Tages im ganzen Dorf zu verbreiten. Es sagte es der eine dem anderen, es wurde an die große Glocke gehängt, und irgendwann kam es auch dem Unteroffizier der Dorfgendarmerie zu Ohren.

Nach einigen Tagen, als er ihn wieder in sein Büro gerufen hatte, um ihn als Zeugen zu vernehmen, spielte Lyrarolevteris wunderbar die Rolle des Tauben. Und der arme Stationsvorsteher, der ihn nicht sehr herannahm, verstand gar nichts mehr. Seitdem hatte er sich ein für allemal befreit und betrat weder die Station noch das Gericht noch einmal. Nur, daß mit der Zeit dafür noch ein anderer Grund hinzukam. Seine Dorfbewohner verringerten jedes Jahr ihre Schießereien. Und nachdem ein paar Jahre vergangen waren, hörten sie auf und ballerten auf den Festen und Vergnügungen gar nicht mehr.

Außer den Witzen kannte Levteris auch einen Krug voller Mantinaden. Für eine hatte er aber zu der Zeit, als er unverheiratet war, eine besondere Schwäche, und die sang er auf jedem Fest zwei- bis dreimal. Sobald er in Laune war, dämpfte er das Spiel seiner Lyra und begann mit einem spöttischen Lächeln, das kaum am Rande seiner Lippen zu sehen war:

«Wer ein weibliches Kind
und Sultaninenfelder hat,
dem schlägt sein Arsch
wie ein Glöckchen.»

Diese Mantinade sang er natürlich, um die Väter der Mädchen zu ärgern und die, die Sultaninenfelder hatten. Die Erzeuger wegen ihrer Mädchen(80) und die Winzer wegen der Gefahren, die ihre Sultaninenfelder jeden Augenblick wegen der Witterung durchlaufen.

Aber als auch er beschloß, den großen Sprung zu wagen und zu heiraten, hatte er kein Glück. Er wurde selbst zu einem Mädchenvater, und das Dorf brach unter dem Spott zusammen. Es gab keinen, der ihn nicht verspottete. Der aber, der es am ärgsten trieb, war sein Cousin ersten Grades, Myros, der Sohn des Jiatrogiorgis. Ihre Häuser lagen nahe beieinander, und jedesmal, wenn Myros am Haus seines Cousins vorbeiging, rief er zu Levteris:

«Cousin! E, Cousin!»

Lyrarolevteris kam aus seiner Tür heraus, und dann fuhr der andere fort:

«E, wie geht es deinem kleinen Mädchen? Geht's ihm gut? Wächst es? Es soll leben! Und alles Gute für das nächste!»

Danach lachte er sich halbtot und setzte das Gelächter fort, bis er ihm den Rücken zugewandt hatte.

Levteris schickte ihn natürlich jedes Mal zum Teufel. Es gelüstete ihn, Myros anzugreifen und ihn von Prügeln verkrüppelt zurückzulassen. Er faßte sich aber in Geduld und schaffte es, seine Nerven zu zügeln, auch wenn er auf der Schwelle seiner Tür bebte. Er schüttelte nur jedes Mal seinen Kopf, sah seinen Cousin wütend an und murmelte zwischen den Zähnen:

«E, friß deine Zunge! Bist du es noch nicht leid, verflucht!»

Aber Myros hörte nicht auf. Und Levteris war kurz davor zu platzen. Er hatte Alpdrücken bekommen und wußte nicht, wie er entkommen sollte. Er selbst hatte es schon schwer genommen, daß er ein weibliches Kind gemacht hatte, und so packte ihn am Ende die Entrüstung und die Enttäuschung, und er ließ in seinem Haus kein männliches Lebewesen mehr übrig. Er schaffte sie sich alle vom Hals. Manche verkaufte er, und andere schlachtete er. Er wollte, sagte er, das einzige männliche Wesen in seinem Haus bleiben, und er brauchte nicht lange, um das zu schaffen. Der einzige, der ihm entkam, war das Böckchen, das er zum Decken der Ziegen des Dorfes hatte. Nur das entging seinem Wüten wegen der tausend Bitten seiner Frau, die ihm immer wieder sagte:

«Aber bist du denn vollkommen verrückt geworden, du Irrer, daß du auch des Böckchen abschaffen würdest? Weißt du nicht, daß wir Züchter sind, weil wir frischvermählt sind und es nötig haben? Natürlich nehmen wir wenig ein aus den Deckgebühren, aber etwas ist auch das. Wenn du auch das schlachtest, woher werde ich dann auch nur eine Drachme nehmen?»

Aber ihr Mann schenkte ihr nichts:

«Komm, Dummchen, als ob wir darauf warten müßten! Werden wir uns damit abmühen! Eine ganz Tischlerwerkstatt habe ich, und da werden wir etwas von dem Böckchen gewinnen!»

«Das weiß ich, aber ich will das Böckchen. Das Geld aus den Deckgebühren will ich als mein Taschengeld.»

«Das interessiert mich nicht. Ich werde auch das schlachten, damit ich das Allerärmste nicht sehe und mich aufrege.»

Mit viel Mühe aber überredete ihn seine Frau, und er schaffte es nicht ab. Allmählich ließ er von seiner Verrücktheit ab, aber er machte eine andere, noch größere. Er grüßte alle Mächenväter seines Dorfes nicht mehr, als ob sie schuld daran wären, daß er ein weibliches Kind gemacht hatte. Nur, daß an dieser Verrücktheit mehr seine Schwiegermutter schuld war. Er war frischverheiratet, und wie es so war, schämte er sich vor seiner Schwiegermutter. Er regierte sie noch nicht, wie er selbst sagte, und tat, was auch immer sie ihm sagte. Und sie, die das begriffen hatte, bestand nur aus Ansprüchen. Eines Tages warf sie ihm während der Unterhaltung ins Gesicht:

«E, mein ärmster Levteris, du wolltest doch auch einen Jungen machen!»

Lyrarolevteris wurde knallrot:

«Warum?»

«Und da fragst du noch... – Wie willst du einen Jungen machen bei der Gesellschaft, in der du jeden Tag bist? Verbringst du nicht jeden Abend mit den Mädchenvätern?»

Der Lyraspieler erinnerte sich sofort, daß alle, mit denen er verkehrte, Mädchenväter waren. Und seit diesem Tag pflegte er mit ihnen keinen Umgang mehr. Aber nicht nur das, sondern er hörte auch auf, diesen Menschen guten Tag zu sagen.

Die nahmen das natürlich nicht ernst, und es fragte ihn auch keiner nach dem Grund. Allmählich aber wurde sein Verhalten bekannt, und alle lachten heimlich hinter seinem Rücken.

Nur sein Onkel Tsangkaris wurde zum Türken(48), als er von seinen Taten hörte. Und als sie einander auf der Straße trafen und er ihn nicht grüßte, ertrug er es nicht mehr. Kaum überholte ihn sein Neffe, ohne ihn zu grüßen, drehte er sich um, ergriff ihn bei der Hand und schrie ihn an:

«Sag mal, Neffe, hab' ich etwa deinen Vater umgebracht, daß du nicht mit mir sprichst?»

«Nein, Onkel.»

«Was für Sachen sind das dann? Darf ich das wissen?»

«Weißt du es nicht?»

Tsangkaris, der auch ein Mädchenvater war und über seinen Neffen gehört hatte, wartete auf nichts weiteres mehr, um loszulegen:

«Nein, ich weiß es nicht. Aber ich will es wissen. Ich will aus deinem Mund hören, was man hinter deinem Rücken erzählt. Hör mal! Man sagt, er spricht nicht mit den Menschen, weil er ein weibliches Kind gemacht hat. Als ob daran die Menschen schuld wären, du Dumkopf! Du hättest etwas Männliches säen sollen.

Das, was man sät, erntet man. Mädchen habe ich auch, aber ich schimpfe deswegen nicht mit den Menschen. Sie sind nicht schuld, Neffe, die, die weibliche Kinder haben.»

«Und wer sonst?»

«Ich würde es dir sagen, aber hab die Güte und ehre mein Alter.»

Jetzt war Levteris an der Reihe, wütend zu werden.

«Ich weiß nicht. Du kannst ja meine Schwiegermutter fragen gehen, die auch deine Schwester ist. Die mir um die Ohren schlägt, daß ich nicht imstande bin, ein männliches Kind zu machen. Sie ist schuld.»

«Ich sage dazu: Schäm dich, Neffe! Schade um deinen Körper! Wehe dem, du Ärmster, der tut, was ihm seine Schwiegermutter sagt. Nur soviel sage ich dir.»

Er schlug mit der Faust in die Luft und ging und ließ Levteris starr wie ein Stück Holz auf der Mitte der Straße stehen.

Später, als Levteris seine Schwiegermutter regierte und etwas mehr Verstand hatte, sah er, daß nicht richtig gewesen war, was er getan hatte und wollte es wieder gutmachen. Er fing also mit seinen Dorfbewohnern, die weibliche Kinder hatten, zu sprechen an und verkehrte wieder mit ihnen.

* * *

Nach einiger Zeit heiratete auch Jiatrogiorgis' Sohn Myros, und kaum war seine Frau schwanger, rieb sich Levteris vor Freude die Hände. Er war aber nicht sicher und wollte sichergehen. Er gelobte also am selben Tag, als er darüber nachdachte, dem Heiligen Nikolaos, ihm ein Opfer zu bringen.(81) Kaum hatte er gründlich nachgedacht, eilte er in die Feldkirche, dahin, wohin er gegangen war, als er das Lyraspiel gelernt hatte, und er verlor keine Zeit. Er kniete vor dem Heiligenbild in der Kirche nieder, bekreuzigte sich viele Male, und dann begann er mit einer Stimme, die vor Ehrfurcht und Glauben bebte, den Heiligen zu bitten: «Mein Heiliger Nikolaos – deine Wundertaten und deine Gnade – höre mein demütiges Anliegen und tu mir den Gefallen! Ich werde Weizen erbetteln, um Brot zu backen, um es dir zur Ehre zu bringen, damit die Frau meines Cousins, der mir so lange die Leber geärgert hat, Zwillinge macht und alle beide kleine Mädchen!»

Er erhob sich, schlug wieder das Kreuz, küßte die Heiligenbilder eines nach dem anderen und machte sich auf den Rückweg, sicher, daß der Heilige ihm die Freude nicht verderben würde.

Er hatte versprochen, den Weizen zu erbetteln, nicht, weil er keinen eigenen hatte, sondern, um sich demütig zu zeigen und so seines Handels mit dem Heiligen sicher zu sein.

Niemand weiß, ob Gott oder der Teufel seine Hand im Spiel gehabt hatte oder ob es Zufall war oder das Werk der Umsicht der Tante, jedenfalls sein Wunsch wurde Wirklichkeit. Nach einigen Monaten gebar die Frau von Myros Zwillinge, und es waren beides Mädchen. Levteris wurde vor Freude verrückt. Und nun begann er mit den Spöttereien und ließ Myros nicht mehr in Ruhe.

Als ein wenig Zeit vergangen war, erinnerte er sich, daß er sein Versprechen einlösen mußte. Er hatte keinen Zweifel, daß der Heilige ihm die Freude gemacht hatte, und nun mußte auch er wie ein Mann zu seinem Wort stehen. Er mußte seine Gabe darbringen und zwar genau so, wie er es versprochen hatte.

Eines Sonntags nahm er also einen leeren Sack, warf ihn über seine Schultern und begann von Haus zu Haus zu gehen, um den Weizen zu erbetteln, den er brauchte, um das Brot zu backen. Und natürlich war das erste Haus, in das er den Mut zu gehen hatte, das seiner Tante Jiatrogiorgena, der Großmutter der Zwillinge.

Seine Tante, die den Grund für seinen Besuch nicht kannte, empfing ihn mit Vergnügen und Freundlichkeit. Und während sie ihm einen Raki(36) eingoß, fragte sie ihn:

«E, und wie kam es doch so plötzlich, Neffe, daß du dich an uns erinnert hast?»

Der Lyraspieler nahm das beinahe übel.

«E, nicht doch, Tante! Wir sind doch Tür an Tür. Jeden Tag sehe ich dich und du mich.»

«Ja, aber in mein Haus kommst du nicht oft. Darum frage ich dich, wie es heute so plötzlich kommt.»

Der Lyraspieler begriff, daß es seine Tante verübeln würde, wenn sie den Grund für seinen Besuch hörte. Es klopfte also sein Herz vom ersten Augenblick an, als er in ihr Haus hereingekommen war. Und um sich schneller loszueisen, rückte er mit dem heraus, was er wollte:

«Tante, ich erbettele hier etwas Weizen und sagte mir, daß ich in der Nachbarschaft beginne. Darum kam ich her. Ich will Weizen sammeln, um die Brotzeremonie[(82)] zu machen, die ich dem Heiligen Nikolaos – groß ist seine Gnade – versprochen habe, und er erhörte mich und machte deiner Schwiegertochter die Mädchen. Wenn auch du mir etwas geben könntest. Soviel, wie du magst...»

Jiatrogiorgena wurde, und als Frau mit Recht, zum wilden Meer.

«Was hast du gesagt, du Schmutzfink! Reicht es nicht, daß Gott dir deinen Wunsch erfüllt hat, du hast auch noch die Stirn und kommst in mein Haus und verlangst obendrein, daß ich dir Weizen gebe! Schämst du dich nicht... Sieh zu, daß du rauskommst, du Dummkopf, und komm mir nicht mehr unter die Augen!»

«Ich will ja gehen, Tante, aber du tust nicht recht. Ich kenne dich als gottesfürchtige Frau. Weißt du nicht, daß, wenn ich dem Heiligen etwas zu geben versprochen habe, auch mein Versprechen halten muß? Weil Gott mich sonst verbrennen würde.»

«Soll er dich verbrennen mit solchen Versprechen, wie du sie machst! Und die Brote, die du ihm zu machen versprochen hast, mach aus deinem Weizen und nicht auf dem Rücken des einen oder des anderen.»

«Tante, ich habe Weizen, um soviele Brote zu machen wie ich will. Aber ich habe versprochen, ihn zu erbetteln. Um demütig zu erscheinen, damit mich der Heilige erhört, wie er mich auch erhört hat. Und jetzt werde ich ihm meine Gabe bringen, so, wie ich es versprochen habe. Du willst mir aber keinen Weizen geben, und ich werde ihn anderswo finden.»

Ohne weitere Worte verließ er das Haus seiner Tante und ließ Jiatrogiorgena schimpfen und fluchen. Er setzte seinen Weg zu den anderen Häusern des Dorfes fort, und schon nach kurzer Zeit hatte er den Weizen gesammelt, den er brauchte.

Zu dem Fest bereitete er die Brotzeremonie vor, und am Tage des Heiligen Nikolaos befand er sich ganz früh und unter den ersten in der Feldkirche. Als der Gottesdienst beendet war und der

Priester die Brote gesegnet hatte, stand er, wie es sich gehörte, in der Kirchentür und gab nacheinander denen, die herauskamen, von dem zerstückelten Brot. Jiatrogiorgena aber versuchte vorbeizugehen, ohne etwas zu nehmen. Doch ihr Neffe wußte, daß sie hier vor den Menschen nicht böse mit ihm reden konnte, und er ließ sie nicht entkommen. Während sie vorbeiging, tippte er sie an und sagte mit verstecktem ironischem Lächeln:

«Hier, Tante. Nimm auch du ein Stückchen Brot.»

Als er sah, daß sie die Absicht hatte, vorbeizugehen und nichts zu nehmen, hielt er nicht mehr an sich und rief ihr zu:

«Warum nimmst du nichts, Tante? Fürchtest du nicht Gott? Brot der Kirche ist es, und nicht vergiftet!»

Jiatrogiorgena schämte sich vor den Menschen, aber das stimmte sie nicht um.

«Mit tut mein Magen weh, mein Kind, und ich kann kein Bröckchen in meinen Mund schieben. Gott soll mich verbrennen, wenn ich lüge.»

«Ich glaube dir, Tante. Ich weiß, wie dir dein Magen wehtut. Nimm aber ein Stückchen Brot, das gesegnet ist, und du wirst sehen, wie es dir Glück bringen wird.»

Jiatrogiorgena bezwang sich und nahm das Stückchen Brot, das ihr ihr Neffe so lange mit seiner Hand hingehalten hatte, aber sie schaffte es noch, ihm, ohne daß sie jemand hörte, zuzuflüstern:

«Gott wird mich erhören und dich mit Vierlingen sehen! Vierlinge sollst du machen, und es sollen alle vier Mädchen sein!»

Um ein Haar wäre Levteris der Korb mit den Broten aus den Händen gefallen. Er befürchtete, daß auch seine Tante einen Handel abgeschlossen hatte, um ihn mit Vierlingen zu sehen, und es stieg ihm in Spiralen der kalte Schweiß auf. Kaum ergab es sich irgendwie, handelte er daher sofort erneut mit dem Heiligen Nikolaos, daß seine Frau nicht noch ein Mädchen machen sollte. Oder falls auch das zweite weiblich werde, daß es wenigstens männlich aussehen solle. Und tatsächlich tat ihm auch dieses Mal der Heilige den Gefallen. Das zweite Kind war wieder weiblich, aber männlich aussehend. Danach hatte er nicht mehr den Mut, noch eines auszusäen. Er glaubte, wieviele er auch aussäen würde, sie würden weiblich werden, und er probierte es nicht wieder.

Die Mantinade, die er auf Festen für die Mädchenväter sang, änderte er jetzt, und anstatt die anderen zu verspotten, verspottete er sich selbst. Diese neue Mantinade sang er immer wieder auf den Festen.

«Eine reine Seele für die, denen Beifall gebührt,
und mir sollen meine beiden Mädchen gut leben.»

Mit der Zeit hörten seine Dorfbewohner auf, über ihn zu spotten, und nur sein Freund Doukas verspottete ihn noch manchmal, wenn es vorkam, daß er einen Wein zuviel getrunken hatte. Und es war wirklich ein böser Spott. Er schimpfte ihn 'Schlappschwanz', so oft er ihn vor sich hatte.

Levteris kochte natürlich innerlich jedes Mal, wenn er ihm so etwas sagte, aber er hielt seinen Zorn im Zaum und sagte seinem Freund kein böses Wort.

* * *

Das männlich aussehende Mädchen betrübte die Lyrarena(47) leider sehr. Beim ersten hatte es sie nicht so sehr gekümmert, denn sie hoffte auf das zweite. Nun aber, da auch das weiblich war, war sie kurz davor zu platzen. Es ärgerte sie sehr, und jeden Tag hatte sie einen anderen Schmerz und ein anderes Herzeleid. Bis sie es eines Tages nicht mehr ertrug und sie Gott bat, ihr ein männliches Kind zu schicken, und sie würde dafür ihren Mann für drei Jahre als Kirchenältesten(83) in die Kirche des Heiligen Georgios schicken, die sich zwei Schritte von ihrem Haus entfernt befand. Levteris aber sagte sie nicht den wirklichen Grund, weshalb sie ihn versprochen hatte. Sie sagte ihm, daß sie von dem Heiligen geträumt habe, weil ihr Bauch schmerzte. Aber ihr Mann erahnte die wirkliche Ursache und lächelte bitter, als sie ihm das sagte. Außerdem wollte er nicht gehen und schrie seine Frau an:

«Bist du verrückt geworden, Frau? Ich gehe nicht in die Kirche und mache drei Jahre den Kirchenältesten. Du, die du mich versprochen hast, kannst ja gehen. Ich gehe nicht, daß du es weißt.»

«Aber ich habe dich versprochen, und es geht nicht, daß du nicht gehst.»

«Dann löse dein Versprechen wieder. Ich habe dir gesagt, ich gehe nicht.»

«Warum nicht?»

«Weißt du es nicht?»

«Nein, ich weiß es nicht.»

«Ich gehe nicht, denn es würden sich alle die lustig machen, die ich jeden Tag verspotte. Darum gehe ich nicht. Hast du jetzt verstanden?»

«Es wird sich niemand über dich lustig machen. Du wirst in die Kirche gehen und nicht an eine schlechte Arbeit.»

«Und auch, wenn sie sich nicht lustig machen, gehe ich nicht.»

«Das ist wieder was anderes. Und warum nicht?»

«Weil ich mich nicht zurechtfinde in dem Kirchlichen Rat, mit dem zur Pfarrgemeinde gehörenden Kirchenältesten..., was weiß ich, wie das alles heißt. Ich glaube, du weißt ganz genau, was dazugehört. – Der eine lispelt und stottert, der andere spricht so schnell, als wäre er die Rohrmündung einer Feuergarbe von automatischen Schüssen und Waffen, und der dritte wiederholt die Wörter zwei- und dreimal, und ich werde kein Land sehen. Willst du denn, daß ich gehe und danach einem Dolmetscher suche, um mich mit denen zu verständigen?[(84)]»

Er holte Luft, und nach einer kleinen Unterbrechung nahm er erneut Anlauf:

«Nun sag mir mal, warum sagst du mir nicht ganz klar, aus welchem Grund du mich versprochen hast?»

«Ich hab' es dir gesagt. Hab' ich es dir nicht gesagt? Mein Magen schmerzt, und ich habe dich versprochen, um gesund zu werden.»

«Dein Magen oder dein Bauch? Gerade hast du mir gesagt, dein Bauch.»

«Mein Magen. Kommt das nicht aufs gleiche raus?»

«Es kommt nicht aufs gleiche raus, aber egal.»

«Für mich ist Bauch und Magen dasselbe. Streiten wir jetzt deswegen?»

Es fehlte nicht viel, daß der Lyraspieler jetzt in Lachen ausgebrochen wäre.

«A, so? Wegen deines Magens also hast du mich versprochen...»

«Warum glaubst du mir nicht?»

«Ich glaube dir. Ich habe mich nur an etwas anderes erinnert, und darum kam mir das Lachen.»

«Was heißt das?»

«Also, ich erinnerte mich, daß du es gemacht hast wie unser Dorfbewohner Zacharias.»

«Welcher Zacharias?»

«Vom Aetozacharis. Der Sohn vom Aetozacharis, der, als er sich in der ersten Reihe im Krieg befand, versprach, wenn er gut nach Hause zurückkäme, würde er seinen Bruder Manolis als Mönch in das Kloster Arkadi(85) schicken. Er versprach seinen Bruder als Mönch, um selbst vom Krieg errettet zu werden. Hast du die Schlauheit gesehen! Der Schlauberger versprach nicht sich selbst, um Mönch zu werden, sondern er machte seinen Bruder zum Dummen.»

Bald aber wurde er weich und änderte seinen Ton.

«Wenn du es schließlich so sehr willst, werde ich gehen. Ich werde gehen, und mit Gottes Hilfe. Gott soll mir helfen, daß ich von den bösen Zungen des Dorfes loskommen werde, die jetzt Tag und Nacht zu tun haben werden.»

Schon von nächsten Tag an ging er als Kirchenältester in die Kirche des Heiligen Georgios. Er war zuverlässig, arbeitsam, fleißig in seinen Pflichten und fehlte kein einziges Mal in der Kirche. Er machte seine Arbeit so gut wie kein anderer, und der Priester hatte viel zu erzählen über den neuen Kirchenältesten. Nur konnte der, wie er es vorhergesehen hatte, sich nicht mit den anderen Personen des Kirchenrates verständigen. Und so brachten diese ihn ständig durcheinander. Der einzige, bei dem er es fertigbrachte, sich irgendwie mit ihm zu verständigen, war sein Nachbar Kasanas.

Eines Sonntags war das Böse überfällig. Es näherte sich ihm einer von denen und flüsterte ihm zu, daß er gehen und die Glocke spielen solle. Aber wie sollte Levteris das verstehen, so, wie der es ihm sagte. Er verstand anstatt Glocke Fackel und glaubte, er solle die Wachsfackel anzünden. Er zündete sie also ganz schnell an und ging und stellte sich vor der Schöne Tor(86), glaubend, der Priester käme heraus. Aber der Priester kam natürlich nicht heraus. Und bald fing der Alte an, ihm aus dem Heiligtum heraus Zeichen zu geben, daß er einen Fehler gemacht habe und daß er gehen sollte und die große Glocke läuten. Das sprach sich auch in der Kirchengemeinde herum, und es begann ein leises Flüstern und Lächeln. Wie sollte Lyrarolevteris, der merkte, was hinter seinem Rücken vorging, sich nun zurückhalten. Er regte sich auf, und in seiner Erregung warf er die Fackel runter und rannte mit zwei Sprüngen hinaus.

Im Hof aber schaffte es Kasanas, ihm den Weg zu versperren.

«Um Gottes Willen, Levteris! Wo gehst du hin? Geh zurück. Fürchtest du Gott nicht? Wegen eines kleinen Fehlers benimmst du dich so?»

Aber der Lyraspieler kochte noch, und er schimpfte heftig mit Kasanas:

«Fürchtet ihr denn nicht Gott? Müßt ihr mich verrückt machen? Ihr werdet mich alle mit eurer Sprache umbringen, die ich nicht verstehe. Und wenn ihr mir keinen Dolmetscher gebt, damit ich verstehe, was ihr mir sagt, werde ich die Kirche nicht wieder betreten. Und wenn ihr mir sagt, ich soll die Glocke läuten, sagt es mir deutlich, damit ich nicht gehe und die Fackel anzünde und zum Gespött werde.»

Jetzt wurde aber auch der andere wild. Es kochte auch in ihm, und er ergriff Levteris am Jackenkragen.

«Levteris, Levteris, mir scheint, daß ich dich ins Kontobuch des Teufels schreiben werde, obwohl wir draußen vor der Kirche sind! Hast du es jetzt also auch mit mir? Willst du sagen, daß du auch meine Sprache nicht verstehst? Weil deine wohl besser ist, mein Lieber! Was für ein Mensch bist du nur!...»

Lyrarolevteris hatte so eine Reaktion nicht erwartet und wurde weich, ob er wollte oder nicht.

«Du nimmst es mir übel, Kasanas. Dich verstehe ich doch, über die anderen will ich sprechen. Nimm es doch nicht übel, wo die anderen schuld sind.»

«Ich gebe dir recht.»

«Sie sind schuld.»

Und dann, als ob er bereute, was er gesagt hatte, wandte er sein Gesicht ab und murmelte, ohne daß der andere ihn hörte.

«Mein Lieber, ein schöner Arsch am Spieß bist auch du. Ich verstehe auch dich nicht besonders, aber das macht nichts.»

Kasanas zog ihn an der Hand.

«Komm, gehen wir rein, und was geschehen mag, das geschieht. Gehen wir, sage ich dir.»

«Ich mag dich, Kasanas, aber in die Kirche gehe ich nicht wieder. Ich gehe nicht hinein, laß mich nur. Hast du nicht gehört, was in der Kirche drinnen passiert ist, und du sagst mir, ich soll wieder reingehen? Wer bin ich denn, daß der eine und der andere hinter meinem Rücken lacht. Ich komme nicht.»

Aber schon bald änderte er seine Meinung. Er ging und läutete die große Glocke, und danach ging er wieder in die Kirche hinein, als wäre absolut nichts geschehen.

In den Jahren, in denen er den Kirchenältesten machte, gab es keinen seiner Dorfbewohner, der ihn nicht wegen der Arbeit in der Kirche verspottet hätte. Aber am wenigsten von allen ließ ihn der Müller in Ruhe, der einer der größten Spottvögel des Dorfes war. Kaum sah er ihn, wo auch immer er ihn traf, und wenn auch hundert Menschen dabei waren, so rief er ihm zu:

«He, ein Kirchenältester! Bist du Kirchenältester geworden! Mein Lieber, kannst du mir mal sagen, weshalb die Heiligenbilder verschwinden, wenn du in die Kirche reinkommst? Wenn du es mir sagst, werde ich dich anerkennen. Aber es ist richtig gesagt, daß, wenn der Teufel alt wird, er als Mönch geht.»

Und jeden Tag dasselbe und dasselbe. Und wenn er an einem Tag im Kaffeehaus den Priester traf, fing er auch mit dem an:

«Was willst du, Priester, mit so einem Kirchenältesten? Weißt du nicht, daß er die Kirche besudelt, wenn du ihn nur hineinläßt. Laß ihn nicht wieder hinein, weil du den Schaden und die Sünde haben wirst.»

Der Bart des Priesters bebte. Er hatte noch nie so eine Kühnheit erlebt. Er regte sich auf und geriet außer sich, aber langsam beruhigte er sich und fand wieder zu sich selbst.

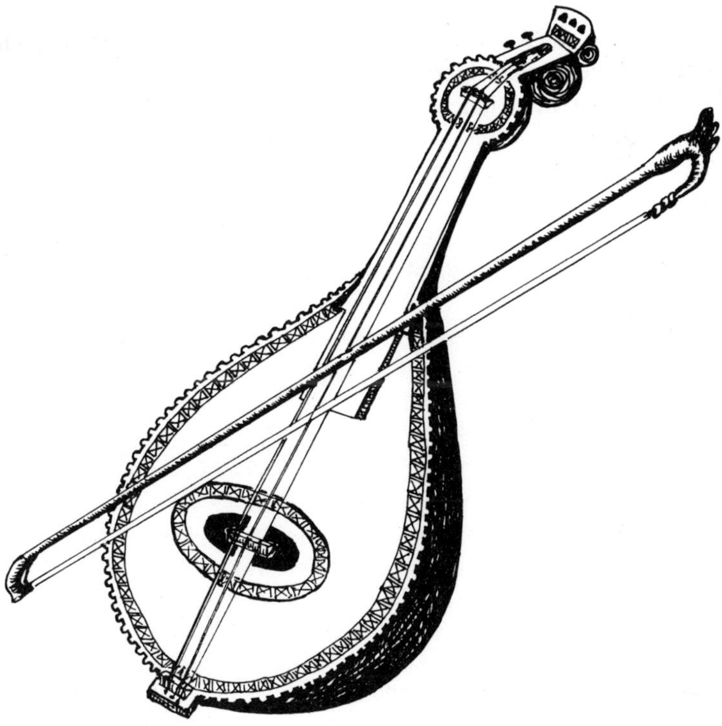

«Das sprichst nicht gut mit uns, mein Kind. Was für Worte sind das, die du über die Lippen bringst? Der Herr sagt: 'Richte nicht, damit du nicht gerichtet wirst.' Außerdem weiß ich, daß Levteris gut und wertvoll in seiner Arbeit ist. Er fehlt niemals in der Kirche. Und mit einem Wort, er ist ein ausgezeichneter Kirchenältester.»

«Das sagst du mir!»

«Er ist es wirklich, hör auf mich, ich weiß es.»

«Ich bin nicht einverstanden. Der spielt Theater. Und weißt du, weshalb er in das Haus Gottes kommt?»

Der Priester sah ihn wild an, und der Müller bezwang sich und nahm seinen Satz zurück.

«In die Kirche, wollte ich sagen. Weißt du, weshalb er kommt?»

«Ich weiß es. Wie soll ich es nicht wissen? Weil er es will, und weil ihn Gott erleuchtet hat. Und es wäre schön, wenn er auch dich erleuchtete.»

«So ist es nicht, mein Priester. Hör auf mich, der ich mehr weiß als du. Der wurde Kirchenältester, um sich bei den Seelenmessen sattzuessen![(87)] Um sich jedes Mal, wenn einer unserer Dorfbewohner abkratzt, vollzustopfen. Um bei den Seelenmessen und bei den Begräbnissen zu essen, deshalb kommt er in die Kirche.»

Aber der Priester verstand jetzt, mit welcher Sorte Mensch er es zu tun hatte und antwortete ihm nicht, und er erlaubte ihm auch nicht wieder, sich mit ihm über dieses Thema zu unterhalten.

Der Müller setzte aber seinen Gesang fort. Und eines Abends übertrieb er wieder. Er saß im Kaffeehaus mit Lyrarolevteris und einigen anderen, und sie sagten dem Kaffeehausbesitzer, er solle einen Meses[(37)] auf den Grill legen, damit sie einen Wein trinken könnten. Bevor der aber den Meses fertiggemacht hatte, läutete die Abendglocke, und der Lyraspieler stand auf und ging in die Kirche mit dem Versprechen, schnell wiederzukommen, damit sie den Wein trinken könnten. Aber die Zeit verging, und er kehrte nicht zurück. Der Müller, der seine Geduld verloren hatte und nicht mehr warten wollte, machte zwei Sprünge und ging ihn zu rufen. Er kam wie ein Wirbelwind in die Kirche herein, packte Levteris am Ärmel des Jackets, und ihn zerrend sagte er, ohne ihn loszulassen:

«Komm, denn es ist das gebacken, was du weißt. Laß uns gehen und den Meses essen, du wirst sowieso nicht heilig. Laß die Kreuzchen und die Weihrauchfässer, denn du bist nur für die Seelenmessen. Gehen wir, denn es warten die anderen auf uns. Und wenn die den Meses essen und nicht auf uns warten, werde ich dich umbringen.»

Lyrarolevteris riet ihm, nicht zu schreien, aber der Müller nahm keine Vernunft an. Bis das auch der Priester hörte und ihn mit Schimpfen und einem Fußstritt aus der Kirche rauswarf.

Als bald darauf der Abendgottesdienst beendet war, kam auch der Kirchenälteste in das Kaffeehaus zurück, aber er bekam keinen Bissen Fleisch mehr ab. Sie hatten alles aufgegessen und nicht auf ihn gewartet. Und als ob das nicht gereicht hätte, hatte er auch noch die Spöttereien des Müllers auf dem Hals.

«Du glaubst wohl, wir würden auf dich warten, bis dir die Laune kommt. Aber weil du Kreuzchen magst, geschieht es dir recht. Mach du die Kreuzchen, damit du gerettet wirst, und wir essen das Fleisch. Wir werden sehen, wer als Gewinner herauskommt.»

Levteris ließ das Gesicht hängen, weil sie nicht auf ihn gewartet hatten, aber er versuchte, es nicht zu zeigen, und er sagte auch nichts mehr.

* * *

In einem Sommer – ich erinnere mich, daß es Samstagabend war – befand ich mich mit Lyrarolevteris in Kaparjiana, das neben dem Dorf Mires[73] ein Klostergut von Zaros ist. Mit uns zusammen war auch ein Abt, der aus unserem Dorf gebürtig war, ein guter Leventis[2] und ein starker Trinker. Wir waren alle drei angetrunken und machten Radau und steuerten geradeswegs in die Volltrunkenheit hinein. So dauerte es auch nicht lange, und wir fanden einen Stammplatz. Wir gingen in die Behausung des Winzers, der auch einer unserer Dorfbewohner war, und einer der besten.

Kalaitsojiannis aber, der Winzer der Ebene, war von Anfang

an sehr aufgedreht. Den Wein schüttete er in Wassergläser, und er fragte dich nicht einmal, ob du ihn trinken konntest. Die anderen kümmerte das natürlich nicht, denn sie hoben ihn hoch, aber mich überlief der kalte Schweiß, sobald ich das Glas sah, das mit Wein gefüllt war. Als aber die Reihe an mir war, nahm ich mich zusammen und hob das erste Wasserglas hoch:

«Zum Wohl! Freuen wir uns an unserer Palikaria, ein wenig davon haben wir alle!»

Es folgte die zweite Runde. Der Abt nahm in seine Hände das zweite Glas, das ihm der Winzer gegeben hatte, und wünschte:

«Zum Wohl! Und Gott möge uns helfen, daß wir trinken und nicht ertrinken!»

Der Lyraspieler lächelte unter seinem Schnurrbart, nahm das Wasserglas und hob es Kalaitsojiannis entgegen.

«Zum Wohl, liebe Kinder! Und Gott möge uns Gesundheit geben von der Taille bis darunter!!!»

Der Hausherr war wieder an der Reihe. Der Winzer hob sein Glas ganz hoch und sah uns an.

«Und was soll ich nun sagen, der ich verheiratet und mittleren Alters bin...»

Und sofort platzte er heraus, als ob er sich an etwas erinnerte:

«Pfui dem...! Wehe dem, der keine Liebe hat, wenigstens mit seiner Frau!»

Es war schon ganz dunkel geworden. Die Schlemmerei setzte sich fort, und zum Schluß regierte uns der Wein, und wir wollten erklären, wie es kam, daß die Zarosianer Besitztümer in Kaparjiana, in der Mitte der Ebene hatten. Es scheint, daß wir das, auch wenn wir nicht betrunken waren, seltsam fanden, und nun wollten wir des Geheimnis lösen. Das Dorf Zaros liegt in den Bergen, auf den Hängen des Psiloritis[7]. Es ist mehr als zehn Kilometer von der Messara-Ebene entfernt. Und während es ringsum in der Ebene viele Dörfer und Dörfchen gibt, besitzen die Zarosianer des beste Stück der Ebene.

Kaum hatten wir mit dem Thema begonnen, sahen leider alle mir in die Augen. Und ich begriff sofort, daß sie die Antwort von meiner Herrlichkeit erwarteten. Sie erwarteten, daß ich ihnen das Wissen vermittle, aber leider hatte ich keine Ahnung. Ich preßte meinen Verstand aus, so sehr ich konnte, rasselte all mein Wissen herunter, aber ich konnte keine Antwort finden. Glücklicherweise aber tröstete ich mich und fand eine Ausrede, denn ich hatte nirgendwo etwas darüber gelesen. Und weil ich es nicht gelesen hatte, brauchte ich von mir nicht zu fordern, es zu wissen.

Ihnen aber mußte ich irgendeine Antwort geben. Und während ich überlegte und überlegte, wie ich die richtige Erklärung finden könnte, fing das Gespräch darüber in der Runde an.

Der Abt, der keine Geduld mehr hatte, stieß mich an:

«Also, Gelehrter?»

Ich hüstelte.

«Ich werde es euch sagen, es gibt viele Erklärungen und Antworten. Ich werde euch aber nur zwei sagen. Die wichtigsten, nach meiner bescheidenen Meinung.»

Der Feldgendarm, scheint es, hatte viel über diese Angelegenheit gehört und hielt sich nicht mehr zurück. Er ließ wieder Wein in dem Wasserglas überlaufen, und dann sah er mich mit offener Ironie an.

«Nun sprich doch. Wir hören dir zu. Mal sehen, was du uns auftischen wirst.»

Ich wartete nicht länger:

«Das alte Gortys(88), wie es die Schriften sagen, war eine große Stadt. Sie reichte bis hierher, wo wir sitzen. Darum finden wir, wenn wir die Weinfelder umgraben, Marmor und andere Altertümer. Von dieser Stadt kommt alles. So groß, wie sie war, brauchte sie auch viel Wasser. Aber hier gab es kein Wasser. Viel Wasser gab es in unserem Dorf, und das gibt es dort noch, weil es dicht an den Bergen liegt. Sie gingen also los und holten das Wasser Gottes aus unserem Dorf. Und sogar die gemauerten Wassergräben sind auch heute noch an vielen Stellen bewahrt. Damit man es ihnen aber nicht wegnahm, das Quellwasser, gingen sie hin und setzten ihre eigenen Leute ein, um es zu bewachen. Jene Menschen verwurzelten sich allmählich dort, und ihre Besitztümer hatten sie hier. Und so ging es bis heute.»

Der Winzer brach fast in Lachen aus. Meine Geschichte gefiel ihm nicht, und er rief:

«Und das sagst du mir!»

Das gefiel dem Abt aber nicht:

«Du mach mal deine Arbeit, und verdirb nicht die Worte eines anderen, wenn er spricht. Laß uns doch mal sehen, was uns das Kind sagt, und danach sprichst du.»

Ich fuhr mit der zweiten Erklärung fort, die mir in den Kopf gekommen war:

«Als Gortys, die Stadt, die hier war, zerstört wurde, ich weiß nicht, wodurch, durch Erdbeben, Seuche, Versinken, fürchteten sich die Menschen in ihrer Unwissenheit. Und weil sie glaubten, daß die Ebene schuld war an der Zerstörung, die geschehen war, gingen sie in die Berge. Und so siedelten sie sich in unserem Dorf an. Ihre Besitztümer aber ließen sie hier und kamen dann und wann. So wie sie bis heute noch herkommen.»

Ich hörte auf, wurde ganz rot und fügte schnell hinzu:

«Das habe ich gewußt, und das habe ich euch gesagt.»

Jetzt lächelte auch der Abt ironisch.

«Bist du fertig?»

«Ja.»

«Dann tut es mir leid.»

«Weshalb?»

«Weil du uns nichts Vernünftiges gesagt hast. Mit deiner Geschichte hast du aber bewiesen, daß du große Fantasie hast. Und wenn das Leben nur davon etwas brauchte, würdest du, mein Palikari, gut vorwärtskommen. Leider braucht man aber, um das Leben zu meistern, noch viele andere Dinge. Nur mit der Fantasie erreichst du nichts. Jedenfalls, ich glaube kein Wort von dem, was du gesagt hast.»

«Warum nicht?»

«Weil es ein Märchen ist!»

Mein jugendlicher Trotz kam hoch:

«E, heiliger Abt, der du ein Heiliger bist, so wie ich ein Pilot bin, sag du uns die Wahrheit, damit auch wir sie erfahren!»

Aber der Mönch regte sich nicht auf. Er tat, als höre er nicht. Er streichelte seinen Bart, sah mich gleichgültig an und begann mit seiner Version:

«Gott, sagt man, möge dich vor den Zarosianern behüten. So wird es gesagt. Hast du das gehört, mein Jüngelchen?»

«Das habe ich.»

«E, hör also, damit du es erfährst. Als die Türken von Kreta weggingen(45), kamen unsere Dorfbewohner aus den Bergen, wo sie gewohnt hatten, hierher und raubten die Besitztümer. Ich will sagen, daß sie durch viele Dörfer durchkamen, auf diesem Fleckchen Erde ankamen, und während sie ankamen, brachten sie es fertig und nahmen von den Türken all diese Besitztümer für ein Stück Brot. Verstehst du jetzt, mein Jüngelchen, was die Wahrheit ist? Sag, daß du verstanden hast.»

Aber mein Trotz wurde größer.

«Quatsch! Und du als Priester sagst, daß du liest! Wenn es so gewesen wäre, wie du sagst, würden es unsere Großväter und Väter noch wissen und es uns gesagt haben. Aber sie haben uns solche Sachen nicht gesagt. Es scheint, wenn du liest, hältst du das Buch verkehrt herum. Als ob wir diese Weingärten den Türken abgenommen hätten!»

Die beiden anderen sahen uns belustigt an. Der Winzer drehte seinen Schnurrbart und betrachtete uns.

«Ich werde euch erklären, warum und wieso wir uns hier befinden.»

Und er fuhr fort, ohne zu warten, daß ihm geantwortet würde:

«Ich befinde mich hier, damit meine Herrlichkeit in Schwierigkeiten kommt. Damit sie mich in diesem Klostergut quälen, ich den Winzer mache und die Hälfte des Jahres keine Seele sehe. Daß ich meine Frau und meine Kinder ganz verlassen im Dorf zurückgelassen habe. Und damit ich sie alle Jubeljahre mal sehe, obwohl ich immer wieder zu dem Gehörnten, dem Vorsteher, sage, er soll mich versetzen. In sein eines Ohr geht es hinein, und zum anderen hinaus. E, siehst du, ich bin Anhänger des Venizelos(26). Das ist der Grund, Gevatter, weshalb wir uns hier befinden.»

Er wandte sich zu Lyrarolevteris:

«Was sagst denn du, Levteris, der du auch Lyraspieler bist? Du mußt uns noch etwas sagen. Nun also, was wirst du uns sagen?»

Levteris wurde rot und lächelte bitter.

«Laß mich mal. Ich verstehe nichts. Ich bin ein Schüler der deutschen Besatzungszeit(57) und habe nichts weiter gelernt, als meinen Namen zu schreiben. Ein ungehobeltes Holz. Ich bin wie die Hölzer, die ich täglich in meiner Tischlerei beschneide. Darum laß mich. Ich weiß nicht, wie wir hierhergekommen sind und habe auch keine Felder hier, daß mich das kümmern würde.»

Kalaitsojiannis goß wieder Wein nach. So, wie die Zeit verging und ihn der Wein packte, so wurde er streitlustiger. Er betrachtete jetzt das Wasserglas, das er nicht mehr zu erkennen schien, und er goß den Wein in einen großen Mörser.

Dann zwang er einen nach dem anderen, den Mörser auszutrinken, ob er wollte oder nicht. Und es gab auch keine Möglichkeit, daß du entkamst. Er gab dir den Mörser voller Wein in die Hand, und er bettelte, bis du den Mörser austrankst. Und wehe dir, wenn du nicht trankst. Er bedauerte dich nicht und gab keine Gnade. Er wollte, daß wir ununterbrochen den Boden sahen. Sodald einer zögerte, schrie er ihn an:

«Warum, du Tölpel, trinkst du nicht! Siehst du den Trichter, der dort an der Wand hängt? Ich will den nehmen und dir den Wein eintrichtern, trink ihn nur.»

Und wir tranken aus ihm. Sogar ich trank aus ihm. Nach dem ersten Wasserglas ermutigte mich der Wein, und so brachte ich es fertig, mit ihnen bis zum Schluß mitzuhalten, obwohl ich kein starker Trinker war.

Glücklicherweise aber war der Wein, den er hatte, bald alle. Und anderen in dieser Einöde zu bekommen, war unmöglich. Zu dieser Jahreszeit, als die Weinlese vorbei war, fandest du in dem ganzen Klostergut keine Menschenseele.

Als der Wein zu Ende war, war auch das Fest zu Ende. Wir lösten es auf und machten uns auf den Weg zu einem anderen Stammplatz, Kalaitsojiannis allein lassend. Voran ging der Abt, und während wir uns entfernten, rief er dem Winzer zu:

«Vielen Dank für die Ausgaben, die du wegen uns hattest! Na, dann alles Gute bis zum nächsten Mal!»

Kalaitsojiannis ließ ihn natürlich nicht ohne Antwort. Aber da wir schon weit weg waren, hörten wir ihn nicht mehr.

Unterwegs erinnerte sich Levteris daran, daß er diesen Samstag den Abendgottesdienst vergessen hatte. Es war das erste Jahr, daß er in der Kirche des Heiligen Georgios den Kirchenältesten machte. Es tröstete ihn aber der Abt, der ihm sagte, wenn er morgen früh zum Gottesdienst ginge, würde es nichts machen und der liebe Gott ihm verzeihen.

* * *

Am anderen Tag war der Lyraspieler der Bergdörfer frühmorgens in der Kirche. Er erfüllte auch heute aufs Redlichste seine Pflichten, und als der Gottesdienst zu Ende war, ging er und setzte sich in das Kaffeehaus. Er trank seinen Kaffee, er wurde geneckt, und er neckte die anderen, sie unterhielten sich über tausenderlei Dinge, und während er sich zum Gehen bereitmachte, kam in das Kaffeehaus eine unbekannte Dame.

Kaum war sie drinnen, sahen sich alle um und betrachteten sie. Sie war so schön, daß man sie wie einen Happen verspeisen und Gott dafür danken wollte. Gut angezogen, schlank, mit großen, schwarzen Augen, mit weißer Samthaut und einem Gesicht, wo du sagtest, lieber Gott, gib mir vier Augen, daß ich sie ansehen kann.

Für Lyrarolevteris war die Frau sein ganzes Leben lang wie eine weit offene Wunde. Als er unverheiratet gewesen war, hatte er mehrere Liebschaften gehabt, und nun, da er verheiratet war, gefielen ihm zwar weiterhin die Rocksäume, aber er übertrieb es nicht. Er war noch immer jungvermählt, und so, wie er seinen Brautkranz ehrte, beschränkte er sich nur auf das Hinsehen.

So auch jetzt. Als er die schöne Fremde sah, glotzten seine Augen, und er konnte sie nicht von ihr losreißen. Sie setzte sich dazu, der Kaffeehausbesitzer bewirtete sie, wie es nicht besser ging, und als sie im Kaffeehaus sagte, sie sei Volkskundlerin und erklärte, zu welchem Zweck sie in das Dorf gekommen sei, drehten sich alle um und sahen Levteris an. Der Kaffeehausbesitzer, der das Wort ergriff, klopfte ihr freundschaflich auf den Rücken und sagte ihr:

«Du hast großes Glück.»

«Wieso?»

Er deutete auf Lyrarolevteris, der in einer Ecke des Kaffeehauses saß, und fügte hinzu:

«Der dort ist Lyraspieler. Und als Lyraspieler geht er auf die

Hochzeiten, die Taufen, auf die Kirchweihfeste, und mit einem Wort, er ist überall anwesend. Und jetzt ist er sogar auch Kirchenältester in der Kirche und kennt sich in den Kirchendingen aus. Er weiß, was in unserem Dorf geschieht und in allen Bergdörfern. Du hast den geeigneten Menschen gefunden, dir das Wesen und die Sitten unseres Dorfes von A bis Z zu erklären. Darum habe ich dir gesagt, daß du Glück hast. Denn du hast ihn zufällig im ersten Kaffeehaus getroffen, in das du gegangen bist.»

Die Volkskundlerin sah aus, als freute sie sich und betrachtete Levteris genau. Sie erhob sich von ihrem Platz, ging zu ihm, und während sie ihn begrüßte, setzte sie sich neben ihn, und sie begannen zu reden. Jedoch fühlte er sich anfangs irgendwie unwohl. Er wurde leicht rot und spürte einen Schauer auf seinem Rückgrat, denn er sah, wie sie ihn mit ihren Augen verschlang und wie ihn ihr Körper anzog. Aber auch er hielt sich natürlich nicht zurück. Er brachte es aber fertig und sah einen Augenblick woanders hin und sagte sich im Innern zwei-, dreimal: 'Hinter mich, Satan!' Und als er sie dann wieder ansah, war er beinahe beruhigt.

Auf alles, was sie ihn fragte, antwortete er ihr mit großer Leichtigkeit. Alles wußte er, und an alles erinnerte er sich, überdies erlebte er das, was sie ihn fragte, täglich und wußte es auswendig und ganz genau.

Ihr Gespräch dauerte eine Weile. Und als sie endeten, nahm er sie, um sie noch mehr zu erfreuen, und zeigte ihr den Votomo, die größte Quelle des Dorfes. Unterwegs ergab es sich, daß sie ihm sagte, sie habe Unglück gehabt und sei geschieden. In Levteris brannte nun natürlich das Blut noch mehr, aber er brachte es fertig, es nicht zu zeigen.

Die Volkskundlerin war überrascht von der Schönheit des Ortes – sie wurde nicht satt, die tiefgrüne Wiese zu betrachten, die sich um die Quelle mit den hohen Binsen und dem dünnen Schilf ausbreitete – , aber auch von dem vielen kristallklaren Wasser, den hohen Pappeln und den ganz grünen Jahrhunderte alten Platanen.

Nach diesem ersten Eindruck überquerten sie die Wiese, schoben das Schilf und die Binsen beiseite, die den Pfad bedeckten, dem sie folgten, und sie kamen oberhalb der Quelle an. Das Wasser sprudelte aus großer Tiefe hervor, und bevor es an die

Oberfläche hochkam, konnte man keinen Flußlauf erkennen. An der Oberfläche siehst du einen winzigen See, ganz rund wie eine Dreschtenne. Das Wasser der Tenne wirkt stehend, aber gleich nachdem es in seinen natürlichen kleinen Vorhof gekommen ist, siehst du es fließen und sich nach unten ergießen.

Sie standen einige Zeit oberhalb der Quelle, ohne zu sprechen. Um diese Zeit gab es keine Menschenseele in dieser Einöde. Kein Lebewesen rührte sich auf der ganzen Wiese. Kein Laut war zu hören. Und nur ein paar Rebhühner auf den benachbarten Felshängen des Psiloritis zwitscherten, aber sie hörten auf, als ob sie es sich anders überlegt hätten und überließen den Monolog einer Bergamsel, die nicht enden wollte.

In dem Schweigen beugte sich die Geschiedene(89) vor, Levteris betrachtend.

«Aber warum ist das, was wir hier sehen, rund? Ist das nicht wirklich seltsam?»

Der Lyraspieler bewegte seinen Kopf und lächelte schwach:

«Weil es vor langer Zeit eine Tenne war. Daher ist es ganz rund.»

«Eine Tenne?»

«Ja, eine Tenne.»

«Was ist das?»

Und Levteris begann ihr zu erzählen, was er von den Alten des Dorfes gehört hatte.

«Es wird gesagt, daß das, was wir sehen, eine Tenne war, bevor sie versank und zur Quelle wurde.»

«Und wie versank sie?»

«Man sagt, hier lebte einst ein Vater, der eine einzige Tochter hatte. In einem Sommer droschen sie mit ihren Ochsen auf dieser Tenne. Und eines Sonntags, als der Vater ins Dorf hinunterging und seine einzige Tochter allein hier ließ, wollte sie ihm zeigen, wie fleißig sie war, sie schirrte die Ochsen an, kaum daß ihr Vater gegangen war, und begann sonntags zu dreschen, Aber sie schaffte nicht einmal, sagt man, auch nur eine Runde auf der Tenne. Gott strafte sie, die am Sonntag drosch, und versenkte die Tenne zusammen mit der sündigen Tochter und den Tieren. Und so, sagt man, entstand die Quelle.»

Die Volkskundlerin hörte ihm mit großer Aufmerksamkeit zu, solange er sprach. Und nun, als sie ihn aufhören sah, fragte sie ihn:

«Und sagt die Überlieferung nichts anderes über eure Quelle?»

Der Lyraspieler dachte ein wenig nach, bevor er antwortete:

«Sie sagt etwas, wie denn nicht... Es wird gesagt, daß die Tenne einmal im Jahr wiederersteht und daß sich die Tochter zeigt und wie damals drischt, aber es hat niemand das Glück, sagt man, sie zu sehen.»

Dann beugte er sich vor und zeigte der Geschiedenen einen kleinen Steinhaufen auf dem Boden der Quelle.

«Siehst du diese Steine?»

Auch die Geschiedene beugte sich vor.

«Ich sehe sie.»

«E, man sagt, das sind die Steine, die rund um die Tenne lagen, bevor sie versank. Und die Quelle, sagt man, hat keinen Grund. Und wenn du mir nicht glaubst, schau selbst nach, dann siehst du, daß außer den Steinen nichts zu sehen ist.»

Und wirklich, wie sehr auch die Volkskundlerin schaute, sie konnte nichts anderes erkennen.

Als sie sich aber vorbeugten und sich ihre Körper etwas berührten und sich ihr Atem vermischte, bekamen sie beide eine Gänsehaut. Aber Levteris brachte es wieder fertig, sich zurückzuhalten und murmelte wieder in seinem Inneren, schnell, schnell: 'Hinter mich, Satan!'.

Bald verließen sie die Quelle und gingen weiter und setzten sich außerhalb der Wiese unter einen großen Olivenbaum. An diesem Baum und weiter oben begann der Berghang, der voller Thymian und Salbei war. Kaum sah die Volkskundlerin diesen Reichtum, verlangte sie von ihrem Begleiter, daß er ihr diese Kräuter sammle, weil sie die Botanik interessierte, wie sie ihm sagte. Nur, daß sie die zu einem anderem Zweck wollte, wie es sich später zeigte. Levteris erfüllte ihr auch diesen Wunsch, und innerhalb kurzer Zeit brachte er ihr unter den Olivenbaum ein Bündel Salbei und ein Bündel Thymian.

Sie berührte mit Zärtlichkeit die Bündel, als ob sie ein kleines Kind streichele. Sie rückte sich zurecht, löste die Bündel und begann den Thymian und den Salbei wie zu einem Lager unter dem Olivenbaum auszubreiten.

Levteris verstand sofort ihre Absicht. Hier, wo sie ihn allein hatte, würde er ihr nicht entkommen. Sie sah, wie einsam es war, und sie würde die Gelegenheit nicht ungenutzt verstreichen lassen. Sie machte also das Lager, damit sie sich hinlegen und miteinander schlafen würden. So quälte er sich nun sehr schlimm. Er schwoll an, als er ihr Tun begriff. Sein Geist aber hielt ihn im letzten Augenblick zurück. Er dachte, daß er noch jungverheiratet war, daß es sich nicht gehörte, so bald den Brautkranz zu zertreten, und das Wichtigste, es könnte sie jemand sehen, und wer würde ihn dann später vor Lyrarena erretten. Er versteinerte also sein Herz und durchkreuzte so sanft wie er konnte die Pläne der Fremden. Er klopfte ihr leicht auf den Rücken und sagte ihr hauchend und kaum hörbar:

«Jetzt, wo wir die Kräuter gepflückt haben, gehört es sich nicht, sie auf der Erde auszubreiten.»

«Warum nicht?»

«Weil sie ihr Aroma verlieren werden. Sie müssen so trocknen, wie ich sie zusammengebunden habe.»

Und die sogenannte Botanikerin, die verstand, wurde vor Scham gelb und gab mitten auf dem Weg auf. Sie schmollte, ließ das Gesicht hängen und fand von diesem Moment an ihre gute Laune nicht mehr wieder.

Levteris band die Bündel schnell wieder zusammen, nahm das eine unter die eine Achsel, das andere unter die andere, und sie machten sich auf den Abstieg zum Dorf.

Auf dem ganzen Weg sprach die Geschiedene nichts. Und Levteris dachte darüber nach, wie er es ausgehalten und nichts besudelt hatte. Aber noch über etwas anderes. Wie die Volkskundlerin nichts vom Landleben verstand und daß sie ein großer Tölpel war, obwohl sie sich gebildet und klug darstellte. Denn wenn es ihr zusetzte, hätte sie nicht von ihm verlangen dürfen, ihr Thymian und Salbei zu pflücken, um ein Lager zu bereiten. Sie hätte die Binsen auf der Wiese gesehen, dieses weiche Lager, und sie hätte ihm zu verstehen gegeben, wenn sie schlau gewesen wäre, daß sie sich mitten in den Binsen verstecken sollten, wo sie niemand außer dem lieben Gott gesehen hätte. Aber glücklicherweise hatte sie nicht so gedacht. Denn wenn sie so gedacht hätte, der Teufel sollte ihn holen, wenn er es fertiggebracht hätte zu widerstehen.

Als sie im Dorf angekommen waren, brachte er sie ins Kaffeehaus, ihr den Thymian und den Salbei dalassend, und rannte in sein Haus. Und kaum sah er Lyrarena, fing seine Zunge an:

«Heute, Frau, habe ich etwas so Gutes getan, daß es sich nicht sagen läßt. Ich kam in Schwierigkeiten, aber am Ende habe ich es geschafft. Aber das, was ich dir sagen kann, ist etwas anderes, als das, was du wissen kannst. Du sollst aber wissen, daß das, was ich gemacht habe, ich nur dir zu Gefallen getan habe.»

Lyrarena sah ihn seltsam an:

«Was hast du denn gemacht?»

Um ein Haar hätte Levteris es verraten. Aber er fand glücklicherweise schnell die Worte und erzählte seiner Frau das erstbeste, was ihm in den Kopf kam.

«Ich habe im Kaffeehaus eine Preffa(90) gespielt, Frau! Es war sehr schwierig, ein sehr schwieriges Spiel, sage ich dir, aber ich bin nicht zurückgewichen, und am Ende habe ich es geschafft und siegte.»

Lyrarena schüttelte ihren Kopf:

«Mein Lieber, was ist das schon! Du hast bei der Preffa gewonnen, na und?»

«Wenn du wüßtest, habe ich dir gesagt! Aber siehst du, du weißt es nicht. Weißt du, was für ein gefährliches Spiel das war? Aber wenn es nicht dir zu Gefallen gewesen wäre, würde ich dir sagen...»

«Das ist wieder was anderes. Mir scheint, dir geht es wohl nicht gut. Denn wenn es nicht mir zu Gefallen gewesen wäre, hättest du dann nicht gesiegt?»

«Natürlich hätte ich dann nicht gesiegt. Wenn du nicht gewesen wärst, hätte ich sicher verloren..., nämlich, ich hätte gewonnen, aber ich hätte eine andere Sache gewonnen... Nämlich, ich hätte bei den Karten verloren, aber in der Liebe gewonnen. Sagt man nicht so?»

«Du bringst mich ganz durcheinander. Ich verstehe dich nicht. Hast du vielleicht wieder einen getrunken und weißt nicht, was du sagst?»

«Ich habe nicht getrunken. Ich werde es dir auseinandersetzen. Es ist ganz einfach. Als ich mich setzte, um die Preffa zu spielen, sagte ich mir: 'Levteris, deiner Frau zu Gefallen, gib dein Bestes, um zu siegen!' Und ich siegte. Das ist alles. Verstehst du?»

«Nein.»

«E, wenn du nicht Preffa spielst, wie kann ich dir dann helfen?»

«Ich weiß nicht, ob ich Preffa spielen kann, aber ich weiß, daß du spät kommst und ich auf dich so lange gewartet habe, um zu essen. Und du hast wieder so lange im Kaffeehaus gesessen. Das weiß ich, und alles andere, was du aufzählst, interessiert mich nicht.»

«Gut, gut... Du hast recht. Ich werde dir das nicht wieder antun. Ich kam etwas durcheinander, aber ich habe mich wieder beruhigt, und wie du siehst, bin ich gekommen.»

Und seine Frau wurde still und sagte nichts mehr.

Am Nachmittag ging Levteris wieder auf den Platz und fiel der Geschiedenen wieder in die Hände. Jetzt aber war sie drüberweg und schmollte nicht mehr. Und kaum sah sie ihn, verlangte sie von ihm, daß er ihr etwas im Dorfleben zeige, das mit ihrer Arbeit zu tun hatte.

«Also, wirst du mir etwas zeigen, was mit meiner Arbeit zu tun hat?»

Er erinnerte sich dann an den Salbei und den Thymian und lächelte schlau:

«Mit welcher Arbeit, der der Volkskundlerin oder der der Botanikerin? Denn wenn ich richtig verstehe, hast du mir gesagt, daß du beides bist.»

Aber auch sie ließ sich nichts gefallen.

«Ja, aber du hilfst mir nur bei der Volkskunde. Bei dem anderen hast du mir aus den Bergen die Kräuter geholt und sie mir unter den Olivenbaum gebracht, und dann bist du zurückgeschreckt. Das werde ich nie vergessen.»

«Ich auch nicht, aber macht nichts.»

«Ja, macht nichts, lassen wir das jetzt und laß uns sehen, daß ich noch etwas anderes erfahre, da ich in euer Dorf gekommen bin. Jedenfalls, die Kräuter, die du mir gepflückt hast, werde ich morgen, wenn ich weggehe, mit mir nehmen, und sei sicher, daß sie mir irgendwann nützen werden.»

Der Lyraspieler hielt sich nicht zurück und murmelte, ohne daß sie ihn hörte:

«Nimm sie, damit du im Winter jemanden heiß machst, wo nicht das passiert ist, was du wolltest. Und wo auch mir das Wasser im Mund zusammengelaufen ist, aber ich konnte nicht.»

Dann nahm er sie mit, um ihr die Rakikessel zu zeigen, die in jenen Tagen in Betrieb waren und den Ersten Raki und den Raki hergaben. Und schon bald befanden sie sich in der ersten Rakibrennerei. Hier ergab es sich zufällig, daß sie auf die zwei Saufbrüder des Dorfes, Birostefanis und Michelozacharis, trafen, die seit dem Morgen ununterbrochen in der Rakibrennerei waren und den Raki kosteten. Und sie hatten auch heute nicht wenig getrunken.

Als sie ankamen, leerte der Rakibrenner gerade den Kessel. Sodald er fertig war, bereitete er den nächsten Kessel vor. So verfolgte die Volkskundlerin den ganzen Vorgang der Destillation des Rakis. Und das, was sie nicht verstand, erklärten ihr der Rakibrenner und Levteris.

Als der Raki ganz heiß zu rinnen begann und in den großen Topf fiel, der unter dem Kessel aufgestellt war, füllte der Rakibrenner ein Rakiglas und bot es der Besucherin an. Die nahm das Glas in ihre Hand und machte sich bereit, den Raki zu trinken. Der Lyraspieler sah die Gefahr und wollte ihr zuvorkommen. Er wußte, daß, wenn er sie den Raki trinken ließe, der sie verbrennen würde, denn es war Erster Raki; und vielleicht würde er ihr noch größeres Übel zufügen. Er sah sie an und lächelte ihr zu.

«Weißt du, was für ein Raki das ist?»

Aber die Geschiedene fühlte sich verärgert. Gerade eben hatte sie den ganzen Vorgang verfolgt, und sie glaubte, alles verstanden zu haben.

«Das weiß ich. Wie soll ich das nicht wissen? Für wen hältst du mich? Das ist Tsikoudia[36] aus dem Weintraubenabfall. Gott sei Dank sehe ich, ich bin ja nicht blind.»

«Ja, aber es ist Erster Raki.»

«E, und?»

Jetzt fühlte sich auch Levteris gereizt und beschloß, sie sich verbrennen zu lassen, damit sie lernte, ein anderes Mal nicht so starrköpfig zu sein.

«Dann trink ihn. Und sag dir, du trinkst ein Likörchen. Los, trink doch, damit auch wir drankommen.»

Die Geschiedene wartete nicht länger. Sie schüttete mit einem Schluck den Raki herunter, und der Mund blieb ihr offen stehen. Es war genau das passiert, was Levteris erwartet hatte. Ihre Augen traten hervor, es rannen unaufhörlich die Tränen, und sie verlor für geraume Zeit die Stimme. Sie gab dem Rakibrenner das Glas und fand die Courage, ihn anzulächeln.

«E, es ist wahr, daß er ein bißchen brennt. Er ist etwas stark.»

Der Lyraspieler drehte seinen Schnurrbart und sah ihr in die Augen.

«Du Dummchen, der ist sehr stark, reines Feuer, aber weil du nicht auf mich hören wolltest, geschieht es dir recht.»

Um ihr die Wahrheit seiner Worte zu beweisen, ergriff er aus der Hand des Rakibrenners das Rakiglas und warf es in das Feuer unter dem Kessel. Der Erste Raki brannte natürlich, aber die Geschiedene setzte ihren Gesang fort:

«E, was willst du, Levteris, soll er nicht angehen und nicht brennen? Das ist Raki, das ist kein gepanschter Wein.»

«E, dann laden wir dich zu noch einem ein.»

Jetzt gab sie nach, ob sie wollte oder nicht.

«Nein, danke. So haben wir nicht gewettet.»

Dann lachte sie:

«Der erste hat mich verbrannt, wie man sagt.»

Da lachten auch die anderen. Lyrarolevteris füllte wieder das Glas und goß den Raki auf einmal runter. Dann lud er Birostefanis und Michelozacharis ein und stellte das Rakiglas wieder an seinen Platz. Er ging zwei, drei Schritte zurück und wandte sich zu Birostefanis:

«E, wieviele hast du heute getrunken, Pate?»

«Wieviele ich getrunken habe... Nichts habe ich getrunken. Nicht mal eine Oka[13] habe ich getrunken, Patenkind.»

Aber plötzlich wurde er böse:

«Ich habe nicht getrunken. Aber geh, Patenkind, hol die Lyra und spiel uns ein Lied. Hast du gehört, was ich dir gesagt habe? Geh und hol die Lyra!»

«Ich kann nicht, Pate. Ich kann sie nicht holen, weil... ich sie zerbrochen habe. Gestern abend ist mir die Ärmste kaputtgegangen.»

«Patenkind, spiel nicht mit mir, das ist eine Schande. Vergiß nicht, daß ich deinen Bruder getauft habe und du mich ehren mußt. Aber du ehrst mich nicht, und wenn du nicht gehst und die Lyra holst, werde ich dir deinen Kopf zertrümmern, daß du es weißt.»

Der Lyraspieler sah, daß er auf die wilde Tour bei ihm nicht weiterkam und versuchte es im Guten und im Scherz. Vor der Rakibrennerei breitete sich ein kleiner Platz aus, und gegenüber auf der anderen Seite des Platzes ragte die Ecke eines alten Hauses hervor. Das Patenkind umarmte seinen Paten, zeigte ihm die Ecke und sagte ihm mit wichtigtuerischer Miene:

«Siehst du da die Ecke des Hauses?»

«Die sehe ich. Glaubst du, daß ich die nicht sehe?»

«E, wenn du von hier, wo wir stehen, geradeaus gehst, ohne daß deine Vraka(1) hin- und hergeht, während du marschierst, und ohne daß du ausrutschst und im Zickzack gehst und die Ecke berührst, dann werde auch ich gehen und die Lyra holen. Einverstanden? Zeugen sind die Dame hier und alle anderen.»

Birostefanis schwankte:

«Schande über dich, Patenkind!... Als ob ich nicht gehen könnte... Weißt du eigentlich, wer ich bin...»

«Mein Lieber, laß mal, wer du bist. – Kannst du gehen?»

«Ich kann... Du glaubst nämlich, daß ich betrunken bin. Aber du sollst sehen, wie der Birostefanis trinkt und nicht ertrinkt. Ich werde gehen...»

Und er brach auf. Aber wie sollte er die Ecke erreichen. Seine Stiefel traten irgendwohin und befanden sich anderswo. Seine Vraka schlackerte rechts und links, als ob sie ein starker Wind schüttelte. Der arme Birostefanis, der zwei Ecken sah, vielleicht auch drei, zog einmal nach rechts und einmal nach links, zwei Schritte vor und einen zurück, und konnte sich nicht entschließen, zu welcher Ecke er gehen und sie berühren sollte. Und während er schaute und einsah, daß er niemals ankommen würde, ging er zum Rakikessel zurück, fluchend und schimpfend. Als er ankam, hatte er natürlich vergessen, aus welchem Grund er weggegangen war.

Sein Begleiter Michelozacharis wurde jetzt sehr mürrisch. Von Anfang an hatte er sich unlustig gezeigt, obwohl er betrunken war, und nun ließ er noch mehr sein Gesicht hängen. Der Lyraspieler, der ihn jetzt genauer beobachtete, begriff den Grund und lachte mit seiner Seele.

Michelozacharis hatte zwölf Kinder. Und die größte Freude von Levteris war es, ihn, wenn er ihn zufällig betrunken antraf, dazu zu bringen, daß er ihm die Kinder, die er hatte, alle nacheinander nannte. Der arme Michelozacharis brachte es nie fertig, sich an die Namen seiner zwölf Kinder zu erinnern. Levteris schloß sogar aus der Anzahl der Kinder, an die er sich erinnern konnte, wieviele Getränke er getrunken hatte. Je mehr Kinder er nannte, um so weniger Wein oder Raki hatte er getrunken und umgekehrt.

Michelozacharis war es gewöhnt, daß der Lyraspieler ihn verspottete. Und jetzt, da dieser ihn schon so lange nicht verspottet hatte, fühlte er sich schlecht und zog ein Gesicht. Kaum also begriff Levteris den Grund, verlor er keine Zeit mehr:

«Nun also?»

«Was also?»

«Du weißt schon. Wieviele Kinder hast du?»

«Zwölf. Ist es soweit, daß ich nicht wüßte, wieviele Kinder ich habe...»

«Ja, aber welche?»

«Glaubst du, daß ich das nicht weiß?... Die Vangelia..., die Athina..., die Pelagia..., den Giorgis..., den Nikolis...»

«Und stop. Und welche anderen?»

Aber Michelozacharis, so sehr er es auch versuchte, brachte es nicht fertig, sich noch an ein anderes seiner Kinder zu erinnern. Und nachdem ihm der Rakibrenner nochmal zwei Rakis eingegossen hatte, vergaß er auch den Giorgis und den Nikolis und kam nur noch bis zur Pelagia.

Nach einiger Zeit läutete die Abendglocke, und Levteris mußte in die Kirche gehen. Er verließ also die Betrunkenen und den Rakibrenner, brachte die Volkskundlerin in das Kaffeehaus und eilte an seine Arbeit.

Am Abend, als Lyrarolevteris nach Hause kam, hatte Lyrarena von seinem Umgang mit der Geschiedenen erfahren, aber glücklicherweise nur von ihrem Gang in die Rakibrennerei, und sie begann, ihm eine Strafpredigt zu halten. Aber auch er ging sofort zum Angriff über.

«Ruhe, du, Ruhe, es reicht, daß ich so lange in der Kirche war und die Predigten und Strafpredigten gehört habe. Da kann ich jetzt nicht auch noch deine hören. Sollte ich der Frau nicht zeigen, wie Raki gemacht wird? Die Frau frißt mich schon nicht. Und ich habe auch nichts Böses getan. Abgesehen davon, ist sie auch Botanikerin und kann dir irgendein Kraut für deinen Bauch geben, von dem du mir sagst, daß er dir wehtut.»

«Ich will von ihr keine Kräuter und keine Heilkunst. Mich wird der Heilige gesund machen, dem ich dich versprochen habe und für den du den Kirchenältesten in seiner Kirche machst.»

«Gut, wie du willst. Jedenfalls sollst du wissen, daß ich verpflichtet war, ihr Gesellschaft zu leisten.»

«Ba!(34) Und warum?»

«Weil die Frau gekommen ist, um das Wesen und die Sitten unseres Dorfes kennenzulernen. Und einen Geeigneteren als mich, um ihr das zu erklären, gibt es nicht.»

«A, so... Und hast du ihr auch alles erzählt? Hast du ihr erzählt, daß, wenn du und deine verrückte Gesellschaft euch zu Ostern oder zu Weihnachten oder wann es euch gerade einfällt, besauft, ihr die Stiefel auszieht und barfuß auf den Straßen lauft? Wenn ihr die Heiligungen(91) macht und von Haus zu Haus geht, völlig betrunken seid und Gläser zerbrecht, Teller und alles, was ihr findet und kein Ding aufrecht laßt? Und daß ihr den Wein aus den Mörsern trinkt?»

«Das habe ich ihr nicht gesagt, weil ich glaube, daß das kein Wesen und keine Sitte ist. Das sind Verrücktheiten. Oder besser gesagt 'Pferdeäpfel'(92), wie ich es gewohnt bin, das zu nennen. Und du weißt, daß mir das alles nicht gefällt. Aber wenn ich mit Verrückten und Betrunkenen zusammen bin, was soll ich da machen? Dann mache ich dasselbe. Außerdem hat sie mich nicht danach gefragt. Und daß dir ja nicht Tausenderlei in den Kopf kommt, denn meinen Brautkranz halte ich in Ehren.»

Er wechselte den Ton und drehte es ins Spaßige. Er sah an der Wand hoch, wo die Ikonen(93) hingen, und während er den Brautkranz ansah, sagte er, das Lachen zurückhaltend:

«Meine Liebe, selbst wenn ich es auch wollte, ich kann dich nicht betrügen. So hoch, wie du seit dem Tag, an dem wir geheiratet haben, unseren Brautkranz gehängt hast, komm' ich da etwa ran, um ihn zu 'zertreten'? Nein, sag mir, komm' ich da ran? Ich komm' nicht ran.»

«Ja, die Späße fehlen dir jetzt noch...»

Aber Levteris sagte nichts mehr und wechselte das Thema.

Der Lyraspieler der Bergdörfer ehrte zu dieser Zeit seinen Brautkranz. So wenigstens glaubte und fühlte er. Nachdem aber einige Jahre vergangen waren, tat er das leider nicht mehr in allen Fällen, und es blieb natürlich nicht nur beim Hinschauen. Die bösen Zungen des Dorfes sagten vieles. Nur, daß es einige glaubten und andere nicht.

* * *

Die Jahre vergingen rasch, und als er sich den Fünfzigern näherte, ritt ihn der Teufel, und er wurde sogar Bürgermeister des Dorfes. Es machten ihn seine Dorfbewohner zum Bürgermeister, wo er besser seinen Fuß gebrochen hätte, wie er später sagte. Als er mit dem Tanz begonnen hatte, bereute er, aber es war zu spät. Er richtete sich also auf und erledigte seine Arbeiten perfekt.

Als Bürgermeister wurde er irgendwie ernsthafter, aber er hörte auch jetzt nicht auf, dann und wann verrückt zu spielen. Er neckte seine Dorfbewohner, es neckten ihn auch sie, aber hin und wieder gingen sie ihm auf die Nerven. Wenn er im Kaffeehaus saß und ihnen zuhörte, wie sie ununterbrochen über die Weingärten sprachen, über die Olivenbäume und ihre Felder, wünschte er sie zum Teufel. Sie waren ihm langweilig geworden, wie sie immer über dasselbe und dasselbe redeten. Und wenn er sich sehr über sie aufregte, hielt er ihnen eine ordentliche Strafpredigt. So konnte er sich auch an jenem Sonntagabend, als er im Kaffeehaus saß und wieder dasselbe begann, nicht mehr zusammennehmen.

«Sagt mal, könnt ihr euch nicht endlich mal über etwas anderes unterhalten! Meine Seele hat sich mit euch so viele Jahre gelangweilt. Jeden Tag dasselbe Lied: Wie werden wir die Weinfelder umgraben. Dieses Jahr gibt es wenige Oliven. Das Johannisbrot ist billig. Die Bank gibt keine Setzkartoffeln, wenn wir nicht, so sagt man, der Genossenschaft Öl abliefern... Geht endlich zum Teufel, daß ich weiß, wo ich euch habe. Ob ich euch nicht einen einzigen Tag mal was anderes reden höre?»

Ins Kaffeehaus kam zufällig auch sein Freud Doukas, der zu den größten Weingutbesitzern gehörte, und der ließ sich nichts gefallen.

«Levteris, ein jeder hat seinen eigenen Kummer.»

«Sag mir nur nicht, daß ihr alle solche Seemänner seid, wie das alte Lied(94) sagt.»

Der andere war beinahe beleidigt.

«Ich bin kein Seemann. Und ich habe auch nicht in der Marine gedient, wie du weißt.»

«Das weiß ich. Ich weiß, daß du in der ruhmreichen Infanterie gedient hast! Und daß du im Griechisch-Italienischen Krieg(95) gekämpft hast und bei den Partisanen. Und daß du das Schießpulver mit der Oka gefressen hast. Das weiß ich alles. Wie ich auch weiß, daß du jetzt kein anderes Thema mehr hast außer dem Ackerbau und der Bestellung der Felder.»

«E, habe ich dir nicht gesagt, daß das unser Kummer ist. Du hast die Tischlerwerkstatt und die Lyra, und das ist dein Kummer. Aber wir haben unseren, und darüber reden wir. Außerdem sprechen wir über unsere Arbeit, und es tratscht nicht der eine über den anderen.»

Das paßte Levteris nicht.

«So, und ich tratsche wohl! Es bist wohl nur du ein guter Mann?»

«Mir scheint, daß du direkt in einen Streit hineinmarschierst. Hat dir jemand gesagt, daß du kein guter Mann bist?»

«Du hast mir das nicht gesagt, aber wenn du einen Wein zuviel trinkst, nennst du mich 'Schlappschwanz'.»

Doukas lächelte.

«Aber dann sage i c h das doch nicht. Der Wein oder der Raki, die sich zu dieser Stunde in meinem Magen befinden, sagen das zu dir.»

«Gut, gut... Bis hierher, und nicht weiter.»

Als Bürgermeister erwies sich Levteris als wertvoller Kapitän. Es gab nichts, was er nicht tat, und er deckte das Dorf und seine Umgebung mit Arbeiten ein. Er zementierte die Straßen und die Gassen des Dorfes. Er vergrößerte die Wasserbehälter und stillte den Durst seiner Dorfbewohner nach Wasser. Er machte aus Erdgräben Zementgräben. Er baute Feldwege und tat tausenderlei anderes.

Bei seinem Vorsitz aber war sein einziger Gewinn, daß er sich die Hälfte seiner Dorfbewohner zu Feinden machte. Jetzt ging er nicht mehr auf die Gerichte als Zeuge, wie er es vor vielen Jahren getan hatte, als seine Dorfbewohner die Schießereien veranstaltet hatten, sondern er ging als Beklagter. Sogar der Vater seines Patenkindes, Tsitsikolevteris, erhob eine Anklage gegen ihn, weil er den Feldweg mitten durch sein Feld geführt hatte, ohne es ihm zu sagen.

Vor Gericht war Lyrarolevteris empört. Aber auch der Vorsitzende des Gerichtes hatte an jenem Tag, so scheint es, keine gute Laune und schimpfte mit dem Beklagten:

«Bist du wieder hier, Herr Asithianakis? Mit dir müssen wir uns jeden Tag beschäftigen!»

«E, was kann ich tun, Herr Vorsitzender? Ich komm' doch nicht freiwillig. Meine Dorfbewohner schicken mich. Ich verschaffe ihnen Arbeiten, und sie graben mir das Grab. Und es ärgert mich keine andere Angelegenheit so wie die heutige. Überlegen Sie, Herr Vorsitzender, daß mein Ankläger der gesalbte Vater meines Patenkindes ist. Sein Kind habe ich an meinen Hals gehängt.»

Der Vorsitzende war aber kein Kreter, und er verstand das Gerede des Beklagten nicht.

«An deinen Hals hast du es gehängt! Und hast es erwürgt? Und du willst, daß er dich nicht anklagt...»

«Nein, Herr Vorsitzender. Ich will sagen, daß ich allein sein

Kind getauft habe.[96] Daß er keinen anderen als Paten eingesetzt hat, nämlich als Gevatter. Wir sind gesalbte Gevattern, und jetzt bringt er mich vor Gericht.»

Was aber Levteris auch sagen mochte, er sagte es in den Wind. Das Gericht verurteilte ihn wieder, und sein Gevatter hörte auf, ihm guten Tag zu sagen.

Durch den Vorsitz hatte er aber noch einen anderen Gewinn. Er wurde von den Sorgen und Bemühungen krank und fuhr regelmäßig nach Athen. Doch die Krankheit war die Krankheit, aber die Kalauer waren die Kalauer. Die Scherze und die Späße unterließ er auch jetzt nicht. Und das erste Mal, als er in Athen ausstieg, geschah ihm das folgende, das er später immer wieder erzählte. Er marschierte auf der Stadiou-Straße, und als er an einem Geschäft nach dem anderen vorbeikam, buchstabierte er die Namen der Geschäftsinhaber, die auf der Fassade des Geschäftes geschrieben standen. Vor einem Namen machte er Halt und konnte sich nicht mehr losreißen. Der Name war mit Großbuchstaben geschrieben: PANTELIS KOLLAROS[97]. So hieß der Mensch, aber Levteris betonte das Wort auf der ersten Silbe, und es kam ihm sehr seltsam vor, daß so ein Name in Athen existierte.

Als er in sein Dorf runtergefahren war und ihn seine Dorfbewohner fragten, was er in dem großen Dorf Athen gesehen und gehört habe, lachte er sich halbtot.

«Da seht ihr, was für Namen die Athener haben, und bescheißt euch vor Freude.»

Und er sagte ihnen den Namen, den er in der Stadiou-Straße gelesen hatte, so, wie er ihn mit seiner Seele gehört hatte.

* * *

In mein Dorf ging ich selten mal. Ich befand mich, seit ich ein kleines Kind war, in der Fremde. Ich kam von hier und von dort, wie der Hund des Popen. Eines Tages in jenen Jahren erhielt ich in der Fremde, in der ich war, folgenden Brief:

«Lieber Gevatter,
aus Gewohnheit geht es mir gut. Ich befinde mich jetzt seit

einigen Tagen im Krankenhaus in Voula[(98)] in der rheumatischen Abteilung. Es scheint, das Böse, das ich getan habe, hat angefangen mich umzubringen. Dem Teufel bin ich in die Hände gefallen, und er entstellt mich, und die Saiten der Lyra gehen nicht mehr so, wie ich will, aber lassen wir das. Du verstehst aus Freundschaft, und es ist nicht nötig, daß ich es dir erkläre. Ich werde verrückt...

Ich war zur Fastenzeit nicht im Dorf, und sie machten eine Verlobung in meinem Geschäft, mit der Annika vom Giorgis des Kostis.

Und es spielten Matthios und Manoussos mit meinen Werkzeugen[(99)], und du verstehst. Daß ich nicht an meinem Platz bin! Aber ich habe Geduld und bin gelassen, nur, wie werde ich es aushalten.

Aus dem Geschlecht meiner Mutter hängten mir die Jiatromanolides[(100)] den Zucker an, und es behandelten mich die Ärzte deswegen genug. Ich habe, sagen sie, nervösen Zucker. Hast du das schon mal gehört? Ich habe das noch nie gehört. Der Vorsitz, Gevatter, hat mich für mein ganzes Leben gezeichnet, aber ich bereue es nicht. Den Lyrarolevteris habe ich für mein Dorf geopfert, unerheblich, wenn mir einige das nicht anerkennen.

Nimm es mir nicht übel, wenn ich dich mit meinem Mißgeschick ermüde. Kaum aber, daß ich den Bleistift in die Hand genommen habe, um dir zu schreiben, fühlte ich mich erleichtert, und jetzt fühle ich mich, als ob mir nichts fehlte.

Das waren meine Nachrichten, und ich hoffe, daß wir uns treffen und es besser persönlich erzählen. Aber noch einen Moment! Verübele mir nicht meine Orthographie und daß ich nicht die kleinen Zeichen[(101)] setze, wie die Wörter es verlangen. Du weißt genau, ich bin ein Schüler der deutschen Besatzungszeit, und ich verstehe nichts von diesen Dingen. Bring du es in Ordnung, wo du schreiben gelernt hast, und dann lies, was ich geschrieben habe.»

Und das tat ich, nachdem ich den Brief abgeschrieben hatte, ohne etwas anderes zu ändern.

Ich antwortete ihm sofort mit schwerem Herzen, und ich schrieb ihm meine Sorgen.

«Lieber Levteris,

ich bekam deinen Brief und freute mich... Natürlich nicht über dein Mißgeschick, von dem du mir schreibst, sondern auch ich aus Gewohnheit.

Lies und höre jetzt von mir. Wie du weißt, stehe ich nicht zurück. Von meiner Pechsträhne weißt du, es ist nicht nötig, dir davon zu schreiben. Jetzt zuletzt aber halfen mir nicht mehr die griechischen Spritzen, und ich hole sie aus Deutschland. Mir schickt sie – es soll ihm gut gehen – unser Dorfbewohner Charkiadolevteris, der dort ist und in den deutschen Fabriken arbeitet.

Neulich schickte er mir wieder ein Päckchen. Als ich aber auf die Post ging, um es abzuholen, wollte es mir der Vorsteher nicht geben. Charkiadolevteris hatte außen auf das Päckchen geschrieben, daß er mir Nadeln geschickt habe. Und als der Vorsteher das Päckchen öffnete – so wird es mit den Medikamenten gemacht, die aus dem Ausland kommen – und Spritzen sah, wollte er es mir nicht geben. Ich habe ihm natürlich erklärt, daß wir auf Kreta die Spritzen Nadeln nennen und daß der Mensch sie deshalb so aufgeschrieben hatte, aber er wollte nicht verstehen. Ich sah aber, daß es ihm noch schlechter ging als mir, und ich machte ihn wütend, und er gab sie mir, ob er wollte oder nicht.

Dies sind meine kleinen Mißgeschicke, aber ich fasse mich in Geduld, was auch die Glocke schlägt. Zu Ostern, hoffe ich, komme ich ins Dorf runter. Und wenn wir uns treffen, reden wir darüber besser.»

* * *

Und wirklich fuhr ich zu Ostern in jenem Jahr hinunter in mein Dorf. Wir trafen einander oft. Wir sprachen persönlich miteinander. Wir tranken dauernd Raki und fühlten uns alle beide wohl und sehr gesund. Und an einem Nachmittag, als wir uns wieder im Kaffeehaus mit einigen anderen an den Rakis festhielten, brauchten wir nicht lange, um in gute Laune zu geraten und alle auf dem Schwein zu reiten.

Wir saßen im neuen Kaffeehaus und tranken am Anfang reichlich. Der Kaffeehauswirt Sofoklis aber, der in jenen Tagen das

Kaffeehaus eröffnet hatte, wußte nicht, wie er uns am besten bewirten sollte und hörte nicht auf, uns große Mengen von besten Mesedes heranzuschaffen. Aber auch starken Raki, reines Feuer, der dich im Nu in teuflische Laune versetzte.

Die Verrücktengesellschaft kam schnell in Stimmung. Lyrarolevteris brachte auch die Lyra, und schon mit den ersten Liedern kamen das Fest und der Tanz ziemlich in Gang. Natürlich gaben die Rakis, die fortgesetzt kamen und nicht aufhörten, dem Gelage noch mehr Kraft.

In der Verrücktengesellschaft waren aber Manasis und Linaritis, die, wenn sie betrunken waren, üble Betrunkene waren. Wenn die beiden einen zuviel getrunken hatten, machten sie Glasnägel[(102)]. Sie füllten, woher sie auch kommen mochten, den Ort mit Pferdeäpfeln. Und so brauchten sie auch jetzt nicht lange, um anzufangen. Sie zerschlugen Teller und Gläser, stellten den Tisch, an dem wir saßen, auf den Kopf und taten alles, was nach Glasnägeln aussah, und bald legten sie Hand an die Stühle des Kaffeehauses.

Ihr Treiben gefiel keinem von uns. Aber es fand sich bei uns niemand, der sie stoppte. Und sie setzten ihren Gesang fort. Der Lyraspieler unterbrach sein Lyraspiel und sah sie voller Ärger und ganz nervös an, aber er nahm ihnen nicht den Dampf aus den Segeln.

Er schüttelte nur seinen Kopf und wünschte sie zum Teufel, ziemlich lange zwar, aber nur in seinem Inneren. Manasis deutete aber schnell das Anhalten des Lyraspiels, und seine Augen wurden noch röter. Er hörte mit dem Zerschlagen auf, näherte sich dem Instrumentenspieler in wilder Absicht und schrie ihn an:

«Warum, du Dummkopf, hast du aufgehört!... Spiele!... Spiele, Dummkopf, damit dein Kopf spielt!!!»[(103)]

Durch sein wildes Geschrei bekam auch Linaritis Wind davon und beeilte sich, als Verstärkung zu kommen. Nur, daß er sich nicht mit Worten begnügte. Er ergriff einen Teller, der ihm bis zu diesem Moment entkommen war, und den zerbrach er mit soviel Kraft, wie er nur hatte, am Kopf des Lyraspielers. Der Teller zersprang in tausend Stücke. Aber an Levteris' Kopf war glücklicherweise nicht eine Schramme zu sehen.

Wir sprangen alle auf. Wir befürchteten, es würde großen

Ärger geben. Und wir hatten nicht unrecht. Es schaffte aber der Älteste und Gescheiteste der Gesellschaft, nämlich Doukas, die Situation zurechtzubiegen. Er war mit einem Sprung beim Lyraspieler, umarmte ihn, und als er sah, daß ihm nichts passiert war, drehte er alles ins Spaßige:

«Was für ein Kopf!! Nicht mal ein Tropfen Blut ist zu sehen, nicht ein Tröpfchen. Sieh mal, wie der aus Eisen ist. Und wenn ich aufrichtig sein soll, ich hätte nicht erwartet, daß er so einen starken Kopf hat.»

Der Lyraspieler der Bergdörfer faßte sich in Geduld. Er hielt den Atem an. Wir begriffen, daß die große Gefahr einer Auseinandersetzung vorbeigegangen war. Aber Doukas, ein Kenner solcher Verhältnisse, gab noch seinen letzten Schuß ab. In der Gesellschaft war auch der praktische Arzt des Dorfes, der die gebrochenen Beine und Arme richtete, und den du unter keinen anderen Namen(104) fandest. Er sah also den Arzt an und fragte ihn:

«E, und was sagt unser Arzt? Hat er nicht einen starken Kopf? Was sagt der Wissenschaftler?»

Der Arzt wurde ganz rot, denn er wußte nicht, was er antworten sollte. Sein Verstand arbeitete aber schnell, und er drehte die Sache anderswohin.

«Wo er Levteris heißt, soll er da nicht einen starken Kopf haben? Levteris und ein kleiner Kopf, das geht nicht...»

Es wurde Abend. Laternenschein wäre aufgetaucht, wenn es noch Laternen gegeben hätte. Diese Stunde war die geeignetste, auf die Straßen und in die Häuser zu gehen. Diese Idee brachte als erster Kapsolomichalis hervor, der stets ein Prachtkerl in den Verrücktengesellschaften war.

«Kinder, wir sind schon fast eingeschlafen hier. Laßt uns woanders hingehen, sage ich.»

Lyrarolevteris sah ihn schief an.

«Wohin sollen wir gehen?»

«In irgendein Haus. Fangen wir mit den Heiligungen an. Von dem einen Haus werden wir weggehen, und in das nächste hineingehen. Weißt du nicht, was wir jedes Mal machen?»

«Ich komme nicht.»

Kasanas, der neben ihm saß, gab ihm einen starken Ellenbogenschlag.

«Du kommst nicht? Sag das nochmal, wenn's dir recht ist.»

«Ich komme nicht. Glaubst du, daß ich dich fürchte...»

Jetzt wurde auch Doukas beinahe böse.

«E, so nicht, Levteris. Können wir wenigstens den Grund wissen?»

«Ich komme nicht, weil ihr viele Pferdeäpfel macht.»

Kapsolomichalis explodierte, und er fing richtig Feuer.

«Wir, mein Freund? Schämst du dich nicht ein bißchen, frage ich.»

«Ja, ich habe mich über euch beschwert. Bis hierher! Und du aufgespießter Arsch, sag mir bloß nichts mehr.»

Manasis und Linaritis, die sich auf zwei Stühlen ausgeruht hatten, sprangen jetzt beide steil hoch. Sie zwirbelten ihre Schnurrbärte und sahen uns alle wild an. Linaritis schubste Kapsolomichalis und sagte ihm so, daß es auch die anderen hörten:

«Verstehst du nicht, mein lieber Michalis, daß das Gerede auf uns gemünzt ist? Ich und Manasis machen die Pferdeäpfel.»

Aber der Lyraspieler hielt nicht mehr an sich.

«Und was für Pferdeäpfel! Eselsäpfel, eselige Eselsäpfel! Und nicht nur ein paar. Das Kaffeehaus habt ihr heute wieder vollgemacht. Ihr laßt kein Ding aufrecht.»

Manasis regte sich darüber noch mehr auf, und es fehlte nicht viel, daß er Levteris angegriffen hätte.

«E, wir, die wir was zerbrochen haben, werden das schon bezahlen. Fürchtest du, daß man dir sagen wird, du sollst deinen Geldbeutel aufmachen?»

Und dann sah er Sofoklis an.

«Wirt, mach uns die Rechnung, und welchen Schaden wir dir auch zugefügt haben, er wird dir von uns beiden bezahlt werden.»

Er umarmte Linaritis, und bevor sie hinausgingen, schaffte er es noch zu rufen, wobei er den Lyraspieler ansah:

«Gehen wir, denn wir verderben ihnen die Laune. Und auch wir wollen nicht ihre Gesellschaft. Und wenn sie uns wiedersehen, können sie uns schreiben.»

Umarmt gingen sie auf die Straße hinaus und verschwanden, ohne wieder zurückzukommen.

Wir atmeten auf. Lyrarolevteris lächelte erleichtert.

«Jetzt gehen wir, wenn ihr wollt; aber unter zwei Bedingungen. Erstens: In keinem Haus, in eurem oder einem fremden, werdet ihr auch nur einen Pferdeapfel machen. Ich komme, aber ich will eine gute Gesellschaft. Schöne Sachen. Wenn ihr dennoch einen Pferdeapfel macht, werde ich euch verlassen, damit ihr es wißt. Einverstanden?»

Doukas antwortete ihm:

«Einverstanden. Und jetzt wollen wir die andere Bedingung hören.»

«Ich komme nicht, wenn ihr keinen Vorsitzenden in der Gesellschaft bestimmt.»

«Einen Vorsitzenden? Aber du bist der Vorsitzende des Dorfes.»

«Des Dorfes. – Aber ich will, daß ihr einen Vorsitzenden der Gesellschaft bestimmt. Das eine ist das eine, und das andere das andere. Ich bin in der Gesellschaft nur Lyraspieler. Und weil ich sehe, daß die meisten außer dir, Doukas, mickrige Hähne sind, schlage ich vor, daß du Vorsitzender wirst. Und das, was du sagst, wird geschehen. Ich will strenge Disziplin. Wenn du befiehlst, müssen die anderen es direkt machen. Und weder Pferdeäpfel werden wir haben noch Ungebührlichkeiten.»

Doukas antwortete wie erstarrt:

«Ich nehme an... Freilich, wenn mich die Gesellschaft will.»

Wir wählten ihn ohne Lärm und ohne irgendeinen Einwand. Wir erhoben uns und machten uns zum Aufbruch bereit. Im letzten Augenblick aber erreichte uns gerade noch Klitiras, der wie ein Komet in der Tür des Kaffeehauses erschienen war. Auch Klitiras war ein starker Trinker, und er war schon wieder angetrunken.

Levteris lachte in seiner Seele, kaum sah er ihn auf der Schwelle. Er sah uns an und pfiff uns so leise er konnte zu, so daß ihn Klitiras nicht hören konnte:

«Ich wette, er wird uns sagen, daß wir uns betrinken sollen. Wenn er einen zuviel getrunken hat und einen Menschen sieht, sagt er ihm, sie sollten sich betrinken, ihr versteht. Und nun viel Spaß.»

Und tatsächlich hatte er seine Rede noch nicht beendet, da war zu hören, wie uns Klitiras sagte, der jetzt ins Kaffeehaus hereingekommen war:

«Kinder, betrinken wir uns! Wer aus männlichem Samen ist, soll kommen. Hier ist Sofoklis, der den guten Raki hat und in riesigen Spaß kommt. Hier ist der Raki..., hier ist auch das Besäufnis... Wenn du es schaffst, überzeuge uns doch. Wer also aus männlichem Samen ist...»

Wir gaben ihm einen aus, tranken stehend, was er uns ausgegeben hatte und gingen auf die Straße. Der Lyraspieler begann mit Liedern aus der Messara, und Kasanas sang die erste kleine Mantinade:

«Es verließen wieder Zaros
fünf, sechs Lebenslustige,
und sie gehen und amüsieren sich
in ihren Häusern mit der Lyra.»

Und sofort danach nahm der Vorsitzende der Gesellschaft Anlauf und sang zwei Mantinaden durcheinander, von denen er glaubte, sie seien alt und voller Philosophie:

«Es verschwindet der Mensch und wird ausgelöscht,
wenn er auch zurückschrecken wird.
Kaum steigt er in das Grab hinab,
löst sich sein Körper auf.
Die Sonne hinter den Bergen neigt sich
und geht wieder unter,
aber das Leben, wenn es verloren wird,
kommt nicht wieder zurück.»

Wir setzten unseren Weg fort, ohne daß sich unsere Münder schlossen. Bald erreichten wir schon die alte Mühle auf einem Platz des Dorfes mit einer tausendjährigen Platane, und kaum sah ich sie, erfand auch ich meine Mantinade und tischte sie auf:

«Platane der alten Mühle
mit deinem Rücken voller Blätter,
wie würde ich dich gerne
einmal im Monat sehen.»

Kaum war ich fertig, erinnerte ich mich, daß ich eine Cousine in dieser Gegend hatte und hielt die Gesellschaft auf:

«Kinder, in das Haus meiner Cousine Garefalia werden wir gehen. Läßt du das zu, Vorsitzender?»

«Ich lasse es zu und noch mehr! Garefalia und ihr Mann Giorgis sind Leventis.»

Wir standen an der Hoftür und setzten das Lied und das Treiben der Betrunkenen fort. Kapsolomichalis war dran und begann:

«Hast du noch nicht gefunden
den Riegel, um zu öffnen...»

Aber er war noch nicht zu Ende, da hatte der Hausherr schon die Hoftür sperrangelweit geöffnet, und Kapsolis beendete die Mantinade mitten im Hof:

«Lad uns zu einem Raki ein
und schließe später zu.»

Der Arzt stellte sich in die Haustür und ließ uns nicht mit den Füßen hineingehen. Er verpflichtete uns, Purzelbäume zu schlagen. Nacheinander, wie wir uns näherten, machte jeder seinen Purzelbaum über die Schwelle und befand sich drinnen, heil und ohne Schaden anzurichten.

Giorgis und Garefalia begnügten sich natürlich nicht mit einem Raki, wie es die Mantinade sagte. Bis wir mehrere Tsikoudies(36) getrunken hatten und einiges geredet und Späße erzählt hatten, hatte Garefalia zwei Kaninchen gebraten und ein Huhn gekocht, das ihr keine Eier legte, wie sie uns sagte.

Der Raki hatte uns besessen gemacht und uns schrecklich den Appetit angeregt. Wir warfen uns also auf die kochendheiße Hühnersuppe und das andere und ließen nichts übrig. Als wir uns richtig überfressen und riesige Mengen Wein getrunken hatten, gingen wir wieder auf die Dorfstraße. Wir setzten den nächtlichen Spaziergang und die Heiligungen fort und ließen kein Haus und keine Wohnung aus, ohne sie zu besuchen. Und die Weinseligkeit setzte sich natürlich auch dort fort, wo wir hingingen.

Als wir irgendwann alle Häuser durchhatten, befanden wir uns gegen Morgengrauen oben auf dem kleinen steinernen Bogen des Skatouliti sitzend, der Brücke des kleineren der beiden Flüsse des Dorfes. Wir saßen auf ihren Pflastersteinen, oben auf ihren glänzenden Steinen, aber wir fühlten uns, als säßen wir in Daunen. Der Lyraspieler spielte seine Lyra, wir sangen und klatschten Beifall.

Das frische Morgenlüftchen verschlimmerte unseren Zustand. Und mehr als die anderen störte das den Vorsitzenden der Gesellschaft, Doukas, der uns befahl, unsere Schuhe auszuziehen und alle barfuß zu bleiben. Manche zogen ihre Stiefel aus und andere ihre Schuhe, und sofort danach setzten wir unseren Gesang fort wie vorher.

Lyrarolevteris glaubte aber wegen unserer Taten, daß wir nichts mehr aushalten würden und überlegte, wie er uns auf unauffällige Weise verlassen könnte. Er zog eilig seine Schuhe an und tat, als ginge er Wasser lassen. Aber danach kam er nicht mehr zurück.

Das gefiel uns allen nicht. Am wenigsten aber gefiel es dem Vorsitzenden der Gesellschaft, und er beließ es nicht dabei. Er zog auch schnell seine Stiefel an und sagte uns, wir sollten uns nicht von dem Bogen wegbewegen, und er übernahm es, ihn zurückzuholen.

Er verschwand. Und mit zwei Schritten sprang er zu Levteris' Haus, das etwas höher lag und fing an, an die Tür zu klopfen, aber er bekam keine Antwort. So wurde er jetzt noch ärgerlicher. Und obwohl er betrunken war, machte er keinen Spaß. Er ergriff also ein Bündel Eichenlaub vom Hof des Hauses, legte das Bündel vor die Tür des großen Zimmers, und bevor er es ansteckte, rief er zu Levteris:

«Komm raus, wenn du willst, oder ich lege Feuer an das Bündel, um dir das Haus abzubrennen! Ich weiß, daß du drin bist! Und glaube nur nicht, daß ich es nicht tue... Lebendig werde ich dich verbrennen und alle, die du in deinem Haus hast...»

Lyrarolevteris bezwang sich und erschien im Fenster wie er war, im Hemd und in der Unterhose; und kaum sah er das Bündel vor der Tür, bekam er Angst, und er schrie:

«Um Gottes Willen! Du wirst mir meine Kinder verbrennen! Einen Augenblick, ich werde mich anziehen, ich komme...»

Er zog sich so schnell er konnte an und sprang heraus wie der Dachs, dem man Feuer vor seinen Bau gelegt hatte und den der Rauch erstickt.

«Was willst du? Und dich habe ich zum Vorsitzenden vorgeschlagen! Habt ihr nicht genug von der ganzen Nacht? Siehst du nicht, daß es tagt?»

«Das sehe ich. Aber du hättest nicht auf so eine Art gehen dürfen. Wenn du es uns gesagt hättest, wären wir einverstanden gewesen. Aber du hast es vorgezogen zu verschwinden. Darum wirst du bestraft. Gehen wir zurück, damit du uns ein Lied spielst, nur fünf Minuten, und danach wird jeder nach Hause gehen.»

«Ernsthaft? Habe ich dein Wort?»

«Du hast es.»

Bald kamen sie zu uns zurück. Lyrarolevteris war anfangs lustlos und ähnelte einer eingeölten Maus. Es dauerte jedoch nicht lange, und er kam in Laune, kaum daß wir aufgehört hatten, ihn anzuschreien. Auch wir beruhigten uns dann, und nur Kapsolomichalis fuhr fort, Doukas zu fragen:

«Sag mir mal, Vorsitzender, aus welchem Loch hast du ihn herausgezogen?»

«Aus seinem Haus. Von wo sonst? Glücklicherweise aber kam er sofort heraus, denn sonst wäre ich imstande gewesen, es ihm abzubrennen.»

«Das hättest du gut gemacht. Und warum hast du es nicht gemacht? Du hättest es ihm abbrennen müssen, damit er das nicht wiedertut.»

«Seine Kinder haben mir leid getan, sonst... Aber es ist auch eine Tischlerwerkstatt, und ich bin alt, und wenn ich ihm sein Haus abgebrannt hätte, würde er mir nicht morgen, wenn ich sterben werde, einen guten Sarg machen. Außerdem entschuldigte ich ihn auch ein wenig, denn ich dachte, daß er das, was er tat, getan hat, um in die Arme seiner Frau zu kommen.»

«Ach!... Nicht doch, nach so vielen Jahren ist er doch satt von ihr!»

«Von der Umarmung der Frauen ist man nie satt. Weißt du das nicht? Muß ich dir das sagen?»

Und der Lyraspieler der Bergdörfer, der ihre Unterhaltung hörte, antwortete ihnen mit dieser Mantinade:

«Liebe deine Frau
wie dich selbst,
weil du ihr Fleisch durchbohrst
und deines hineinsteckst!»

Er setzte noch ein wenig die Weise der Mantinade fort, und dann nahm der nächtliche Spaziergang ein Ende. Der Vorsitzende der Gesellschaft gab den Befehl, wie er es Lyrarolevteris versprochen hatte, und die anderen gehorchten, und es ging ein jeder in sein Haus.

Die Jahre vergingen allmählich. Und der Lyraspieler der Bergdörfer veränderte sich auch, wie sich Tag für Tag das Gesicht Kretas zu verändern begann. Und zum Schluß tat er nichts anderes mehr, als Särge für die Seligen herzustellen und die halbbehosten Touristinnen zu jagen, die sich in großen Scharen auf der herrschaftlichen Insel ausschifften, und jedes Jahr immer mehr, und die allmählich das Gesicht Kretas veränderten.

Nachwort des Übersetzers

Als ich im Oktober 1991 nach fast acht Jahren Leben und Arbeiten auf Kreta die letzte Woche in einem Hotelzimmer in Iraklion verbrachte, kaufte ich mir ein paar Bücher von Dimitris Papadakis, deren Klappentexte versprachen, daß darin die Kreter in humoristischer und dennoch authentischer Weise beschrieben seien. Ich wollte die Bücher zu Hause in Berlin lesen, um weiter im Kontakt mit der griechischen Sprache zu bleiben. Im Handumdrehen war ich dann beim Übersetzen, denn ich glaubte, daß auch der deutsche Leser Genuß und Freude an den Geschichten haben und darüberhinaus in ihnen viel über die Mentalität erfahren würde. Sie zeigen den Kreter so, wie er ist, mit seinen guten und seinen schlechten Seiten, so, wie ihn ein Tourist, der der Sprache nicht mächtig ist, nie kennenlernen kann. Und ich weiß aus meiner Arbeit auf Kreta, daß viele Touristen vor den kretischen Menschen wie vor einem Rätsel stehen, daß sie sich gleichermaßen angezogen und abgestoßen fühlen, weil sie deren Mentalität nicht kennen, daß sie aber dennoch neugierig sind und gerne mehr über dieses seltsame Völkchen erfahren würden.

Als ich den Autor anschrieb, um von ihm die Übersetzungsrechte zu bekommen, mußte ich leider erfahren, daß er im Dezember 1991 verstorben war. Seine Witwe, Frau Aspasia Papadaki, übertrug mir freundlicherweise die Rechte. Es tut uns besonders leid, daß der Autor, der sich in so anerkennenswerter Weise um die geistige Bewahrung der kretischen Lebensart in seinem Werk bemüht hatte, nicht mehr erfahren durfte, daß seine Arbeit auch im Ausland wertgeschätzt wird.

Ich möchte an dieser Stelle ganz besonders Herrn Nikos Samarellis danken, der mir bei allen Fragen, die die Übersetzungsarbeiten aufwarfen, zur Seite stand und der mich immer wieder ermutigte, diese Arbeit fortzusetzen. Je mehr wir uns in die Texte von Dimitris Papadakis vertieften, um so mehr waren wir davon überzeugt, daß wir es mit einem Kleinod zu tun hatten, das bewahrt und auch an deutsche Leser weitergegeben werden sollte.

Herr Samarellis hat außerdem nach Fotos, die ich auf Kreta gemacht hatte, die Zeichnungen in diesem Buch angefertigt.

Der Autor

Dimitris Papadakis wurde 1934 in dem Dorf Zaros geboren, das am Hange des Ida-Gebirges liegt und eines der schönsten Dörfer des Bezirkes Iraklion ist. Seine Kinderzeit verbrachte er in seinem Dorf, wo er die Grundschule besuchte. In Iraklion beendete er das Klassische Gymnasium und studierte anschließend Politische Wissenschaften in Athen. Nach dem Studium machte er auf Kreta Karriere als Staatsangestellter und war zuletzt Direktor der Feldgendarmerie.

Erst 1975, im Alter von vierzig Jahren, stellte er sich erstmals in der Literatur vor, weil er sich erst dann zum Schreiben reif fühlte.

In den wenigen Jahren, die ihm bis zu seinem Tode blieben, hat Dimitris Papadakis im Knossos-Verlag Athen die folgenden Bücher veröffentlicht:

1975: Die kretische Hochzeit (eine volkskundliche Studie)
1976: Zyklamen (Gedichte)
1978: Auf dem Hocker des Angeklagten (Humoresken)
1980: Auf der Bank des Landgerichts (Humoresken)
1981: Die letzten Vrakaträger (Volkserzählungen)
1984: Dreisaitige Lyra (Volkserzählungen)
1986: Unschuldig und schuldig (Humoresken)
1987: Die Odyssee eines Kranken (Roman)
1988: Die Glocken der Freiheit (Roman)
1989: Vrondissi (Historische Studie)
1990: Aus dem Garten Kretas (Volkserzählungen)

Bevor die Humoresken und Erzählungen in den Sammelbänden herausgegeben worden sind, wurden sie zum größten Teil im Rundfunk, in Zeitungen und Zeitschriften veröffentlicht.

Der Schauplatz Kreta

Die größte griechische Insel, Kreta, schließt wie ein Riegel im Süden das Ägäische Meer von Westen nach Osten ab. Die Insel ist ca. 260 km lang und liegt wie ein Nabel zwischen den Kontinenten Europa, Afrika und Asien. Sie ist von großer landschaftlicher Schönheit und war schon immer von anderen Völkern heiß begehrt, von denen sie erobert und besetzt wurde.

Die Insel wird von vier Gebirgen durchzogen. Im Westen liegen die Weißen Berge (bis zu 2 452 m Höhe), im Zentrum das Ida-Gebirge (Psiloritis 2 456 m Höhe), im mittleren Osten die Lassithi– oder Dikti-Berge (bis zu 2 148 m Höhe) und im äußersten Osten die Sitia-Berge (bis zu 1 476 m Höhe). Die Gebirge, die die Wetterscheide bilden, sind heute verkarstet. Nördlich von ihnen herrscht mediterranes Klima. Hier liegen fruchtbare Tiefländer, die wichtigsten Städte und Siedlungen und die Zentren des Tourismus. Südlich der Gebirgskette, im subtropischen Klimagebiet, ist die Landschaft heute noch relativ unberührt von der Zivilisation und dünn besiedelt von Bauern und Hirten. Größtenteils fallen die Berge hier steil ins Meer ab.

Eine Besonderheit sind die in die Gebirge eingelagerten Hochebenen, die Refugien der Schaf- und Ziegenhirten.

Im Zenrum der Insel liegt im Norden zwischen Ida- und Dikti-Gebirge das ausgedehnte Weinanbaugebiet von Malevizien und Pesa, im Süden die schon zur Römerzeit bekannte Messara-Tiefebene, damals eine riesige Kornkammer, heute das wichtigste Gemüseanbaugebiet. Die Messara-Tiefebene wird zum Süden hin von den ca. 1 000 m hohen Asteroussia-Bergen, die steil ins Libysche Meer fallen, begrenzt.

Kreta ist die Wiege der europäischen Kultur. Die ersten Siedler sind um 6000 v.Chr. nachgewiesen. Ihnen folgte die Hochkultur der Minoer (2500–1000 v.Chr.) noch vor der griechischen Antike. Kreta war dann nacheinander besetzt von den Dorern (Hellenen) (480-67 v.Chr.), den Römern (67 v.Chr.-395), den Byzantinern (395-824), den Sarazenen (824-961), den Byzantinern (961-1204), den Genuesern und Venezianern (1204-1669), den Türken (1669-1898), den Deutschen (1941-1944). Von 1898-1913 war Kreta autonom, 1913 schloß es sich an Griechenland an.

Auf Kreta leben ca. 500 000 Menschen, und zwar zur Hälfte in den Städten an der Nordküste (Iraklion = Hauptstadt nördlich des Weinanbaugebietes von Malevizien, Chania und Rethymnon im Westen, Agios Nikolaos und Sitia im Osten).

Ewig unter fremder Herrschaft, hat der Kreter einen starken Freiheitsdrang entwickelt. Er ist stolz, traut sich alles zu, ist neugierig, pfiffig-schlau, freundlich und ein großartiger Gastgeber. Er ist verhaftet im orthodoxen Glauben und stark an seine Familie gebunden. Im Landesinnern sind diese Wesenszüge noch bei den älteren Menschen erhalten, im Norden, in den Zentren des Tourismus, gehen sie immer mehr verloren.

Berlin, im Juni 1992
Marianne Sterling

Anmerkungen

(1) Vraka: Traditionelle schwarze Pumphose der kretischen Männer. Unter der Bezeichnung 'Vrakaträger' versteht man den traditionellen Kreter.

(2) Leventia: Sammelbegriff für Jugendkraft, Männlichkeit, Tapferkeit, Edelmut und Schönheit. Die Eigenschaften, die ein traditioneller Kreter am Mann am meisten schätzte. Der Mann, der diese Eigenschaften hat, wird Leventis genannt.

(3) So der Titel der Originalausgabe: ΟΙ ΤΕΛΕΥΤΑΙΟΙ ΒΡΑΚΟΦΟΡΟΙ

(4) Palikaria: Sammelbegriff für Heldenmut, Tapferkeit, Jugendkraft und –fülle. Der Mann, der diese Eigenschaften hat, wird Palikari genannt. Palikaria und Leventia zusammen machen die männlichen Tugenden des traditionellen Kreters aus.

(5) Kriti = griechische Bezeichnung für Kreta

(6) Es ist in Griechenland üblich, wenn man jemanden beim Namen nennt, mitanzugeben, wie dessen Vater oder Mutter heißt. Dem Sinne nach: Stathis und Stelios, Söhne der Dimitrena; Zacharenia, Tochter des Papadostelianos; usw. In allen amtlichen Papieren werden in der Gegenwart noch folgende Namensangaben verlangt: die Vornamen des Vaters, der Mutter, des Ehepartners.

(7) Psiloritis: Höchster Berg Kretas, Gipfel des Ida-Massivs im Zentrum der Insel, 2 456 m hoch.

(8) Zaros, Voriza, Kamares, Gergeri, Mesiskli, Nivritos: Bergdörfer auf dem Südhang des Ida-Gebirges.

(9) Timbaki: Marktflecken in der Messaratiefebene, der größten Tiefebene im Zentrum Kretas.

(10) 'Barfußbande': Die Spielkameraden des Autors in dessen Kindheit in seinem Heimatdorf. Vgl. auch «Die Zypresse des Heiligen Georgios», S. 14.

(11) Fünfziger: 50 Lepta = 1/2 Drachme, heute nicht mehr gebräuchliche Münze.

(12) Thrapsanos: Töpferdorf südöstlich von Iraklion

(13) 1 Oka = 1 280 Gramm

(14) 1 Drami = 3,2 Gramm

(15) Mantinade: Zum Teil überlieferte, zum Teil ad hoc erfundene und gesungene Reime auf die Melodie, in der auch das Heldenepos «Erotokritos»

(vgl. Anmerkung 20) gesungen wird. Die Reime sind auf Anwesende oder Bekannte gemünzt, oder sie verkünden Lebensweisheiten.

(16) Iraklion: Größte Stadt Kretas, von den Einwohnern wegen seiner ringförmigen gewaltigen Stadtmauern auch Kastell genannt.

(17) Petriani Vrissi = Steinerne Quelle

(18) Rouvas = Gebirgsschlucht mit großer bewaldeter Ebene an ihrem Eingang auf ca. 1 500 m Höhe im südlichen Ida-Gebirge. Vgl. auch «Zwei fromme Viehdiebe», S. 127.

(19) Lyra: Antikes Saiteninstrument, das heute noch auf Kreta von den Männern gespielt wird. Eine Besonderheit ist es, um den rechten Handrücken eine Kette mit kleinen Glöckchen zu wickeln, die beim Lyraspielen mitklingeln.

(20) «O Erotokritos»: Mittelalterliche auf Kreta spielende Heldenlegende von Kornaros, eine glücklich endende Liebesgeschichte, die noch heute zum lebendigen Volksgut gehört. Das Epos wird gesungen vorgetragen.

(21) Sfakia: Gebirgsgebiet im Westen Kretas, in der die Menschen, die Sfakioten, noch heute von urspünglicher Wildheit und weiter entfernt sind von allen zivilisatorischen Einflüssen als im übrigen Kreta.

(22) Rombokostas: vom Nachnamen Rombis und Vornamen Kostantis (Koseform: Kostas)

(23) Eski Sehir: Stadt westlich von Ankara. Afyon Karachisar: Stadt südwestlich von Ankara.

(24) Pombia: Großes Dorf im Süden der Messara am Fuße der Asteroussiaberge.

(25) Ajia Varvara: Marktflecken im Mittelpunkt Kretas, östlich des Ida-Gebirges, nördlich der Messaratiefebene, südlich von Iraklion.

(26) Venizelos: Eleftherios Venizelos (1864-1936) war der erste demokratisch gewählte Ministerpräsident Griechenlands, während gleichzeitig noch König Konstantin regierte. Aus den widerstreitenden politischen Programmen von Venizelos und Konstantin resultierte die Spaltung der Bevölkerung in Anhänger des Venizelos und Anhänger des Königs. (Konstantin regierte Griechenland von 1913-1917 und von 1920-1922.)

(27) Majoran: Majoran gibt erst beim Reiben sein volles Aroma ab. Die Redensart bedeutet, es soll jemand weichgedroschen werden.

(28) Rombina = Frau des Rombis

(29) Komboloi: Profaner Rosenkranz, ursprünglich aus Bernstein, in vielen Variationen erhältlich. Fingerfertig von Männerhänden bewegt, dient er der Befriedigung des Spieltriebes und beruhigt Nervöse.

(30) Messara: Größte und fruchtbarste Tiefebene Kretas, südlich von Iraklion im Zentrum zwischen Ida-Gebirge und Dikti-Gebirge gelegen.

(31) Koukoulolambis: vom Nachnamen Koukoulis und Vornamen Lambis
(32) Wildgemüse: Beliebtes, schmackhaftes Gemüse der Regenzeit, das auf den Wiesen gesammelt wird. Es gibt ca. 15 verschiedene Sorten, von denen einige (z.B. die Vrouves) als Delikatessen gelten.
(33) Po, po: Ausruf des Erstaunens
(34) Baaa, ba: Ausruf des Abscheus oder der Abwertung
(35) Tsichlofanourjios: vom Nachnamen Tsichlas und Vornamen Fanourjios
(36) Raki: Traubentrester, aus den Rückständen der Weintrauben nach dem Weinpressen destilliert. Auch Tsikoudia oder Tsipouro genannt.
(37) Meses (Plural = Mesedes): Appetithappen. Die Griechen nehmen Alkohol immer in Verbindung mit einem Appetithappen zu sich. So bietet entweder der Alkohol die Gelegenheit, einen Meses zu essen oder umgekehrt. Der Meses kann Zwieback, Oliven, frisches Gemüse, Sardellen, Fleisch, Käse usw. sein.
(38) Im traditionellen Kreta war der Viehdiebstahl, d.h. von Ziegen oder Schafen aus den im Gebirge weidenden Herden, beliebt wie ein Sport und wurde nicht als kriminell betrachtet. Gestohlenes Fleisch wird als 'nicht abgewogenes' bezeichnet.
(39) Chania: Zweitgrößte Stadt Kretas im Westen an der Nordküste. Die Stadt gilt als Kretas schönste alte Stadt.
(40) Landarzt: Vom Staat bezahlter Arzt, der sicher sein konnte, für seine Dienste auch bezahlt zu werden, anders als die freiberuflichen Ärzte.
(41) Halbes Zicklein: Ein Zicklein mit zwei Eigentümern, jedem gehört eine Hälfte, der eine pflegt und nutzt es lebend, der andere bekommt sein Fleisch.
(42) Anthotiros: kretischer harter Schafskäse, eine Delikatesse
(43) Georgios Tsolakoglou (1866-1948), General und erster Ministerpräsident der Besatzungszeit.
(44) Gedenkgottesdienst: In bestimmtem Rhythmus nach dem Tod wird im Gottesdienst des Verstorbenen gedacht.
(45) Kreta war von 1669-1898 von den Türken besetzt. Im 19. Jahrhundert häuften sich blutige Aufstände und Massaker an der Zivilbevölkerung, und Kreta wurde teilweise zerstört.
(46) Maleviziotis/Irakliotis: Tanz aus der Region Iraklion und Malivizien (Weinanbaugebiet südlich von Iraklion). Den Chaniotis tanzt man im Raum Chania. Jede Region auf Kreta hat ihren speziellen Sirtos-Tanz (= Rundtanz).
(47) Lyrarena = die Frau des Lyraspielers
(48) Türke: Synonym für den gewalttätigen Menschen, gegründet auf die Vorkommnisse in der von 1669-1898 währenden türkischen Besatzungs-

zeit.

(49) Lyrarogiorgis = Giorgis, der Sohn des Lyraspielers

(50) Oza und Skares = Tiere und Geier im kretischen Dialekt, für Griechen nicht verständlich.

(51) Kouroupogiorgis: vom Nachnamen Kouroupis und Vornamen Giorgis

(52) Franken: andere Bereichnung für die griechische Währung Drachme

(53) Nikos Kazantzakis: Bedeutender zeitgenössischer griechischer Schriftsteller, der 1883 in Iraklion geboren und 1957 dort begraben wurde. Autor des Romans «Alexis Sorbas».

(54) Chaniator: Tor im westlichen Teil des Festungswalles in Iraklion

(55) Kakia Skala = Schlechte Treppe

(56) Samariaschlucht: Längste Schlucht Europas (18 km) im Westen Kretas in den Weißen Bergen. Gilt wegen ihrer Wildheit und Schönheit als Naturwunder.

(57) Deutsche Besatzungszeit: Mai 1941 bis Oktober 1944

(58) Schlacht von Kreta: Nach der Fallschirmjägerinvasion am 20. Mai 1941 wütete auf Kreta eine 10 Tage anhaltende Schlacht. Kreta blieb danach unter deutscher Besatzung, die deutsche Fallschirmspringertruppe konnte aber nicht mehr eingesetzt werden.

(59) Mitato: Runde Hütte aus Natursteinen im Gebirge, in der die Schäfer wohnen.

(60) Tris Kamares: Stadtteil in Iraklion

(61) Kleine Staustelle im Bach, von der aus die Bauern mittels einer besonderen Hacke, mit der sie Steine und Erde bewegen, das Wasser auf ihre Äcker umleiten.

(62) Makrijiannis = großer Jiannis

(63) Es war im traditionellen Griechenland üblich, Heiratsvermittler, die die Familien gut kannten, zu bemühen.

(64) Pithos: Großes, tönernes Vorratsgefäß des Altertums, das auf Kreta immer noch benutzt wird. Oft sind die Pithoi (= Plural) übermannshoch.

(65) Amari: Dorf und Verwaltungsbezirk im Westen des Ida-Gebirges

(66) Kimissojiannis: vom Nachnamen Kimissis und Vornamen Jiannis

(67) Kimissena: die Frau des Kimissis

(68) Koumbouromanolis: vom Nachnamen Koumbouris und Vornamen Manolis

(69) Wild: Im Original 'agrimi' = Wild. Auf Kreta versteht man unter 'agrimi' die Wildziege oder das Kri-Kri, das vom Aussterben bedroht ist und heute in Schutzgebieten lebt.

(70) Kanarojiannis: vom Nachnamen Kanaris und Vornamen Jiannis

(71) Sag mal: 'Giorgis, iß Hering!': Im Original ist dieser Satz ein Zungenbre-

cher. In Griechenland geben Kinder und Erwachsene sehr gern einander Zungenbrecher zum Nachsprechen auf.

(72) Komboloispieler: Gemeint sind Furze in einer Reihe, wie auf einen Rosenkranz (s. Anmerkung 29) gefädelt.

(73) Mires: Großer Marktflecken im Zentrum der Messara (s. Anmerkung 30)

(74) Lyrarolevteris: aus Lyraris = Lyraspieler und dem Vornamen Levteris

(75) Güter werden für die Mitgift der Töchter aufgeteilt.

(76) 'tsatra patra' = kreuz und quer, völlig unverständlich

(77) Tsalapatrina = Frau des Tsalapatris

(78) Es war ein Brauch im traditionellen Kreta, daß die Männer aus lauter Übermut Schießereien veranstalteten.

(79) Levteris = wörtlich der Freie. Dem Namen haftet die Bedeutung des Starken, Guten, Edlen an, der seine Freiheit zu verteidigen imstande ist.

(80) Der Mädchenvater hat die Pflicht, seine Tochter standesgemäß zu verheiraten und ihr dazu eine entsprechende Mitgift zu geben. Er wird deswegen allgemein bedauert.

(81) Mit dem Heiligen geht der Grieche fast wie mit einem Geschäftspartner um. Er verspricht, ihm etwas zu geben oder etwas für ihn zu tun und verlangt für die Einhaltung seines Versprechens von ihm einen Gegendienst.

(82) Brotzeremonie: Wer die Brotzeremonie durchführen will, bäckt Brote, läßt diese vom Priester weihen, zerbricht sie anschließend in kleine Stücke und verteilt diese an andere Gläubige. Die Zeremonie wird zu Ehren eines Heiligen mit und ohne besonderen Anlaß durchgeführt.

(83) Kirchenältester: Inhaber eines kirchlichen Ehrenamtes, der dem Priester während des Gottesdienstes zur Hand geht.

(84) Die in der Kirche Tätigen haben in der Regel eine bessere Bildung als die einfachen Gläubigen und entsprechend eine gehobene Ausdrucksweise, und sie benutzen das besondere Vokabular der Kirche.

(85) Kloster Arkadi: Nationalheiligtum der Kreter, da in diesem Kloster 1866 im Befreiungskampf gegen die Türkenherrschaft ca. 800 kretische Männer, Frauen und Kinder den Tod fanden, indem sie sich in den Freitod begaben.

(86) Das Schöne oder Heilige Tor: Teil der Kirche vor dem Altarraum, an dem die Ikonen hängen. Trennt das nur dem Priester zugängliche Allerheiligste vom übrigen Kirchenraum ab.

(87) Kirchliche Feierlichkeiten sind mit einem Essen für die beteiligten Gläubigen und die Diener der Kirche verbunden.

(88) Gortys: Römerstadt im Zentrum der Messara, von 67 v.Ch.–396 n.Chr.

Hauptstadt der römischen Provinz 'Kreta und Kyrenaika'. Heute bekannte archäologische Ausgrabungsstätte.

(89) Es gibt besondere Bezeichnungen für die Frau, die ohne Mann lebt, die eine starke Signalwirkung haben. In diesem Fall ist die Bezeichnung 'die Geschiedene' durchgängig beibehalten, um die sexuelle Bereitwilligkeit zu markieren, die ihr von jedem Mann unterstellt wird.

(90) Preffa: Kartenspiel ähnlich dem Skat

(91) Heiligungen: Weihwasserzeremonie, bei der der Priester mit einem Basilikumzweig geheiligtes Wasser versprengt. Wird durchgeführt aus verschiedenen Anlässen, z.B. am 1. Schultag, am 1. eines Monats, zur Eröffnung eines Geschäfts, zur Einweihung eines Hauses, am 6. Januar (Theophania) vor jedem Haus. Zweck: Das Böse fernhalten. – Sehr beliebt bei der Dorfjugend und den sogenannten 'Verrücktengesellschaften' sind die 'Heiligungen', die nur den Sinn haben, daß die Gruppe von Haus zu Haus zieht und den Bewohnern Besuche macht.

(92) Pferdeäpfel: Gemeint ist, es wird 'Mist gebaut'.

(93) Ikonen: Pendant zur Ikonostase (Ikonenwand in der Kirche) ist die in jedem Haus vorhandene Ikonenwand oder -ecke, in der auch der Brautkranz in einem schönen Rahmen oder unter Glas aufgehoben wird.

(94) Beliebtes Volkslied aus der Zeit der 50er Jahre: «Ein jeder hat auch seinen Kummer, so, wie ihr alle Seemänner seid....»
Seemann als Metapher für den Menschen, der sein Lebensschiff steuert.

(95) Griechisch-Italienischer Krieg: Oktober 1940 – März 1941

(96) Normalerweise hat der Täufling zwei Paten, nur im Ausnahmefall einen.

(97) Der Name wird Pantel'is Koll'aros betont. Da bei Großbuchstaben keine Akzentzeichen gesetzt werden, kann der Nachname auch K'ollaros gelesen werden, was 'großer Arsch' bedeutet.

(98) Voula: Ort östlich von Athen

(99) Mit 'Werkzeug' bezeichnet er hier sein Instrument, die Lyra.

(100) Jiatromanolides = Plural des Namens Jiatromanolis (= der Name seiner Mutter)

(101) Kleine Zeichen: die fünf verschiedenen Akzentzeichen der griechischen Sprache, deren orthographische Anwendung nur die Gebildeten beherrschen.

(102) Glasnägel: Wer 'Glasnägel' macht, macht alles kaputt.

(103) Sinnloses Gerede eines Betrunkenen.

(104) Oft werden die Menschen nur mit ihrer Berufsbezeichnung gerufen und ihr Name gerät in Vergessenheit.

Hauptstadt der römischen Provinz 'Kreta und Kyrenaika'. Heute bekannte archäologische Ausgrabungsstätte.

(89) Es gibt besondere Bezeichnungen für die Frau, die ohne Mann lebt, die eine starke Signalwirkung haben. In diesem Fall ist die Bezeichnung 'die Geschiedene' durchgängig beibehalten, um die sexuelle Bereitwilligkeit zu markieren, die ihr von jedem Mann unterstellt wird.

(90) Preffa: Kartenspiel ähnlich dem Skat

(91) Heiligungen: Weihwasserzeremonie, bei der der Priester mit einem Basilikumzweig geheiligtes Wasser versprengt. Wird durchgeführt aus verschiedenen Anlässen, z.B. am 1. Schultag, am 1. eines Monats, zur Eröffnung eines Geschäfts, zur Einweihung eines Hauses, am 6. Januar (Theophania) vor jedem Haus. Zweck: Das Böse fernhalten. – Sehr beliebt bei der Dorfjugend und den sogenannten 'Verrücktengesellschaften' sind die 'Heiligungen', die nur den Sinn haben, daß die Gruppe von Haus zu Haus zieht und den Bewohnern Besuche macht.

(92) Pferdeäpfel: Gemeint ist, es wird 'Mist gebaut'.

(93) Ikonen: Pendant zur Ikonostase (Ikonenwand in der Kirche) ist die in jedem Haus vorhandene Ikonenwand oder -ecke, in der auch der Brautkranz in einem schönen Rahmen oder unter Glas aufgehoben wird.

(94) Beliebtes Volkslied aus der Zeit der 50er Jahre: «Ein jeder hat auch seinen Kummer, so, wie ihr alle Seemänner seid....»
Seemann als Metapher für den Menschen, der sein Lebensschiff steuert.

(95) Griechisch-Italienischer Krieg: Oktober 1940 – März 1941

(96) Normalerweise hat der Täufling zwei Paten, nur im Ausnahmefall einen.

(97) Der Name wird Pantel'is Koll'aros betont. Da bei Großbuchstaben keine Akzentzeichen gesetzt werden, kann der Nachname auch K'ollaros gelesen werden, was 'großer Arsch' bedeutet.

(98) Voula: Ort östlich von Athen

(99) Mit 'Werkzeug' bezeichnet er hier sein Instrument, die Lyra.

(100) Jiatromanolides = Plural des Namens Jiatromanolis (= der Name seiner Mutter)

(101) Kleine Zeichen: die fünf verschiedenen Akzentzeichen der griechischen Sprache, deren orthographische Anwendung nur die Gebildeten beherrschen.

(102) Glasnägel: Wer 'Glasnägel' macht, macht alles kaputt.

(103) Sinnloses Gerede eines Betrunkenen.

(104) Oft werden die Menschen nur mit ihrer Berufsbezeichnung gerufen und ihr Name gerät in Vergessenheit.

L

Für meinen Ehemann und
für meine drei Töchter

Petra Hauser wurde 1950 in Karlsruhe geboren. Sie studierte Germansistik und Anglistik in Heidelberg und war über 30 Jahre lang als Lehrerin vor allem in der Erwachsenenbildung tätig. Ihren ersten Roman „Das Glück ist aus Glas" veröffentlichte sie 2009 (6. Auflage 2015). Es folgte die Novelle „Falsche Wimpern" (2011), der Roman „Die Tage vor uns" (2012) sowie der Krimi „Binokelrunde" (2014).